SHIATSU
EMOCIONAL

GROUND

livros para uma nova consciência

Arnaldo V. Carvalho

SHIATSU
EMOCIONAL

Psicossomática dos Meridianos
e práticas terapêuticas para o dia a dia

2ª edição aumentada e atualizada
São Paulo / 2022

GROUND

© 2022 Arnaldo V. Carvalho, 2ª edição aumentada e atualizada
Editora Aquariana/Selo Ground

© 2007 Arnaldo V. Carvalho, 1ª edição
Título original: *SHIATSU EMOCIONAL: Terapia para Corpo e Mente*
Edição independente

Programação visual: Antonieta Canelas
Revisão: Equipe Ground
Capa – Arte-final: Niky Venâncio; *Foto:* Crash Carvalho por Kenneth Webb
Créditos das fotos e ilustrações de miolo, p. 300

Dados Internacionais de Catalogação na Publicação (CIP)
Lumos Assessoria Editorial
Bibliotecária: Priscila Pena Macahdo CRB–7/6971

C331 Carvalho, Arnaldo, V.
Shiatsu emocional : psicossomática dos meridianos e práticas para o dia a dia / Arnaldo V. Carvalho. — 2. ed. aum. e atual. — São Paulo : Ground, 2022.
304 p. : il. ; 23 cm.

Inclui bibliografia.
ISBN 978-65-5771-007-4

1. Shiatsu. 2. Medicina chinesa. 3. Massagem terapêutica. 4. Pontos meridianos de acupressura. 5. Toque terapêutico. 6. Corpo e mente (Terapia). 7. Cuidados pessoais com a saúde. I. Título.

CDD22: 615.822

Publicado em coedição com a **Editora Ground Ltda.**
www.ground.com.br

Direitos reservados:
Editora Aquariana, Ltda.
vendas@aquariana.com.br
www.aquariana.com.br

Distribuição exclusiva
EDITORA OKA
Estrada do Capuava, 1325
06713-630 Cotia / SP
vendas@editoraoka.com.br

Viver e não ter vergonha de ser feliz:
a essência do TAO vive aqui.

ARNALDO V. CARVALHO

Ao vovô Altamiro e vovó Belinha,
que nem a morte separou.

Agradecimentos

Sem dúvida esse escrito veio por mim, mas não é só meu. Pertence a todos aqueles que permitiram, com seu apoio e carinho, a conclusão dessa obra.

Agradeço aos meus mestres pessoais vivos na carne, meu filho Crash e minha filha Maria Luisa.

A minha família, por todo o suporte.

Aos mestres vivos nos livros, nas lembranças e na energia cósmica Wilhelm Reich, Chi-Po, vovô Altamiro, Buda, Confúcio, Platão, Lin Yutang, Gandhi, Karol Woytila, Mauro Cortez e todos os outros que atuam de maneira invisível e minha mente não alcança neste momento.

A José Ângelo Gaiarsa e Marco Antônio Duarte.

A Mercedes Avellaneda, onde tudo começou.

A Alê Kali, primeira pessoa a creditar o Shiatsu Emocional, Maria Eugênia, Henrique, Aline, Ana Luiza, Alexandre, Mariana, Dimitri, Anabela, Fabián, Luciana, Bertha, Fabiana, Suzy, Gilda, Helyete, António Carlos, Belinha, Corrinha, Fiorentim, Izabela, Altamiro, Nalu, Fernanda, Zé Maria, Luiz Otávio, Nelma, Lucio, Lucia, Suzy, Rodrigo, Louise, Mario, Raquel, Fernanda, Christiane, e demais pessoas não citadas, que de algum modo me ajudaram a amadurecer emocionalmente até o tempo em que este livro foi escrito. Agradeço também o apoio inestimável da equipe da 1ª edição: Rodrigo Andrade, Flávia Gomes, Fabiana, Larissa, Aline, Corrinha e Renata, Nalu e Izabela e equipe da Fábrica de Livros.

Agradeço imensamente a todos os que cederam suas imagens nesta edição — nossos laços de Amor e Amizade são permanentes. À Ohashi Internacional, por me ceder tão gentilmente as fotos do Mestre Wataru Ohashi.

À brilhante equipe editorial Ground, que mostrou, para além de competência, um exemplo de como competência, ética, dedicação e amorosidade podem caminhar juntas: obrigado especialmente a Dina e Antonieta, pelas revisões, sugestões, e composições atentas, primorosas, plenas de bom gosto.

Ao Nuno Venâncio, que me conectou à família Ground, a quem presto meus agradecimentos finais.

Sumário

O livro além do livro, 11
Uma palavra da editora, 13
Prefácio, 15
Apresentação da 2ª edição, 19
Apresentação da 1ª edição, 23
Introdução, 25

PARTE 1

Conceituação e histórico

O que é o Shiatsu?, 27
A origem do Shiatsu, 30
A essência mística do Shiatsu, 30
O sistema energético do ser humano, 41
- Introdução aos Meridianos na medicina chinesa, 41
- Os Meridianos e seu papel nas emoções, 52

Meridianos YIN, 55
→ Meridiano do Pulmão, 57
→ Meridiano da Circulação-Sexualidade ou "Senhor do Coração", 63
→ Meridiano do Coração, 67
→ Meridiano do Baço-Pâncreas, 71
→ Meridiano dos Rins (ou do Rim), 75
→ Meridiano do Fígado, 81

Vasos Maravilhosos (Meridianos Extraordinários), 85
→ Vaso da Concepção, 87
→ Vaso Governador, 89

Meridianos YANG, 93
→ Meridiano do Intestino Grosso, 95
→ Meridiano do Triplo Aquecedor, 99
→ Meridiano do Intestino Delgado, 105
→ Meridiano da Bexiga, 109
→ Meridiano da Vesícula Biliar, 113
→ Meridiano do Estômago, 117

Contribuições do Shiatsu Emocional no campo das terapias: uma leitura original dos chakras, os segmentos somatopsíquicos e sua relação com os Meridianos, 120

Visão de equilíbrio e desequilíbrio de diversas Teorias Psicológicas, 153

PARTE 2

Shiatsu Emocional

Princípios, 157
Fundamentos, 164
O diagnóstico pelo toque, 166
Óleos, visualizações e outras técnicas, 170
O Shiatsu Emocional e a dor, 172,
Respirações harmonizantes, 173

PARTE 3

Prática

Prática básica, 183
Estrutura básica de uma sessão: as etapas do encontro terapêutico, 184
Sequência-modelo de manobras, 191
Além da sequência didática, 261
Shiatsu Emocional aplicado a problemas emocionais, 263

Palavras finais, 273

APÊNDICE A: Função terapêutica dos óleos essenciais, 275

APÊNDICE B: Resumo da sequência didática de manobras e Shiatsu, 285

APÊNDICE C: Para seguir aprendendo, 287

APÊNDICE D: Lista ampliada de fenômenos e estruturas relativas "YIN/YANG", 289

Saiba mais, 291
Índice, 295
Créditos das fotos e ilustrações, 300

Atenção: **Este livro contém QR Codes!**

O livro além do livro: o autor e seu conhecimento mais próximo de você

Shiatsu Emocional é um manancial imenso de informação de qualidade, incluindo reflexões, teorias e práticas terapêuticas.

Para uma experiência ainda mais rica de aproximação entre autor e leitor, e do leitor com os conhecimentos do Shiatsu Emocional, o autor Arnaldo V. Carvalho preparou QR Codes especialmente para a edição Ground. Eles conduzem a vídeos que dialogam com os saberes do livro e detalham práticas de descrição mais difícil. O material adicional pode também facilitar a pesquisa de certos termos ou pessoas citadas, e auxiliam no abrir de portas para uma comunidade inteira de aprendentes e praticantes do Shiatsu Emocional.

Mas o que são QR Codes? Assim como os antigos códigos de barra, QR Codes são "carimbos gráficos" utilizados para conectar o universo físico ao virtual. Quando você utiliza um aplicativo denominado "leitor de QR Code", a câmera de seu celular, tablet ou computador é capaz de ler o QR Code e através dele acessar uma série de informações via Internet.

Caso seja necessário, leia o QR Code acima ou acesse:

http://livroshiatsuemocional.wordpress.com para saber mais sobre os QR Codes presentes no livro e como utilizá-los*.

---

* Se ao acessar um QR Code do livro, uma senha for solicitada, digite: livroshiatsuemocional

Uma palavra da editora

Entrelaçar 50 anos com o antigo e o novo, no desenvolvimento do ser humano, foi o lema da Editora Ground, que celebra este ano essa união de sucesso.

Foram 50 anos de grande propósito interno. Suas raízes fortes e ao mesmo tempo delicadas foram sempre inovadoras, de ligação com o universo e a vida, com poucas fronteiras e, sobretudo, sempre com pontos de ligação entre os opostos — para conseguir transformar a busca pela saúde de cada pessoa e levá-la ao preciso limiar da consciência.

Essa premissa abriu caminhos inusitados na saúde física, mental e espiritual dos seus leitores. Foi com eles que ela cresceu e se desenvolveu abrindo lugar em todas as prateleiras possíveis e imaginárias.

Transformá-la me levou à minha própria transformação: o universo da Consciência, desconhecido para mim antes de me descobrir como editora, em um momento em que a Ground já tinha 10 anos de vida. Assim, cresci com ela, que tinha nascido com esse propósito ao qual me tenho dedicado por 40 anos.

Shiatsu Emocional é um marco de ouro no presente momento, que mantém a Editora Ground com o seu propósito inicial e maior: a confluência das filosofias antigas e o saber moderno e inovador.

A abordagem não usual que o estimado autor deu ao Shiatsu, unindo tradição oriental e psicologia, diminui a fronteira entre o corpo e a emoção na evolução das doenças e a sua cura, ligação que está na origem de todo o sofrimento psicológico.

Dominando tecnicamente esta terapia conjunta com mérito próprio, amplo domínio profissional, e em atenção ao próximo, *Shiatsu Emocional* reúne os anseios maiores do autor e simultaneamente da Editora, que corroboram assim a sua celebração.

Dina Venâncio
editora
Outubro/2022

Prefácio

> *"A cada segundo*
> *Uma célula descobre a outra*
> *E assim, descobre-se a si mesma.*
> *Que a arte do encontro, presente nos poros, mentes e meridianos,*
> *Permaneça em prol do crescimento mútuo."*
>
> Arnaldo V. Carvalho

É assim a dedicatória que ganhei de presente do nosso autor, no meu exemplar da primeira edição deste livro. Quando aquela edição foi lançada em 2007, eu ainda não conhecia o Shiatsu. E foi só em 2009 que encontrei o professor Arnaldo e o Shiatsu Emocional. Naquele ano, ele começou a dar cursos na clínica onde eu trabalho em São Paulo. Era uma "oportunidade de aprender a fazer massagem na minha família", foi o que pensei naquela ocasião. Eu percebia que tinha jeito para tocar as pessoas, mas ainda não tinha explorado esse potencial.

Não foi um simples curso de massagem. Foi realmente um encontro. Um encontro com meus talentos, meu potencial e meu desejo de conhecer mais sobre mim mesma e sobre os outros, sobre as relações humanas. Um encontro com um grupo de pessoas surpreendidas com o modo inovador de aprender Shiatsu. Comparo este aprendizado do Shiatsu a um método "construtivista". Fui incentivada a permanecer com minha atenção na ponta do meu polegar. Sentia que quando eu encontrava uma resistência, ali existia a história de alguém que desenvolveu aquela tensão para se proteger da vida. Foi uma surpresa delicada e inesquecível, pois senti meu caminho de cuidadora se abrir numa dimensão quase inesgotável. Quantas percepções de detalhes invisíveis ao observador comum foram se abrindo para mim.

Este livro deu base ao meu caminho, foi uma fonte de estudo e consulta constantes. A partir dele surgiram inúmeras reflexões e passos. Por ser médica ginecologista homeopata, sempre me interessei em ir além de protocolos e quadros clínicos. No final da faculdade de medicina, o meu interesse era ajudar os pacientes a descobrirem os seus pontos fracos, para se protegerem e os evitarem. Será mesmo esse o melhor caminho para a saúde, acabar com a dor e o sofrimento? Muita coisa mudou no meu conceito acerca das intervenções respeitosas e necessárias que devemos e podemos fazer no tratamento de cada indivíduo...

Toda semana sentavam na minha frente mulheres com problemas, e eu comecei a me dar conta que percebia de outra forma a maneira como elas desenvolviam aquelas dores ou patologias. Mudei o meu atendimento, me atrevi a trilhar outros caminhos para acessar a vulnerabilidade ali presente de modo mais profundo e não apenas sedar ou calar a dor ou o incômodo. Ao reler este livro, fica sempre muito claro que o que acontece com cada pessoa é o melhor que aquele corpo, com aquela mente e espírito, puderam realizar naquele momento de sua vida. Existe muito mais a ser notado e percebido. O fato é que minhas percepções se abriram e eu fui capaz de ajudar mais minhas pacientes a entenderem melhor seus caminhos e suas patologias.

Ao mesmo tempo me questionava sobre mim mesma, meus bloqueios, minha timidez, minha dor ciática, meus ombros travados. A frase "ninguém tem que nada"*, que ouvi certa vez do prof. Arnaldo, era uma constante na minha cabeça. A Homeopatia já me mostrara que existe uma dinâmica no modo de reagir de cada indivíduo, e a Medicina Ayurvédica havia agregado a conexão com a Natureza ao meu modo de pensar, mas o Shiatsu trouxe a integração do corpo a tudo isso, me mostrando que tudo em meu ser está constelado e vivo. Muitas outras informações foram chegando e abrindo mais e mais possibilidades de conexões, links, sinapses.

Você pode imaginar acompanhar um pré-natal com Shiatsu Emocional semanalmente, tendo a oportunidade de ver mais de perto as adaptações da gestante ao seu corpo e do bebê com sua mãe? É uma experiência

---

* Ao me deparar com a rigidez de meus próprios costumes, a necessidade de um sentido de ordem e obrigação para com escolhas "pré-concebidas" de vida e sua projeção em relação ao próprio fazer Shiatsu, o prof. Arnaldo lembrou com essa frase que eu poderia destruir e reconstruir muitos de meus paradigmas. Estamos mais livres para mudar do que nos damos conta!

apaixonante que me faz sentir ainda mais a transformação da vida. Minha visão de mundo se expandiu e minha criatividade aumentou.

Meu desejo de conhecer e vivenciar mais esta prática me levou a acompanhar o professor Arnaldo a muitos lugares mundo afora: Portugal, Espanha, Grécia, Itália e no Brasil, Cuiabá (MT), Santa Maria (RS), Vale do Matutu (MG), Rio de Janeiro e Niterói.

Termino este prefácio enfatizando as 3 missões dos praticantes do Shiatsu Emocional, que constituem um poderoso conteúdo: cuidar-nos e melhorar a nós mesmos, nossa missão individual; cuidar, honrar e participar de nossas famílias, das diversas egrégoras às quais pertencemos, nossa missão social; e por fim, deixar frutos do nosso trabalho contribuindo para ajudar a recuperar o nosso planeta e a humanidade em sua conexão com o Divino.

Espero que tire deste livro o melhor para você e para o seu, nosso, entorno. Da minha parte, agradeço ao professor Arnaldo por nos legar este registro e por, não apenas incentivar, mas, principalmente, inspirar tantos encontros e novos caminhos.

ADRIANA BENAZZI
*Médica ginecologista, homeopata e ayurvédica,
praticante avançada de Shiatsu Emocional
e coordenadora da Shiem Escola de Shiatsu*
Setembro/2022

Apresentação da 2ª edição

Em meados do ano 2000, compilamos em forma de livro o início de uma série continua de investigações sobre as possibilidades de diálogo do Shiatsu e seus diferentes estilos e escolas com outras terapias. O ponto prioritário nos indicava que o Shiatsu havia avançado especialmente nas relações corpo-emoções, e apresentava-se como um excelente ponto de partida teórico e prático neste estudo. Naquele momento — lá se vão quase duas décadas! — não podíamos dimensionar que o aprofundamento dos estudos, ao contrário de encerrar o que acrescentamos como contribuições ao Shiatsu a partir de uma pequena publicação independente, subsidiaria a formulação de muitas outras perguntas, hipóteses e experimentações, tornando o Shiatsu Emocional um verdadeiro campo de estudos que permanece aberto e em franca expansão.

O valor da obra, no entanto, permanece: o livro que está em suas mãos foi escrito de maneira simples, pode ser lido a título de reflexão e autoconhecimento e vivido como experiência prática por pessoas que desejam trazer algo a mais para suas vidas; é uma introdução interessante ao Shiatsu e seus saberes, ao mesmo tempo que o aborda à luz de um pensamento contemporâneo, capaz de agregar conquistas da psicologia e das neurociências e esclarecer antigas teorias de forma desembaraçada, mesmo para quem já se encontra envolvido com as terapias orientais.

Não foi à toa que Shiatsu Emocional, mesmo já tendo expandido seus saberes, foi escolhido pela Ground para seu catálogo, nesta nova e promissoramente próspera fase. Para esta edição, que passa a figurar junto aos grandes clássicos das terapias naturais no Brasil — alguns citados em nossa bibliografia desde a edição original — trazidos ao público pela editora, preparamos uma revisão com novas imagens e um sistema interativo, que torna a sua leitura ainda mais agradável, expandindo alguns tópicos, remodelando outros e buscando sintonia com o momento atual.

Uma dessas situações, que não poderíamos oferecer há quinze anos atrás mas a edição Ground proporcionou, é a ampla utilização de QR Codes.

São várias as referências que oferecem ao leitor acesso a bônus especiais em vídeo, acessáveis de qualquer dispositivo com acesso à Internet. Com eles, pude como autor me aproximar mais de você, leitor, e assim mostrar com detalhes algumas situações complexas de serem explicadas por escrito, mesmo com a ajuda de imagens. Além disso, refizemos totalmente a arte do livro: a nova diagramação, a cargo da Ground, atua em linda sinergia com as novas fotos dos praticantes, que generosamente cederam suas imagens para esta edição. O leitor encontrará aqui uma diversidade de pessoas e seus corpos, refletindo nosso interesse em comunicar o Shiatsu e compartilhar seus saberes com todos.

Graciosamente, o livro recebeu um prefácio à altura, escrito pela doutora Adriana Bennazzi. Esta médica homeopata, ayurveda, ortomolecular, ginecologista e obstetra é uma aprendiz incansável da vida, e a maior entusiasta do Shiatsu Emocional. Tornou-se uma autoridade no assunto, e muito me honra que ela coloque os saberes do Shiatsu Emocional à disposição de seus pacientes, e veja esta terapia como tão importante quanto aquelas outras práticas de saúde nas quais também se especializou. Adriana me acompanha desde praticamente o início, percorreu o Brasil e outros países em plena assistência a este professor, e desenvolveu um olhar muito particular, fruto de uma generosidade sem fim.

Especialmente para a EDIÇÃO GROUND, revisamos e expandimos diversos trechos do livro — dentre eles as sugestões de tratamentos — e melhoramos a sessão que versa sobre os princípios do Shiatsu Emocional. Fiz também questão de ressaltar a importância da qualidade relacional terapêutica, e o encorajamento à prática de Shiatsu em âmbito familiar.

Chamo a atenção para o fato desta nova publicação estar ocorrendo em uma época de enfrentamento de uma pandemia mundial, com grave impacto nas formas de existir da humanidade, sobretudo em suas relações cotidianas. Enquanto terapia do toque, o Shiatsu se faz urgente na recuperação da natureza afetiva e social das pessoas, e quando seus praticantes aprendem mais sobre o papel do toque nas emoções e vice-versa, surge um caminho amoroso de apoio ao que juntos estamos enfrentando.

Finalmente, gostaria de enfatizar: o presente material surgiu como consequência de muito estudo e reflexão pessoal, mas só se realizou na soma de muitos corações humanos. Fica o convite para que se junte a nós.

Boa leitura!

Arnaldo V. Carvalho
Setembro/2022

Apresentação da 1ª edição

Num tempo onde parece que tudo já foi criado, é cada vez mais difícil escrever algo que realmente contribua, sem ser apenas eco do que já existe.

Todos os escritos sobre Shiatsu possuem, de forma mais ou menos intensa, uma abordagem sobre o lado emocional. Dezenas, ou talvez até centenas de pessoas já traçaram suas correlações entre Medicina Tradicional Chinesa e as diversas teorias psicológicas vigentes.

O desafio foi lançado: Como trazer uma contribuição efetiva àqueles que pretendem aliar o poder do toque, a essência filosófica do Shiatsu e a complexa noção de equilíbrio-desequilíbrio emocional dos dias de hoje?

O Shiatsu Emocional é uma antiga e renovada forma de abordagem terapêutica. Antiga porque se baseia na essência da filosofia que dá embasamento e normatiza todo o trabalho corporal do Shiatsu; renovada, porque integra ao Shiatsu estudos ocidentais sobre linguagem corporal e psicoterapia corporal, propondo o reequilíbrio emocional como foco de toda a prática.

Este livro tem origem em minha busca por um tratamento emocional holístico que trouxesse resultados de forma eficaz, fosse sensível às questões transpessoais do indivíduo e conseguisse a completa harmonia entre o pensamento oriental de saúde e as queixas ocidentais relatadas no meu consultório.

Reunindo tradição e inovação, apresento reflexões e técnicas inéditas desenvolvidas por mim ao longo dos anos, sem perder de vista em nenhum momento a essência taoísta que rege o Shiatsu e o conecta ao Profundo e à Sabedoria Cósmica.

Este conteúdo foi feito não só para terapeutas; qualquer pessoa que se dedique tem a possibilidade de desfrutar dos saberes e práticas aqui apresentados, que lhe serão úteis no dia a dia.

Boa leitura, espero que você encontre o equilíbrio; se não no ato de ler, na prática do que leu — e que contagie todos com essa nova energia.

Arnaldo V. Carvalho
Março/2004

*"A jornada de mil milhas
começa com um único passo".*

Lao-Tsé (*TAO TE KING*)

Introdução

> *"Em eras passadas, as pessoas seguiam o Ser Único.*
> *Os céus eram radiantes e límpidos.*
> *A terra estava em equilíbrio.*
> *Os espíritos se rejubilavam.*
> *Os vales eram cheios de vida.*
> *As dez mil coisas floresciam.*
> *Os líderes eram sábios*
> *E o povo vivia em harmonia.*
> *Tudo isso vinha da unificação."*
>
> Lao-Tsé (*TAO TE KING*)

O que é o desequilíbrio? Por que fico doente? Essas são perguntas que me têm sido feitas frequentemente ao longo de minha trajetória terapêutica. Confesso que ainda não encontrei uma resposta absoluta. Também não acredito que ela esteja nas mãos de um médico, cientista ou terapeuta, tampouco de um sacerdote. Ainda assim, ao olhar com atenção para o ser humano saudável e próspero, acredito ter encontrado algumas pistas que me aproximam de tais respostas. Uma delas é que a felicidade é, em si mesma, a verdadeira condição de saúde do ser humano. Outra, é que, em geral, ela é escassa e relativa, por isso, são raros os seres humanos que a conseguem de forma perene — se é que isso é possível. Uma última observação é que a evolução humana não se deu no estado de felicidade, mas em sua motivação para encontrá-la.

A vida do corpo humano está limitada por sua própria falta de autorregulação e renovação. A felicidade de que falamos é a chave da renovação.

O ser vivo é como um relógio suíço de alta precisão, mas com uma ou duas engrenagens com defeitos infinitesimais. Esses defeitos são capazes de criar o desgaste necessário à morte e, portanto, à renovação da vida (por esse motivo, não são considerados propriamente defeitos). A felicidade é o fluído lubrificante do mecanismo, capaz de impedir o desgaste de suas peças por longo tempo.

Essa felicidade nos conecta com a natureza do Universo. E paradoxalmente, passamos a entender que a mudança e a renovação desse Ser Maior implica em sermos mortais, em nos deixarmos seguir pelas circunstâncias da vida, onde a morte é apenas uma delas.

A felicidade é mais facilmente alcançada em conjunto. É muito mais fácil rir diante de alguém do que quando se está só; assim, os tempos de harmonia do ser humano e da vida na terra só terão início quando todos estiverem conscientes da importância da felicidade do outro, não só do Eu.

E é justamente isso que torna o Shiatsu Emocional um caminho para a realização das pessoas, da humanidade. Através dele, temos o toque físico, o prazer, o alívio da dor, e o mais interessante, o feedback imediato do benefício mútuo entre seus praticantes. No Shiatsu Emocional, o desequilíbrio interior é superado pela força do contato, através do Amor (outro nome da felicidade).

Praticar uma terapia com alguém é simbolizar o oferecimento de sua vida ao Cosmo. Essa é a essência do Shiatsu. Assim, a prática do Shiatsu torna as pessoas mais felizes, porque é plena de significado. Em seu "fazer com" e "fazer para", reequilibra, harmoniza, torna a vida mais rica.

Shiatsu é a terapia do outro.

PARTE 1
Conceituação e Histórico

"Zen Shiatsu elevou o Shiatsu a caminho espiritual."

Shizuto Masunaga

O QUE É O SHIATSU?

Shiatsu é uma terapia corporal de origem japonesa, fundamentada nas teorias da medicina tradicional chinesa. Seu objetivo é manter, devolver e desenvolver o equilíbrio energético dos seres humanos. Através desse equilíbrio, nos tornamos indivíduos saudáveis e prósperos. O Shiatsu desenvolve especialmente a consciência corporal, a percepção do outro e a espiritualidade (consciência de ligação com o Cosmos).

Em sua prática, promove, através do toque, a circulação de energia vital. Esta ocorre por meio de Meridianos, canais que percorrem o organismo e são conhecidos no Oriente há milhares de anos. Pressões pelo corpo são empregadas em diversos pontos desses Meridianos, situados sob a pele. A forma de pressionar geralmente é realizada pelos dedos da mão, especialmente os polegares; mas em uma sessão de Shiatsu, o praticante poderá ainda utilizar a palma das mãos, os pés, os cotovelos etc., dependendo do estilo de sua escola e dos objetivos a serem atingidos.

Há inúmeros estilos de Shiatsu. De uma maneira geral, as diferenças entre os estilos variam de escola para escola; no entanto, a natureza de cada indivíduo em sua prática costuma sobrepujar os modelos escolares.

O Shiatsu se transforma cada vez que é ensinado, por um novo professor, ou até pelo mesmo. E cada vez que é aprendido por um novo aluno, mais uma vez se modifica. Não é uma terapia estática; é uma egrégora viva, em constante evolução. Está sempre entrando em contato com outras teorias, com a sabedoria de seus praticantes, e com as necessidades dos atendidos, mantendo-se atual e energeticamente eficiente.

Para compreender melhor esta cura e o seu potencial terapêutico, é interessante observar sua conexão com a milenar medicina oriental — Medicina Tradicional Chinesa (MTC).

Da MTC ao Shiatsu

A MTC é o conjunto de práticas e preceitos de saúde desenvolvidos e aplicados de acordo com as tradições dos povos chineses. Seus registros mais antigos possuem cerca de 6.000 anos. A China é um país continental e com imenso intercâmbio cultural desde tempos remotos. Suas diversas regiões possuem características culturais próprias, incluindo seus métodos de cura. O que chamamos hoje de "Medicina Tradicional Chinesa" é a compilação do que é/ou foi desenvolvido ao longo não só do território chinês, mas também pelas etnias que compõem aquele povo. A reunião de todos esses saberes se deu somente no séc. XX.

A história da MTC teve início junto com a história primitiva do Extremo Oriente. O registro mais notável fala do imperador Fu-Hsi, que teria vivido por volta de 3200 a.C. ou até antes. Acredita-se ter sido este imperador que desenvolveu a Teoria do Tao (Yin-Yang) e estudado, entre outras matérias, a nutrição e a fitoterapia.

Fu Hsi, o lendário
imperador chinês

Ainda assim, o mais famoso dos antigos escritos chineses sobre saúde humana é sem dúvida o Nei Ching, ou o Tratado de Medicina Interna do Imperador Amarelo. Seus textos são apresentados na forma de diálogos, passados entre Huang-Ti, o Imperador Amarelo, e seu ministro Chi Po. No Nei Ching são relatados não só os principais métodos de cura utilizados pela Medicina Tradicional Chinesa, mas também um pouco da história que precedeu o tratado. Cita-se inclusive, o uso de pedras para a prática de acupuntura — o que já no tempo de Huang-Ti dava lugar às agulhas de metal.

Chi Po, ministro do
Imperador Amarelo

A ORIGEM DO SHIATSU

Após Huang-Ti (dinastia Han), gerações atravessaram o tempo. Hua-T'o (150 a.C.), conhecido como Deus da Cirurgia, recomendava massagem sobre os pontos de acupuntura com as pontas dos dedos. Naquele tempo, a pressão com os dedos que hoje caracteriza o Shiatsu era apenas uma das muitas técnicas empregadas, no grande tronco histórico de massagens orientais conhecido como AN-MA.

Ao chegar ao Japão, os saberes e práticas da antiga medicina do continente foram se refinando e adaptando à realidade japonesa. Isso aconteceu até fins do séc. XIX, quando a terapia Shiatsu estabeleceu seus princípios básicos, mantidos até hoje. O nome Shiatsu, no entanto, só será registrado em 1919, na obra seminal Shiatsu Ho, do grande mestre Tamai Tempeki, quando provavelmente recebeu sua denominação.

A ESSÊNCIA MÍSTICA DO SHIATSU

> *"Se alguém indaga sobre o Tao e o outro responde, nenhum dos dois o conhece."*
>
> Chuang-Tsé

Taoismo, Tao e Zen

Os fundamentos do Shiatsu estão conectados com as filosofias orientais, sobretudo o Taoísmo, o Zen e o Confucionismo. É necessário conhecer um pouco cada um desses saberes milenares, para melhor compreensão da essência do Shiatsu, e de onde derivam diversos estilos e escolas, alguns dos quais o Shiatsu Emocional é tributário.

O conceito de Tao tem pelo menos 5.200 anos, foi a partir dele e dos ideogramas do I Ching, que se desenvolveram as demais filosofias orientais.

Confúcio entregando o jovem Gautama Buddha para Laozi.
(A ilustração representa a assimilação do budismo pelas tradições anteriores.)

O filósofo chinês Confúcio [K'ung-fu-tzu] (551-479 a.C.) compreendia o TAO como disciplina prática, cujo conhecimento só teria validade se fosse inteiramente prestado às questões da vida coletiva. Os que seguiram Confúcio e deram origem ao movimento chamado Confucionismo rejeitam o saber do TAO enquanto instrumento místico ou religioso. O confucionismo é frequentemente denominado Taoísmo Filosófico.

Por outro lado, os taoístas acreditam que a ordem estabelecida pelo equilíbrio das forças naturais do Tao manifesta-se em tudo e em todos, antes e após a vida, e reverenciam este aspecto. Essa corrente de pensamento, mais antiga, deu origem ao Taoísmo Religioso.

Parece que as duas visões, unidas, são capazes de reproduzir mais uma vez o movimento celeste, constituinte do TAO (Yin e Yang). Um é de ordem prática e trata do aqui/agora, direcionado às coisas da terra; o outro, é subjetivo, místico, e está ligado às coisas do céu. Assim é o TAO, uma energia que procura e dá origem a outra, constantemente. É a reprodução da própria pulsação da vida.

Ideograma ZEN 禅

O Zen tem origem no Chan, uma ramificação do budismo levada da China ao Japão, e rebatizada por volta de 1200 d.C. pelos japoneses. É uma forma de encarar a vida, norteada pelo objetivo de se alcançar o Estado Búdico, ou a Iluminação (que os japoneses chamam de Satori). O Zen-Budismo absorve ainda parte da visão taoísta, elementos do xintoísmo, e sintoniza seus saberes ao modo de vida japonês. Muitos monges Zen-Budistas são praticantes do Shiatsu e o levaram para diversos lugares do planeta.

O Shiatsu, como produto da cultura japonesa, absorveu muitos princípios, ideais e algumas de suas práticas espirituais, presentes no modo de pensar e viver dos japoneses até os dias de hoje.

Se, por um lado, uma parte significativa das escolas em todo o mundo procurou se afastar da filosofia e das práticas espirituais, por outro, é fato que o Shiatsu nasceu atrelado à percepção de que ele só alcança seu intento em sua profunda conexão energética. Como escreveu Tamai Tempeki em 1919:

"As pessoas precisam ter elevado desenvolvimento espiritual para praticar o Shiatsu, porque curar doenças não acontece apenas no pressionar com os dedos. Você precisa ter poder espiritual para curar pelas mãos".

Dos "Shiatsus" ao Shiatsu Emocional

"Shiatsu é mais do que uma terapia — é um ritual."

Arnaldo V. Carvalho

O Shiatsu, popularizado como método de tratamento de desequilíbrios, assume uma condição de sagrado quando integrado às filosofias. Este conceito veio ao mundo ocidental pelo mestre japonês Shizuto Masunaga. Ele popularizou-se mundialmente através do livro Zen Shiatsu, do mestre japonês Shizuto Masunaga.

Masunaga valorizou o Shiatsu enquanto prática para a evolução pessoal e espiritual, postulando que o terapeuta deve assumir uma relação elevada com a Vida e com o momento terapêutico, buscando a harmonia interior em sua prática.

Shizuto Masunaga   Wataru Ohashi

© 2021. OHASHI INTERNACIONAL, LTD.

Esse ingrediente essencial também é observado no trabalho de Wataru Ohashi, criador do *Ohashiatsu*® — "Toque para a Paz"*.

---
* Consulte mais sobre Ohashi e seu método terapêutico no site: https://ohashiatsu.org/

No entanto, os movimentos utilizados no *Ohashiatsu*® ganham maior mobilidade, ritmo e harmonia (pessoalmente, eu interpreto a prática ensinada por Ohashi como uma bela espécie de *dança*, plena de valor terapêutico). Com este método, os praticantes de Shiatsu atuam confortavelmente e atingem um estado de harmonia próximo ao transcendental, aproximando-se ainda mais da união do Shiatsu com o sagrado.

Além do Zen Shiatsu e do Ohashiatsu, vale destacar outras escolas e estilos com sólidas bases filosóficas, surgidas entre os anos de 1970 e os anos 2000: em primeiro lugar, o *Shiatsu dos pés descalços* de Shizuko Yamamoto, incorporado à macrobiótica (cujo livro foi publicado pela Ground ainda em 1983). Mais recentemente, desenvolveram-se outros estilos de viés humanista, como o *Quantum Shiatsu* de Pauline Sasaki; o *Seiki Shiatsu*; o *Tao Shiatsu* e ainda, o *Movement Shiatsu*. Esses estilos de Shiatsu, com forte presença do contato intuitivo e meditativo, e a percepção do duplo benefício da prática tanto para quem assume a posição de "terapeuta" como de seu atendido.

Este tipo de abordagem também inspirou o surgimento de terapias derivadas do Shiatsu, por exemplo o Tantsu (Shiatsu tântrico) e o Watsu (Shiatsu na água), terapias elaboradas por Gerald Dull.

As escolas de Shiatsu com origem nos dojôs de artes marciais — como o Shiatsu do Método Ko-ho (método antigo ou tradicional), ou o Hakkoryu Shiatsu, também poderiam estar relacionadas como uma subcategoria

> **Curiosidade:**
>
> O nome "Zen Shiatsu" foi uma sugestão de Wataru Ohashi para a versão em inglês do livro Shiatsu, de Shizuto Masunaga. Este livro descreve os princípios de Shiatsu segundo a Escola Yokai (o nome da escola de Masunaga). "Yokai" em japonês quer dizer "espírito", "fantasma", "mistério". Ao escolher esse nome para sua escola, Masunaga deixa claro seu alinhamento com o pensamento de Tamai Tempeki: o Shiatsu, para esses mestres, é um caminho espiritual, e uma escola de Shiatsu, nesses termos, é uma escola iniciática conectada a este Dô (*Caminho*).

humanista, no sentido de darem continuidade a valores espirituais (como o "culto ao mestre", a importância da meditação etc. — em diferentes graus de acordo com a escola). Mas é necessário ponderarmos que:

a) em geral, apegam-se a um sentido doutrinário, e não reflexivo, onde a hiper-hierarquização por vezes se torna mais importante do que a aproximação entre pares e valorização das diferenças e do que cada um traz consigo para a escola;

b) além disso, há tendência a manutenção da ilusão do "eu trato você", "eu curo você", sem compreender que a dinâmica energética do Shiatsu é potencialmente de duplo benefício (ou seja, como em qualquer relação saudável, o ato do Shiatsu deve ser bom para ambos os praticantes).

No Brasil, essas escolas humanistas surgiram a partir de 1980, por meio de livros e professores que viajaram e fizeram suas formações no exterior.

Seus praticantes são menos numerosos do que as de viés tecnicista, que segue o modelo tradicional de Shiatsu estabelecido ao longo do século XX — focado na técnica e no conhecimento anatômico, em detrimento da intuição e da qualidade da relação terapeuta-cliente. Esse estilo é influenciado sobretudo pela escola japonesa da família Namikoshi, que popularizou o Shiatsu no Japão "vendendo-o" de forma associada à An-Ma (massagem). As formas populares de Shiatsu, que chegaram ao Brasil principalmente por transmissão pessoa-pessoa (através das colônias japonesas e posteriormente, de decasséguis* retornados), aos poucos incorporaram o saber e o jargão técnico das escolas de acupuntura.

Independente de ser mais tecnicista ou mais humanista, o Shiatsu, tal como vem sendo praticado no Brasil, normalmente ocorre de forma integrada a outras terapias do domínio de seus praticantes. Ou seja, o mais comum não é a da prática de um estilo de Shiatsu, mas de uma terapia multidiversificada, oferecida por um profissional que

---

* Decassegui (às vezes escrito "dekassegui" é como se chama em japonês aquele que trabalha longe de casa. Termo empregado aos brasileiros, em geral descendentes de japoneses, que foram trabalhar no Japão.

lança mão de este ou aquele recurso pontual do Shiatsu dentro de um "guarda-chuva" de técnicas. Por exemplo, um fisioterapeuta que em meio a sua prática, executa alguma manobra que aprendeu em uma escola de Shiatsu; Ou um terapeuta de Reiki, que assume alguns dos conhecimentos sobre Meridianos para entender melhor o que intui e transmitir esse entendimento ao seu atendido.

O fenômeno não é negativo: ele ajuda a renovar o próprio Shiatsu, que ganha novas formas e plasticidade segundo a bagagem pregressa e interior de quem o pratica. Nesse sentido, o brasileiro parece ter o dom de reunir diferentes técnicas e transformá-las em um trabalho único e pessoal.

Não poderia haver lugar mais apropriado do que o Brasil, para o surgimento de novas linhas de Shiatsu adequadas às necessidades do mundo globalizado atual.

A proposta do Shiatsu Emocional se destaca, justamente, por priorizar harmonizar a humanidade a partir de seu ponto frágil no século XXI: as emoções.

> A essência mística ou divina só poderá ser alcançada uma vez que os bloqueios emocionais se dissolvam. Esse é o foco de toda a linha de conduta do Shiatsu Emocional.

Entre os anos 1993 e 2005, período em que o material que compõe este livro foi sendo concebido, estudei exaustivamente uma série de terapias naturais, incluindo o Shiatsu e muitas de suas variações. Não encontrei, em minha experiência de atendimento, nada que afetasse de modo tão claro e positivo o estado de espírito das pessoas.

Assim, passei a utilizar o Shiatsu para lidar com estados emocionais variados, trazidos por meus atendidos. Tais estados incluíam diferentes graus de ansiedade, melancolia, ressentimentos, labilidade etc. Alguns desses casos, inclusive, diagnosticados por médicos ou psicólogos como casos de depressão, e outros transtornos psíquicos: ansiedade, compulsões etc. Foi um caminho natural relacionar os conhecimentos do Shiatsu com outros estudos sobre as relações entre corpo, mente e emoções.

Em minhas pesquisas, naveguei pelo universo onírico e do inconsciente coletivo com Jung, passei pela psicoterapia dos contos com Nossrat Peseschkian, e pelas bases psicanalíticas de Sigmund Freud. Mas foi em Wilhelm Reich — e alguns desdobramentos e inspirações a partir de sua obra — que encontrei o necessário para confirmar que um caminho já havia sido trilhado além do oriental, na busca pela sintonia entre corpo, mente e energia. Uma viagem ancestral, agora realizada por "exploradores da natureza humana" do século XX, ofereceu novas visões sobre antigas teorias: Reich compreendeu a mecânica da vida com um brilhantismo não menor do que os antigos representados por Fu-Hsi, e adicionou novos detalhes ao conceito de energia vital; à relação entre terapeuta e cliente, e entre seres humanos e natureza/Cosmos. Por conseguinte, foram estabelecidos saberes que parecem ser tão revolucionários sob o ponto de vista da saúde humana quanto foi a formulação do Tao pelos antigos orientais.

Nas confluências entre as filosofias e práticas humanistas de Shiatsu, e os conhecimentos acumulados pela psicologia e pela neurociência, o Shiatsu Emocional começou a nascer.

O Shiatsu Emocional já se mostrou útil em casos de pós-acidentados com traumas neurológicos; eficaz no tratamento de diversos tipos de insônia; efetivo aliado para a resolução de questões relacionais; e ajudou muitos a ressignificarem suas vidas e suas relações afetivas. Trouxe, inclusive, um novo sentido para muitas pessoas que puderam experimentá-lo.

Trata-se, sobretudo, de uma ferramenta de autoconhecimento, de apropriação e enfrentamento da realidade, e de conhecimento do Outro. Uma ferramenta que consegue, de forma suave, integrar seus praticantes a um processo de transformação, na direção de padrões emocionais harmoniosos.

> Quem deseja praticar o Shiatsu Emocional deve ter em mente que:
>
> - Não compreendemos quase nada sobre a vida (humildade e consciência da própria posição perante o Universo);
> - Reconhecemos e reverenciamos o Sagrado que existe em tudo e todos;
> - Nosso processo de desenvolvimento interior é permanente (ação para o desenvolvimento): a qualidade do interior precede os conhecimentos técnicos do Shiatsu.

O Tao e o Ki

*"Toda vida surge do Yin e do Yang
à medida que os dois se combinam em novas formas de harmonia."*

Lao-Tsé (*TAO TE KING*)

Ki em japonês significa energia. No Oriente, acredita-se que todas as substâncias e todos os fenômenos têm origem em uma força natural emanada da Unidade, do Absoluto, que é responsável pela criação do Universo em seu aspecto dualista e relativo. Essa energia se apresenta sob aspectos de polaridades inversas e ao mesmo tempo complementares. Manifesta-se, por exemplo, pela expansão e contração, criação e destruição etc., princípios pelos quais as duas polaridades da energia se combinam de forma variável para constituir toda a natureza. Estes aspectos são conhecidos como Yin e Yang, e todo o conhecimento do Tao leva em conta as polaridades dessa força de existência*. Observando a manifestação

---

* Aplicado à filosofia, o conceito de Yin-Yang dá origem ao Taoísmo Filosófico.

pulsante de Yin e Yang, percebemos suas características particulares e complementares. Se a força Yin cria a noite, a Yang cria o dia. Se Yang cria a energia masculina, Yin cria a feminina... E assim ininterruptamente, complementando e exigindo a presença um do outro para poder existir, formar o Tao.

A atribuição das características Yin ou Yang no contexto dimensional (tempo e espaço) é impossível em termos absolutos. Ou seja, somente poderemos afirmar que algo é Yin ou Yang se houver referências comparativas. Esta milenar teoria da relatividade estende seu mecanismo por toda a realidade existente, do macrocosmo ao microcosmo. Por isso, a compreensão do funcionamento do corpo humano e demais seres vivos, e da natureza como sistema é uma só. Para alcançá-la, é preciso observar as dualidades manifestadas pela Vida como um todo. Veja alguns exemplos:

YIN	YANG
Feminino	Masculino
Noite	Dia
Arredondado	Pontiagudo
Interior	Exterior
Atrai Yang	Atrai Yin
Tendência a adensar	Tendência a dispersar
Reservado	Expansivo
Implícito	Explícito
Subjetivo	Objetivo

Polaridades típicas da vida cósmica, da Terra, do ser humano, da psiquê.

A lista não tem fim. Feche os olhos por um instante e pense: quantos pares de fenômenos indivisíveis, isto é, que não podem existir sem que o outro exista, podemos formar sob a perspectiva das polaridades? Por exemplo, só podemos dizer que algo é "claro" porque há algo em contraste,

---

Quando é aplicado à religião, surge o Taoísmo Religioso. As terapias orientais utilizam o Tao, também chamado "A Lei do Tao", para compreender e intervir ou assistir aos fenômenos de equilíbrio e desequilíbrio, saúde e doença, morte e vida.

"escuro" (ou seja, damos nomes a diferentes estados de luminosidade), só podemos dizer que algo é "duro" se houver algo "mole" (ou seja, damos diferentes nomes a estados de densidade).

O segredo é abstrair os aspectos agrupados como sendo Yin ou Yang. (Nos anexos deste livro oferecemos uma lista maior de nomes para reflexão e expansão de seus pensamentos sobre o pensamento binário Yin-Yang).

Na visão do Tao, seguida pela Medicina Tradicional Chinesa, tudo o que existe exibe aspectos Yin e Yang, sempre em movimento, sempre em transformação. As diferenças de carga Yin-Yang, ou suas combinações, produzem subtons e intensidades variadas ao infinito, provocando toda a riqueza e diversidade da existência.

No interior do Yang existe a essência do Yin, e dentro do Yin existe a essência do Yang em desenvolvimento. Numa forma radical e extrema, o Yang pode produzir o Yin e o Yin pode produzir o Yang. O conceito de Yin e Yang, sua presença em tudo na Natureza, e sua ação inversa e complementar revelou aos antigos muitos aspectos do funcionamento e da constituição do corpo humano. No Nei Ching, por exemplo, há referência a dois tipos de sangue: Yang, com as características do princípio claro da vida, e Yin, com as do princípio escuro da destruição. Hoje conhecemos os dois tipos de sangue como arterial, rico em oxigênio e substâncias nutritivas, e venoso, carregado de substâncias a serem eliminadas e pobre em oxigênio. Encontramos ainda no Nei Ching: "Se o Yin e o Yang não estiverem em harmonia, é como se não houvesse outono em contraste com a primavera, inverno em contraste com o verão. Quando Yin e Yang se separam, a força da vida se esvai e o sopro da vida se extingue".

Se o equilíbrio Yin-Yang também representa as diversas forças que agem sobre o ser humano em todos os seus planos dimensionais (físico, emocional/mental, energético), então um desequilíbrio entre essas duas forças é ao mesmo tempo origem e reflexo de todos os males que nos afligem!

À parte dessa energia que circula nos corpos individuais, é chamada de Ki (japonês), ou Chi (chinês). Ki é a energia vital do corpo, originária do movimento da vida — Tao. O Chi circula pelo corpo de maneira ordenada, criando um complexo sistema energético.

O SISTEMA ENERGÉTICO DO SER HUMANO

Introdução aos Meridianos na medicina chinesa

Como dissemos, a estrutura energética do corpo segue a natureza universal. Ou seja, organizando-se a partir do movimento contínuo das polaridades Yin-Yang, interativas e interdependentes. Esse movimento circula pelo corpo e estabelece sua forma (anatomia) e funcionamento (fisiologia), desde a embriogênese.

Sob esta ótica, é possível compararmos as diversas estruturas corporais e atribuir, **sempre de forma relativa**, a predominância de Yin sobre Yang e vice-versa para, dependendo dos parâmetros utilizados, tecer cada comparação.

Para o leitor entender melhor como a comparação e a atribuição de Yin e Yang poderá ser realizada, citamos alguns exemplos.

Digamos que "leve" seja uma atribuição Yang, e "pesado" seja uma atribuição Yin. Então um objeto de vinte quilos será mais "Yang" do que um de 100 kg. No entanto, o objeto de 100 kgW será Yin em relação a um outro de uma tonelada.

Se uma forma arredondada é considerada Yin em relação a uma pontiaguda, então dizemos que uma agulha é Yang em relação a um ovo. No entanto, uma bola será mais Yin na comparação com o ovo.

Se uma forma é dita Yang for mais quente que outra, então uma xícara de chá é mais Yang do que um suco gelado, mas é mais Yin do que o próprio fogo que o aqueceu.

Quando pensamos em termos de Yin-Yang, a matéria física, as emoções, os ciclos do tempo etc., estabelecem relações, e dependendo das relações para as quais olhamos, enxergamos atributos ora Yin, ora Yang. Um exemplo clássico oferecido aos estudantes convida à análise das atribuições Yin-Yang em diferentes estados da água: em relação ao gelo, o estado líquido da água é mais quente, sendo mais Yang que o gelo. Em relação ao adensamento da matéria, o gelo é mais Yin que a água em estado líquido. Mas o gelo pode ser pontiagudo e cortante, e nesse sentido ser Yang em relação à água. Se o gelo queima as plantas e a água as faz crescer, o gelo é Yang. Mas é claro que uma água em alto volume descendo de uma cachoeira é mais Yang do que um simples cubo de gelo a derreter sobre a pia.

Seguindo essa linha de raciocínio, convencionou-se atribuir a disposição Yin e Yang na análise do corpo, sua posição no espaço, sua formação e outros de seus elementos constitutivos, da seguinte maneira: a parte superior do corpo é Yang, e a inferior é Yin; a superfície do corpo é Yang e seu interior é Yin; a parte posterior é Yang e a anterior é Yin; o lado esquerdo é Yin e o direito é Yang; a porção lateral é Yang e a medial é Yin.

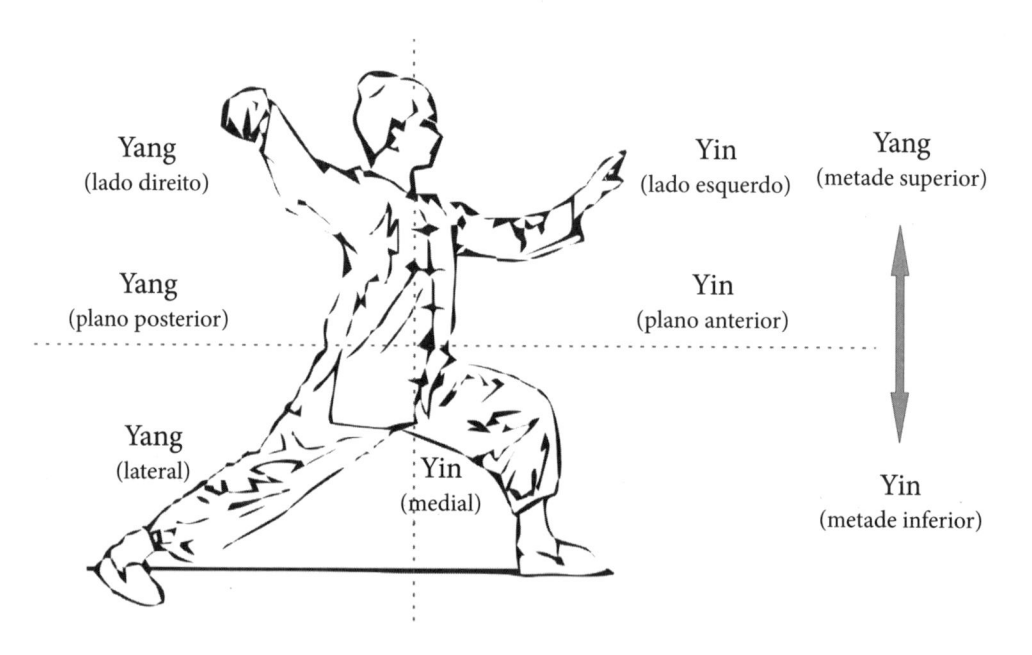

Yang (lado direito)
Yin (lado esquerdo)
Yang (metade superior)
Yang (plano posterior)
Yin (plano anterior)
Yang (lateral)
Yin (medial)
Yin (metade inferior)

Para cada porção Yin há a porção Yang. O equilíbrio entre as duas forças estará sempre mantido em nossa essência primordial.

Poderíamos, ao olhar o corpo de fora, fazer inúmeras novas analogias, de seu topo ou de suas partes. Se dividimos a cabeça, por exemplo, em porções Yin-Yang, teremos a parte superior como Yang e a inferior como Yin, exatamente da mesma maneira que no corpo inteiro.

Caminhos do Ki – Meridianos

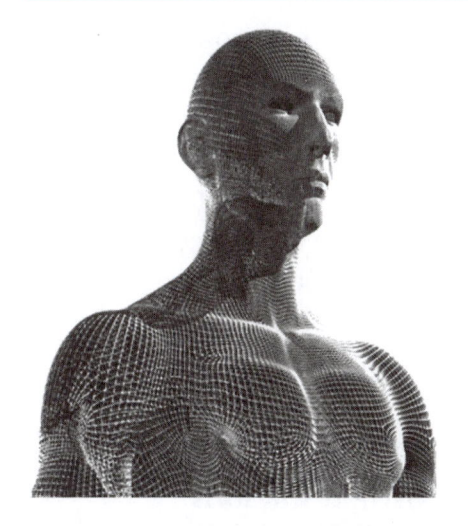

O Ki, energia da vida, flui por canais invisíveis que se distribuem sob a pele, e chegam a todas as partes do corpo permitindo a manutenção das funções orgânicas que garantem a vida. Destes canais, os antigos terapeutas orientais destacaram doze que consideraram principais, por estarem diretamente ligados a órgãos e vísceras (Zang-Fu).

Como "dividem" o corpo em fatias meridionais (como no globo terrestre), passamos a chamar de MERIDIANOS todos os circuitos energéticos elaborados pelos estudiosos de MTC (além dos meridianos principais há dezenas de meridianos secundários e incontáveis terciários). A circulação da energia por esses canais principais se dá num sentido circular, vertical, e espelhado (os canais manifestam-se bilateralmente).

A descoberta histórica do sistema energético

Até há pouco tempo, os estudiosos da MTC se perguntavam sobre a descoberta dessa rede de distribuição energética em épocas remotas. Como os antigos orientais foram capazes de elaborar mapas tão perfeitos desses canais de energia? E como chegaram a conclusões tão verdadeiras sobre os diversos distúrbios que eles podem apresentar?

"Se tudo isso foi conseguido sem a ajuda de nenhum aparelho, por mais rudimentar que fosse, devemos buscar uma explicação com base apenas na sensibilidade humana". Essa, até há bem pouco tempo era a única resposta possível, embora insatisfatória.

A investigação histórica, no entanto, vem resgatando antigos documentos, e demonstrado que houve uma evolução lenta e gradual desses saberes originados na Ásia. Há uma hipótese de que a primeira descoberta energética pelos orientais teria sido a percepção do ponto de acumulação de energia do Rim, "Rim 1". A partir deste ponto, os demais teriam sido descobertos, e assim, tornou-se possível mapear o sistema energético. Contudo, tal evolução ainda não é demonstrada e os trechos internos dos Meridianos (da superfície do corpo na direção dos órgãos e tecidos profundos) são ainda uma incógnita. Desta feita, muito dos saberes acerca de energia, desenvolvidos ao longo do tempo, permanece apenas no plano da prática bem sucedida, não sendo, ainda, possível se compreender concretamente como ocorreu a evolução da descoberta e do entendimento dos Meridianos.

🔔 A ciência engatinha, mas já mostra resultados

Por serem invisíveis a olho nu, esses Meridianos energéticos já foram considerados pela ciência ocidental como imaginários por muito tempo. A dificuldade de comprovar sua existência pela metodologia científica e as tecnologias ocidentais era um entrave para a popularização em nível mundial e consequente avanço da medicina tradicional chinesa.

A ciência tenta captar sinais que representem a energia vital há muito tempo. Newton, Faraday, Maxwell, Thomson e mesmo Einstein postularam a existência de uma energia, a que denominaram de éter.

Dentre os primeiros cientistas modernos, podemos destacar o casal de cientistas russos Semyon e Valentina Kirlian, como os primeiros a criar um aparelho capaz de registrar o fenômeno energético sob a forma de fotografia.

Foi mais ou menos na mesma época em que Wilhelm Reich se debruçava sobre os estudos da energia da vida, que ele batizou de "orgone".

Atualmente, já se desenvolveram equipamentos capazes de detectar e mapear os meridianos e seus pontos de acumulação de energia com precisão.

Além disso, as ciências médicas e biológicas têm avançado e produzido diversos trabalhos focando os meridianos de energia, e utilizam aparatos de medicina nuclear e outros para fundamentar a existência dos mesmos e suas relações com órgãos e áreas do cérebro ligadas às diferentes emoções. Existe farto material de pesquisa com metodologias diversas, nas áreas experimentais e clínicas.

Resta confirmarmos se a energia visualizada pelo casal Kirlian, aquela detectada por Reich e percebida nos primórdios pela cultura oriental é a mesma. Abordaremos esse assunto mais adiante.

Estudo energético-anatômico dos Meridianos

Os canais de energia são inúmeros, contudo, o conjunto de 12 Meridianos, segundo as teorias da MTC, compõe "a grande circulação de energia". Esses Meridianos são distribuídos pelo corpo na relação de equilíbrio Yin-Yang. Temos 6 meridianos Yin e 6 meridianos Yang. Desses, 3 Meridianos Yin passam pelas mãos e 3 passam pelas pernas; da mesma forma, outros tantos Meridianos Yang seguem essa mesma lógica.

A grande circulação de energia pode ser encarada como o cerne fundamental da constituição da psicossoma. Esta, por sua vez, trata da indivisível versão de nós mesmos, que gera ao mesmo tempo emoções e funções corporais — nosso microuniverso. No Shiatsu estuda-se as relações desses Meridianos com órgãos e vísceras, e as emoções por eles regidas.

Generalidades sobre os Meridianos

Os Meridianos Principais apresentam aspectos comuns em sua manifestação, função e movimento:

→ Todos os Meridianos assumem no estudo comparado aspectos Yin ou Yang.
→ Possuem pontos de adensamento energético — conhecidos popularmente como "pontos de acupuntura".
→ O Ki segue um fluxo definido por esses canais; os de natureza mais Yin seguem em direção aos seus pares de natureza Yang e vice-versa,

um dando origem ao outro e estabelecendo circuitos de equilíbrio do Tao.

→ Estão ligados à própria energia dos órgãos e vísceras do corpo (Zang-Fu). É a dinâmica da circulação da energia produzidas por Zang-Fu e pelos Meridianos que nos permite realizar, desde nossas funções fisiológicas até nossas emoções. Cada Meridiano rege determinadas partes do corpo, certos órgãos energéticos e certas emoções.

→ À medida em que circula pelos Meridianos, o Ki energiza as células e estruturas físicas por onde passa. Por isso, o trajeto de cada Meridiano propiciará que este influencie partes específicas do corpo.

→ Como todos estão submetidos à natureza do movimento Yin-Yang, isso os dispõe em algum ponto ao longo de um ciclo composto por cinco fases (*wuxing*).

Curiosidade:

Fogo, Terra, Metal, Água e Madeira: representações do ciclo de transformações Yin-Yang.

Os antigos orientais representaram a natureza, a vida e a realidade em instantes dinâmicos (como flashes do movimento permanente de transformação yin-yang) na forma de cinco energias: Fogo, Metal, Terra, Água e Madeira.

O todo desses instantes e a forma como eles se relacionam é chamada de Wuxing. Frequentemente o *wuxing* é traduzido como "Cinco Elementos", em alusão ao sistema constitucional da matéria concebido no mundo antigo mediterrâneo — terra,

... / ...

> ... / ...
>
> ar, fogo e água — mas também como cinco Movimentos, Fases, Agentes, Processos, dentre outros).
>
> A abstração filosófica dessas energias foi tradicionalmente utilizada em variadas áreas da cultura oriental, como artes marciais, música, medicina, adivinhação, arquitetura, I Ching, alquimia, e estratégia militar.
>
> Para as linhas de Shiatsu que incorporam saberes da MTC (assim como ocorre com a Acupuntura), a energia vital que circula cada Meridiano é associada a um desses cinco "instantes", e suas manifestações yin e yang.
>
> Essa forma de abstração apresenta uma dinâmica relacional (assim como ocorre com yin-yang). Fogo, Terra, Água, Madeira e Metal apenas "existem" em uma complexa relação de inter-geração, controle e equilíbrio mútuo, e sua complexidade normalmente confunde os aprendizes iniciantes. Opto, por esta razão, por apenas mencioná-los ao longo deste livro para que haja uma familiarização gradativa e natural sobre eles. A exemplo do que ocorre em nossos cursos, recomendamos que o *Wuxing* seja estudado com detalhes em um momento de maior domínio sobre as teorias e práticas do Shiatsu Emocional.

É importante notar que energia, Meridianos, Pontos, emoções, Órgãos*, possuem uma intercomunicação indivisível. Ou seja, todo desequilíbrio de uma dessas "partes" do ser causa automaticamente desequilíbrio das demais. A divisão do corpo em energia, emoção e partes físicas, serve tão somente à compreensão da mente humana, que sente (ainda) necessidade de dividir para simplificar, simplificar para compreender, e finalmente, compreender para controlar-manipular.

---

* Uso frequente de maiúsculas para Meridianos, Pontos e Órgãos ao longo do livro:

Quando nos referimos a estruturas físicas e anatômicas, como os meridianos geográficos ou os órgãos do corpo humano, utilizaremos minúsculas.

Quando nos referimos ao "duplo energético", a matriz energética que envolve o corpo e suas referências à anatomia, utilizaremos maiúsculas.

Zang-Fu e sua relação com os Meridianos

Zang e Fu, ou órgãos e vísceras, constituem-se na fonte energética dos Meridianos. Sua compreensão se dá a partir do entendimento do Yin-Yang, da teoria Elementos (ou movimentos) e da observação dos aspectos fisiológicos e fisiopatológicos do corpo humano. Basicamente, os órgãos físicos apresentam correlatos energéticos (ou vice-versa). A energia circula dos Órgãos (centro) para a pele (periferia), formando o "molde" ou o revestimento energético do corpo. Os Meridianos se situam na camada mais externa. Como o interno e o externo se relacionam permanentemente, tudo o que acontece com os Meridianos viaja aos órgãos, e vice-versa. Por isso, a descrição das funções energéticas dos Meridianos — e suas manifestações fisiológicas e psíquicas se assemelham às funções dos órgãos. Para quem aprendeu que a mente reside meramente no cérebro, é interessante aqui a ideia de que há uma "inteligência orgânica" presente em todos os processos mentais, ou seja, o que chamamos de "mente" não é um fenômeno isolado no cérebro, mas, de acordo com a lógica oriental, a mente é produzida e reflete a integralidade do nosso corpo.

É importante reforçar: como exteriorizações dos órgãos, os Meridianos têm nomenclatura idêntica aos Zang Fu, o que não significa que eles estejam ligados apenas aos órgãos físicos, mas sim à sua função e às representações psíquicas dessa função. Assim, quando fazemos referência ao Meridiano do Pulmão, por exemplo, deve ser subentendido que ele está vinculado a uma função energética próxima à respiratória, bem como às remissões simbólicas na psique da pessoa examinada (esta relação será abordada detalhadamente mais adiante).

Embora os antigos orientais tivessem conhecimento desenvolvido sobre anatomia, esse conhecimento não foi utilizado na nomeação dos Zang-Fu. A função energética dos órgãos não apenas supria as lacunas microbiológicas desses saberes, como lhes permitia compreender saúde e doença por um prisma de alta complexidade e funcionalidade. Neste contexto, é interessante observarmos que o relacionamento entre o Meridiano e o órgão que lhe dá o nome não contém descrição anatômica precisa. Dois desses Meridianos, inclusive, não têm nome de órgãos específicos (Meridiano da Circulação-Sexualidade e Meridiano do Triplo-Aquecedor). Eles estão, na verdade, ligados a funções especiais de regularização energética. O primeiro completa as funções do Meridiano do Coração, e o segundo é responsável pela regulação térmica do organismo a partir do controle de três calores: o calor da digestão, do sangue e da circulação sanguínea e o calor do sistema. Esses Meridianos serão detalhados nas páginas 63 e 99, respectivamente.

Pontos de Adensamento Energético

Os pontos de adensamento são chamados geniturinários em japonês de tsubos*. Em virtude da acupuntura ser a principal utilizadora do sistema de pontos, eles acabaram ficando conhecidos como "pontos de acupuntura". Trata-se de locais de concentração de energia que se localizam ao longo dos Meridianos. Os pontos são áreas de exteriorização (comunicação) da energia de determinado meridiano. O tamanho dos pontos não é uniforme, são observados pontos maiores e menores em relação à sua extensão. São utilizados também para moxabustão, ventosas, massagens e outras terapias e suas técnicas.

Para a grande circulação de energia contamos 309 pontos, localizados ao longo dos Meridianos Principais. Os pontos de adensamento possuem funções próprias, e o seu estudo é mais aprofundado em outras terapias orientais, sobretudo na acupuntura.

> No Shiatsu Emocional é prioridade conhecer cada Meridiano, sua natureza e seus trajetos, como um todo. Os pontos são pressionados com base neste conhecimento e na conexão entre os dois interagentes.

---

* Lê-se "tsubôs".

O estudo específico dos pontos, contudo, pode aperfeiçoar a leitura energética do corpo e otimizar o processo terapêutico. Desejamos, por isso mesmo, que após a reflexão sobre os conteúdos aqui apresentados, o leitor possa aprofundar e aprender um pouco mais sobre cada um deles e suas funções.

Localização dos Pontos

Os Pontos de energia podem ser comumente encontrados por apalpação, junto a acidentes ósseos e pequenas depressões musculares. Assim, a melhor maneira de localizar um ponto é procurar conhecer as estruturas anatômicas, as simetrias antropométricas e os trajetos dos Meridianos, pois mesmo utilizando medidas e referências (os chineses utilizam uma medida antropométrica chamada de T'sun, por exemplo), sempre será mais precisa a localização dos pontos quando se respeitam as particularidades anatômicas de cada interagente. Isso ocorre porque cada corpo tem suas individualidades, e está sujeito a variações anatômicas e energéticas.

Curiosidade:

O SISTEMA DE VASOS É ÚNICO, É PARTE DE NOSSA ASSINATURA CORPORAL. O MESMO ACONTECE COM NOSSO SISTEMA ENERGÉTICO.

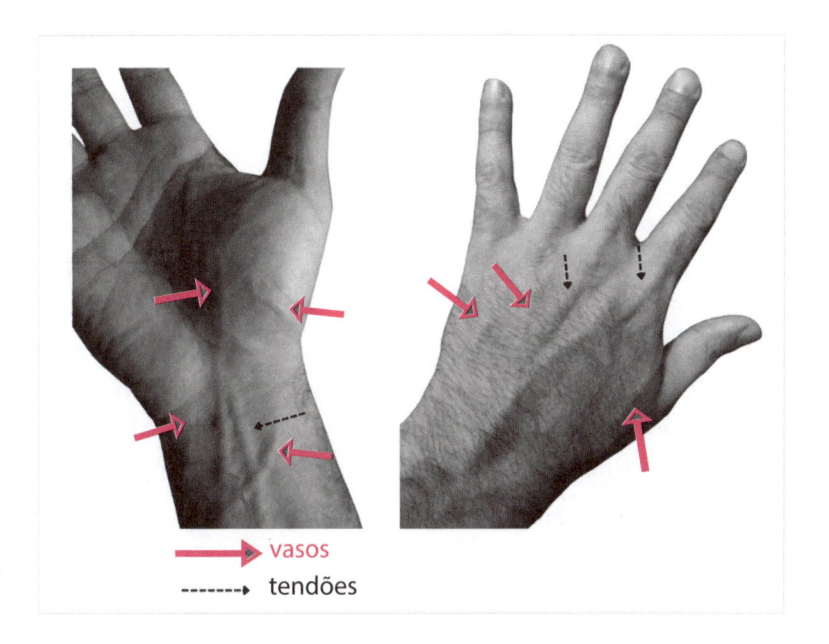

→ vasos
┄┄→ tendões

Ninguém é igual, nem por dentro, nem por fora. Mesmo nossos vasos sanguíneos apresentam uma formação diferente, inclusive nos dois lados do corpo! Faça um exercício em três etapas:

1) Olhe bem para seu pulso, e compare seu sistema de vasos com o da imagem do livro;

2) Olhando para seu pulso esquerdo e direito, procure observar se há diferenças no sistema de vasos;

3) Agora, compare sua formação de vasos com a de alguém conhecido.

Reflita: se o corpo físico é sempre diferente no seu sistema de distribuição de sangue, porque não seria assim com a distribuição de energia?

Os Meridianos e seu papel nas emoções

Somente no séc. XXI, após mais de um século do advento da psicanálise, é que a ciência confirma ser impossível a razão humana não estar atrelada às emoções e sensações. As sensações corporais e as emoções são combinadas numa mesma área do cérebro e têm papel fundamental em nossos mecanismos essenciais de autoafirmação.

Naturalmente, o mesmo se dá com os Meridianos. Como energias reguladoras das funções vitais, desempenham papel fundamental na geração e interação das emoções humanas. Seu pleno funcionamento é ao mesmo tempo causa e consequência da saúde emocional; seu desequilíbrio, ao inverso, é causa e consequência dos problemas emocionais. Seja qual for a origem do problema (energética, física ou emocional), sempre que tratamos do desequilíbrio através dos Meridianos, haverá respostas físicas e emocionais. Da mesma forma, tratamentos emocionais ou físicos bem sucedidos, atuam sobre o equilíbrio dos Meridianos correspondentes ao problema.

É importante assinalarmos que a estrutura psíquica tem uma formação gradual que atravessa a infância e cria uma estrutura repleta de moldes e esquemas reativos ao mundo, e a energia dos Meridianos também flui de acordo com essa construção. Isso significa que o equilíbrio energético de um adulto obedece a uma configuração não necessariamente saudável, em que há tendências crônicas de desequilíbrio que só podem ceder se a terapia avançar ao âmago do Ser, onde se encontram os registros psíquicos e energéticos primários, bem como seus esquemas e estruturas. O que se apresenta no exterior é um reflexo do que emana deste lugar profundo, a externalização que é observada como tipos caracterológicos estudados por diversos autores e correntes de pensamento (ver: "Visão de equilíbrio e desequilíbrio de diversas teorias psicológicas", p. 153). Este é um dos campos de estudo que o Shiatsu Emocional vem desenvolvendo, a fim de favorecer os tratamentos emocionais através do Shiatsu.

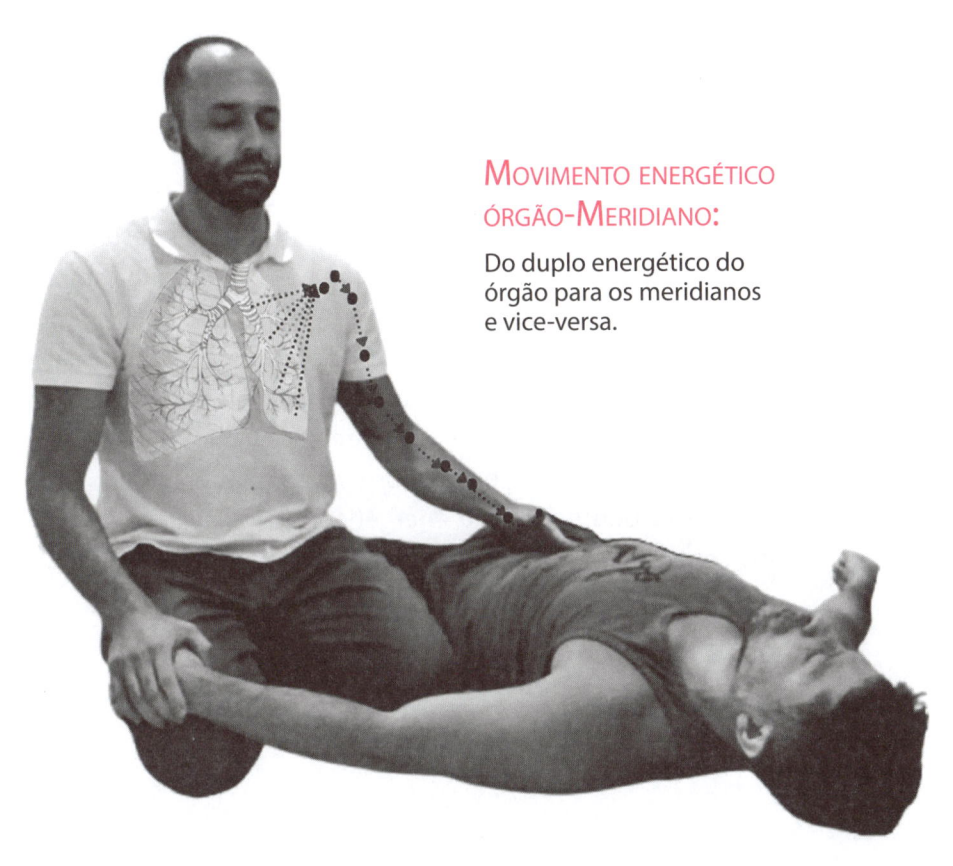

MOVIMENTO ENERGÉTICO ÓRGÃO-MERIDIANO:

Do duplo energético do órgão para os meridianos e vice-versa.

Os órgãos e sua conexão com os Meridianos. Exemplo do pulmão.

Propriedades dos Meridianos

No Shiatsu Emocional estamos particularmente interessados nas interações psicossomáticas reguladas pelos Meridianos. Eles são o elo perdido pela ciência na ligação entre as emoções e o organismo humano.

Dessa forma, apresentaremos a seguir os Meridianos energéticos, com as considerações do Shiatsu Emocional acerca dessa comunicação entre corpo e psiquismo. Cada um deles será apresentado com seu nome, número de Pontos e se efetuam papel Yin ou Yang em suas funções e em seu relacionamento com seu Meridiano par. Incluímos as áreas de regência dos Meridianos em relação às emoções (sua função energética), e o que o desequilíbrio de um deles pode causar psíquica e fisicamente, bem como quais atitudes positivas ajudam ou revelam a boa circulação do Ki de um Meridiano.

NOTA: Por vezes, os mesmos sintomas podem ser relacionados a mais de um Meridiano; isso acontece porque alguns sintomas resultam da ação conjunta desses Meridianos, ou por haver mais de uma emoção de fundo que produza o mesmo sintoma. A associação entre sintoma e circulação energética deve ser considerada apenas em relação aos "Meridianos de superfície" — aqueles que aparecem de forma pronunciada — em relação a uma problemática. Todos os Meridianos são altamente conectados, e uma observação mais precisa no plano emocional (do ponto de vista energético), deve levar em conta o sistema como um todo.

Meridianos Yin

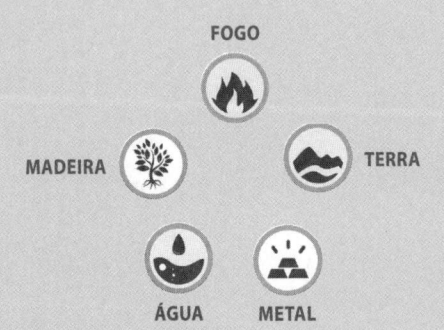

FOGO

MADEIRA   TERRA

ÁGUA   METAL

MERIDIANO DO PULMÃO

Shou Tai Yin
Fei Jing

Apalpe cerca de dois dedos abaixo de uma de suas clavículas. Na extremidade mais próxima do ombro, você encontrará um ponto sensível, importante para a circulação da energia em seu corpo, trata-se do início do trajeto do Meridiano do Pulmão que segue em direção às mãos, e passa pela parte superior interna do braço; antes de chegar ao punho faz um pequeno desvio lateral, mas logo em seguida retoma o seu trajeto original percorrendo a lateral do polegar e terminando no ângulo ungueal interno desse dedo.

MANIFESTAÇÕES PSICOEMOCIONAIS

O Meridiano do Pulmão está relacionado à estrutura psíquica que trata do relacionamento entre o mundo interior (indivíduo) e o mundo exterior (coletivo). Quando essa relação está em harmonia, o indivíduo respira livremente, de forma tranquila, ritmada, leve e livre.

A respiração profunda facilita a conexão com o Todo, e por isso facilita a meditação. É fonte de inspiração, e lembremos, um cérebro oxigenado tem sua capacidade de visualizar e construir imagens aumentada. Inspirar, aliás, tem relação com a captação da energia da vida: quando ins-piramos, trazemos para o interior o nosso combustível, nossa centelha, nossa vida, nosso Ki (in="dentro"; pira=lume, fogo, energia). A fonte da inspiração, desse modo, se relaciona com conseguir acessar a conexão suprema com o Todo, de um lado, e transformarmos o que inspiramos, de outro.

No ar é o Ki que se converte em substância vital. Para formas de vida aeróbicas, essa conversão está simbolizada no Oxigênio, um combustível no sentido literal. Porque do Ki somos parte, e não sendo possível haver vida sem ele, é que nos mantemos respirando o tempo todo. O pulmão (órgão), desse modo, mantém-se em constante movimento de captação do Oxigênio, enquanto o Pulmão (energético) e seu Meridiano o faz em relação ao Ki.

De modo inverso, quando a psiquê não consegue entrar em sintonia com as manifestações do exterior, a respiração sofre uma retração e se torna desequilibrada.

Uma pessoa com respiração rápida e ofegante, por exemplo, transmite sensação de pressa e ansiedade, como se não se permitisse vivenciar o instante presente com plenitude. A respiração curta indica pouco contato com o mundo exterior, e está presente nos principais distúrbios psicológicos que levam o indivíduo a buscar o isolamento.

Outra forma de somatização das condições emocionais associadas ao Meridiano do Pulmão está ligada à saúde da pele. Fonte de troca com o ambiente, a pele é contato direto, e considerada o segundo canal de respiração do organismo.

Algumas pessoas têm dificuldade em deixar para trás velhos ares e viver o aqui-agora, as novas propostas e circunstâncias que a Vida traz — capacidades relacionadas ao Meridiano do Pulmão a circular livremente.

Assim, acumulam nostalgia, apego a situações, coisas ou pessoas, e muita dificuldade de viver o presente. Caso essa situação perdure, a pessoa poderá entrar em quadro depressivo.

Por vezes, essas dificuldades também se originam do medo do contato. Pessoas de cidades violentas possuem maior chance de desenvolver alergias na pele, por exemplo. É interessante observar ainda que bebês e crianças com problemas respiratórios nasceram, em grande proporção, de "parto Yang" (repleto de intervenções exteriores) ou vivenciam situações emocionais conturbadas em casa, entre os pais ou outras pessoas que os rodeiam.

INFLUÊNCIA DO MERIDIANO DO PULMÃO NA CONSTRUÇÃO DO MUNDO PSÍQUICO INTERIOR E NA BUSCA DE REFERENCIAIS PRÓPRIOS

Adolescentes com o Meridiano do Pulmão desequilibrado refugiam-se muitas vezes em seu próprio mundo, especialmente quando os pais são invasivos (em muitos casos como comportamento de controle superprotetor). Moças e rapazes que aderem às cores escuras, ouvem músicas que os adultos não gostam de ouvir e buscam um estilo que seja bem diferente ou mesmo oposto ao dos pais, estão simplesmente mostrando sua disposição para criar referenciais próprios, criar seu próprio mundo. O mundo dos pais, se não for atrativo e flexível, não se adequará às necessidades psicoemocionais do adolescente.

O fumo, cujo hábito costuma ter início na adolescência, gera e reflete diretamente distúrbios no Meridiano do Pulmão. O desequilíbrio energético nos fumantes gera impulsos contrastantes: ocorre em pessoas que não sabem ficar sozinhas ou, pelo contrário, evitam completamente o contato. Proponho ao leitor lembrar-se de uma pessoa fumante que não apresente ao menos um componente ou subtom emocional melancólico. Não deve ser difícil. Esse é um claro indicativo de que o fumo e seu hábito estão ligados à energia que percorre o canal pulmonar.

A pele, que também respira, simboliza igualmente a capacidade de interação interna e externa, e por isso, afeta e é afetada por tudo o que acontece com a energia que circula pelo Meridiano do Pulmão.

Restabelecer o fluxo energético desse canal permite à pessoa vivenciar o presente, desapegar-se, e se relacionar saudavelmente com o mundo exterior.

FUNÇÕES FISIOLÓGICAS SOB INTERFERÊNCIA DO MERIDIANO DO PULMÃO

→ Resistência a intrusões externas — as vias respiratórias produzem muco para evitar a chegada de antígenos ao organismo. Os antígenos ficam flutuando e são colocados para fora.

→ Purificação do organismo através da exalação (eliminação de gases)

→ Domina o Ki.

"A mente domina os sentidos e a respiração domina a mente"*

Yogue IYENGAR

---

* Livre tradução. Segundo o yogue Iyengar (1918-2014), este é um ensinamento do Ratha Yoga — que converge com os conceitos também praticados no Shiatsu. Ao dominar o Ki, o Meridiano do Pulmão domina a mente, pois segundo diz essa terapia tradicional e a MTC: "a mente move o Ki e o Ki move a mente".

PRINCIPAIS SINTOMAS EMOCIONAIS DE DESARMONIA DO MERIDIANO

Pouca sensibilidade para com os outros, hipersensibilidade a críticas, ansiedade obsessiva (quando gira em torno de um tema fixo), ansiedade extrema (quando atinge níveis severos), colapso mental quando sob pressão, melancolia, apatia, depressão, atitudes antissociais.

SINTOMAS PSICOSSOMÁTICOS ASSOCIADOS AO MERIDIANO

Falta de energia Ki (prostração), peso na cabeça, respiração difícil, tendência a produzir muco, respiração curta, tosse, resfriados e crises de rinite frequentes, respiração curta e/ou acelerada, outras dificuldades respiratórias, tendência a acumular peso (por dificuldade de eliminação), problemas de pele.

Expressão-chave:
Relacionamento do mundo interior (psique) com o mundo exterior.

"ANTÍDOTO" E ATITUDES FAVORÁVEIS AO EQUILÍBRIO

Reserva de tempo para momentos de solitude; reserva de tempo para momentos em grupo; ar livre; atividades que favoreçam a interação, como jogos, esportes, artes coletivas (como teatro), etc.

Curiosidade:

Este Meridiano já foi traduzido de várias maneiras para o português. A tradução dos escritos orientais é sempre um processo complexo, pois a escrita do Kanji permite múltiplas interpretações. O primeiro termo utilizado, mais ao pé da letra, surge como "Senhor do Coração". Entretanto, os pioneiros da MTC no Ocidente (em especial os franceses) procuravam relacionar todo o conhecimento aprendido com similares biológicos (eram praticamente todos médicos vindos de escolas cientificistas), e denominaram este Meridiano de "pericárdio", nome do invólucro que protege o coração. Também foi chamado de "Meridiano da sístole cardíaca". Atualmente é chamado de "circulação-sexualidade", já que a ele são atribuídas funções de apoio e regulação desses sistemas.

MERIDIANO DA CIRCULAÇÃO-SEXUALIDADE OU "SENHOR DO CORAÇÃO"

Shou Jue Yin
Xin Bao Jing

Nasce no tórax, dois dedos na lateral ao mamilo. Segue pela borda do músculo peitoral até se encontrar com o braço. Percorre o lado interno do braço e antebraço (sempre "pelo meio"), passa pela palma da mão e termina no ângulo ungueal interno do dedo médio.

O Meridiano da Circulação-Sexualidade é quase sempre mencionado como secundário, e considerado um "apêndice" do Meridiano do Coração. Se o leitor consultar os livros de Shiatsu, ou da MTC, perceberá que este é um Meridiano que recebe menos importância do que os demais. Ele é menos estudado, compreendido e utilizado ao longo do tempo. No Shiatsu Emocional, considera-se que este Meridiano protagoniza a administração da economia energética, sendo fundamental ao equilíbrio do organismo e seus aspectos fisiológicos, emocionais e vitais.

FUNÇÕES EMOCIONAIS

Vamos usar a denominação "Senhor do Coração" para ilustrar a interessante função desse Meridiano. Imagine a época medieval no Oriente, onde o senhor feudal era o dono de tudo, o provedor de todos os habitantes de suas terras. Ter o poder era ter a responsabilidade. Ser o senhor significava ser o grande serviçal em prol da felicidade coletiva. Assim é o Meridiano Senhor do Coração. Ele serve ao prover o Coração. Podemos dizer então que, no plano social, o coração de um país é o seu povo, protegido e servido por seus governantes. No plano individual, a consciência humana — representada pelo coração — é protegida e servida por instintos naturais, representados por este Meridiano. Tais instintos estão relacionados a um mecanismo de estabilidade energética proporcionado pelo bom funcionamento deste meridiano.

Segundo Wilhelm Reich, na natureza todos os papéis fisiológicos dos organismos vivos têm uma dupla função. No que diz respeito à sexualidade, ela não se restringiria apenas à função reprodutiva, mas também à economia energética. Para Reich, os seres vivos são acumuladores naturais de Ki e precisam encontrar meios de descarga. No caso do ser humano, esse mecanismo está fortemente relacionado à sexualidade. A sexualidade saudável e de acordo com cada etapa da vida, encontra-se plena de potência orgástica, que funciona como uma válvula de liberação do Ki acumulado (a "energia orgônica"). Se o bom funcionamento do Meridiano depende da expressão espontânea e sábia da sexualidade e da vitalidade humana, a energia da libido pode ser direcionada a tudo o que é novo, e a todo o processo criativo. Assim, o ato sexual ocorrido em total entrega seria a máxima representação biológica da criação ou pró-criação. A sexualidade humana se expressa em todo o ato criador. A arte, por isso mesmo, funciona como um meio de descarregar a energia da libido, tanto quanto a realização de projetos inéditos e inovadores (para o realizador). A sexualidade está e se expressa em tudo em que o indivíduo se envolve com gosto e intensidade.

A **estabilidade emocional** flui mediante o equilíbrio deste Meridiano, e pode ser observada em qualquer pessoa que tenha uma boa relação com a sua sexualidade, ou que se sinta inovadora. Essas pessoas apresentam um humor tranquilo, sem exageros, sem euforia. São estáveis e positivas, tornam-se mais fáceis de lidar, uma vez que não surpreendem com ondas de irritabilidade, impaciência etc. Por isso, este Meridiano é particularmente útil para tratar os humores, o que inclui suas expressões somáticas, como a acumulação dos líquidos do corpo. Por desdobramento, concluímos que este é um Meridiano a ser equilibrado em pessoas com crises de TPM, enxaqueca e tudo o que tenha a ver com o congestionamento dos diversos fluídos corporais.

> No plano das ideias, e realizações, o Meridiano da Circulação-Sexualidade colabora para uma personalidade marcada pela alta criatividade.

FUNÇÕES GERAIS

→ Complementa a função do Meridiano do Coração relacionada ao sistema circulatório;

→ Participa da manutenção da circulação do sangue e outros fluídos corporais;

→ Relacionado ao sistema nervoso parassimpático.

PRINCIPAIS SINTOMAS EMOCIONAIS DE DESARMONIA DO MERIDIANO DO PERICÁRDIO

Pessoa triste em seu íntimo, deprimida, com falta de amor próprio; não realiza projetos (por inconstância/instabilidade emocional). Desligada, com alterações na libido, inquietude, sensibilidade exagerada, dispersão no trabalho, inconstância emocional, distúrbio bipolar, nervosismo em público.

SINTOMAS PSICOSSOMÁTICOS ASSOCIADOS AO MERIDIANO

Alterações menstruais, alta taxa de fator de coagulação no sangue, enjoos, alterações hormonais, dificuldades circulatórias, dificuldade de engolir, problemas nas amígdalas.

Expressão-chave:
Estabilidade emocional, potencial criativo e de relacionamento/renovação, conexão entre o criador com a Criação.

"ANTÍDOTO" E ATITUDES FAVORÁVEIS AO EQUILÍBRIO

Criação e expressão artística; produção e execução de projetos com começo, meio e fim; busca por atmosferas seguras e atividades que atuem em aspectos inibitórios; reconstrução de uma boa relação com a própria sexualidade (por meio de terapias que favoreçam a revisão das parcerias, olhar-se e enfrentar seus próprios julgamentos).

MERIDIANO DO CORAÇÃO

Shou Shao Yin
Xin Jing

O início deste Meridiano coincide com a origem do braço, ainda no eixo axilar posterior. Segue dali pela parte interna do braço (próximo ao tríceps) e antebraço (seguindo o trajeto ulnar), chega à mão e termina na extremidade do dedo mínimo.

O Meridiano do Coração representa a sabedoria da Unidade individual. É, na visão oriental, o "supremo coordenador"*, conectando e mediando as relações entre espírito e emoção, vivacidade e afetividade. A energia neste Meridiano circula bem quando há um compromisso interno em se estar de bem com a vida. Assim, podemos dizer que o Coração faz circular a energia responsável pela manifestação conhecida como inteligência emocional.

Um coração de bem com a vida bate devagar, calmamente, por muito tempo. É uma característica dos longevos, e de quem respeita o mundo do jeito que ele é sem deixar a individualidade de lado. O equilíbrio emocional e o coração calmo caminham juntos.

Para Wilhelm Reich, o amor natural é uma das funções essenciais da Vida. Esse Amor é a fonte energética distribuída pelo Meridiano do Coração a todo o Ser. Amor e consciência são inseparáveis. Por isso é famosa a sua frase:

"Amor, trabalho e conhecimento são as fontes da nossa vida. Deveriam também governá-la!"**

A concepção de amor natural, tal como proposta por Reich, se opõe aos estereótipos e institucionalidades que constituem moldes para um "amor idealizado", tão presente em nossa cultura. Para ele, a sociedade precisa construir mecanismos de proteção ao amor natural, para permitir o livre fluxo de energia nas pessoas. A consequência disso? O resgate da capacidade de maravilhamento; um lidar equilibrado com as emoções pelo desenvolvimento pleno da inteligência emocional; uma sociedade amorosa, gentil, generosa, capaz de respeitar individualidades e agir coletivamente.

---

* O termo comum encontrado nos escritos teóricos de MTC é "supremo controlador". Do mesmo modo como o Coração é chamado de "grande general", trata-se de um vocabulário belicoso, oriundo de uma sociedade carregada de hierarquias rígidas e relações de poder baseada em força, inclusive militar. Como este texto não colabora com a manutenção desta visão, que condena as relações entre Meridianos a serem como relações humanas marcadas pelo autoritarismo, também propõe algumas transformações em termos e expressões utilizados tipicamente.

** Ver: REICH, Wilhelm. *A Função do Orgasmo*. Editora Brasiliense, 1975, p. 13.

Quando a circulação da energia do Coração não está em equilíbrio nota-se desarmonia entre diversas áreas da vida. Pode ser a origem de emoções negativas como a angústia (emoção primária de todo o desequilíbrio na visão reichiana, a ser visto mais adiante) —, como também de problemas orgânicos diversos, principalmente os relacionados à circulação sanguínea.

O Coração também é considerado a morada da espiritualidade, e em muitas traduções, aquilo que se refere à "mente" pode estar se referindo à energia espiritual. Nesse sentido, encontramos na Bíblia cristã uma interessante correlação com os princípios orientais: "no princípio era o Verbo". Para a tradição médica oriental, o coração "abre-se" na língua, que é relacionada à fala. É interessante observarmos a fala como materialização dos sentimentos, e a nossa parcela de responsabilidade no que passamos ao mundo através das palavras. *"It's word, it sword"*, diz o trocadilho americano entre a palavra "palavra" (*word*) e a palavra "espada" (*sword*). A comunicação verbal terá inaugurado a entrada do bicho homem no paraíso, em sua nova condição Sapiens? Estarão, a espiritualidade e o Coração representados na capacidade de emitir palavras, ou vice-versa?

> O Meridiano do Coração deve ser sempre trabalhado em qualquer desequilíbrio, pois irá potencializar a ação terapêutica geral.

FUNÇÕES GERAIS

→ Absorção de Informações – nutrição psíquica-espiritual;
→ Controla a energia psíquica (consciência, inteligência), e a partir daí, todo o conjunto corpo-mente. É o "supremo coordenador";
→ Na literatura clássica da medicina chinesa, diz-se que o meridiano "alberga a mente", denominada SHEN;

→ Domina Xue*;
→ Relacionado ao miocárdio e aos vasos sanguíneos.

PRINCIPAIS SINTOMAS EMOCIONAIS DE DESARMONIA DO MERIDIANO

Falha de memória, sonhos repetitivos, insônia, euforia exacerbada, timidez, histeria, tendência à ansiedade e inquietação, impulsividade, depressão, tendência a criar expectativas e ao desapontamento, falta de força de vontade.

SINTOMAS PSICOSSOMÁTICOS ASSOCIADOS AO MERIDIANO

Face arroxeada ou muito vermelha, língua seca ou ponta da língua avermelhada, voz sonora, olhos que brilham muito, palpitações cardíacas, risos e soluços, falar durante o sono, batida forte do coração, vontade de urinar toda hora, palmas das mãos molhadas, transpiração excessiva, pigarro, vontade de tomar bebidas geladas.

Expressões-chave:
Inteligência emocional / Transmutação.

"ANTÍDOTO" E ATITUDES FAVORÁVEIS AO EQUILÍBRIO

Identificar e expressar verbalmente as emoções; Identificar os bloqueios energéticos e buscar sua livre expressão; Cultivar o amor fraterno, as relações, a temperança. Abrir-se à escuta dos mais velhos e sábios.

---

* Xue é o "sangue energético", uma das manifestações do Ki, interagente constante com este. Diz a tradição guardiã dos conhecimentos orientais de saúde: "o Ki segue o sangue e o sangue segue o Ki".

MERIDIANO DO BAÇO-PÂNCREAS

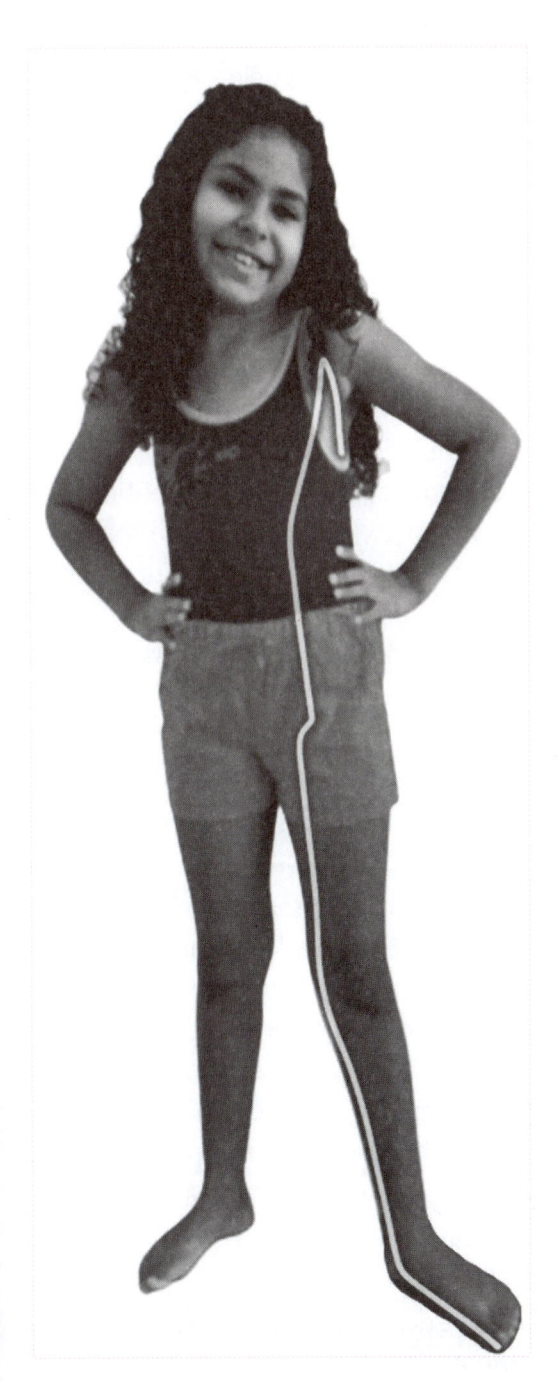

Zu Tai Yin
Pi Jing

Nasce logo acima do ângulo ungueal do dedão do pé, segue pelo bordo interno da perna, face interna da coxa, passa pelo abdome e tórax chegando ao segundo espaço intercostal, onde finalmente desce e termina no sétimo espaço intercostal, na lateral do tórax.

Esse é um Meridiano de nome duplo e dupla função. Se polarizarmos as duas funções básicas, teremos a função Yang (baço) e a função Yin (pâncreas).

O Baço-Pâncreas é considerado o responsável pela distribuição da energia pelo corpo. Manter uma energia circulante adequada é estar com a mente alerta e o corpo pronto, desperto. É comum que, entre os estudiosos de MTC, o chamem simplesmente de "Meridiano do Baço". A função circulatória deste Meridiano é normalmente mais valorizada e estudada. Eu a chamo "função Yang do Pi (Baço-Pâncreas)". Como a natureza Yang é de expansão, mais exposta, isso colabora para que esta função chame mais a atenção.

Contudo, a função Yin do Pi é fundamental para entendermos o processo de síntese de energia simbolizado pelo pâncreas. A insulina e demais substâncias secretadas pelo pâncreas permitem a utilização da energia dos alimentos pelo nosso corpo, e o bom nível de açúcar mantém o bom humor e as conexões neuronais em dia. Essa é uma explicação fisiológica simples para a sensação de "distribuição da energia" conferida pelo bom funcionamento do pâncreas. As funções energéticas imitam as reações fisiológicas, e as reações fisiológicas imitam as funções energéticas.

Se nos aprofundarmos nas relações psicossomáticas afetadas pela energia do baço-pâncreas, podemos dizer que a expressão Yin — seu código funcional — é responsável por "mantermos tudo em seu devido lugar, na proporção certa". Isso significa dar real proporção às situações que se apresentam e às atitudes dos outros, pelo lado da mente. Já pelo físico, os órgãos, tecidos e fluídos, em geral, mantém-se em seus lugares: isto equivale a se pensar em vasos sanguíneos fortes (prevenindo o aparecimento de hematomas), em boa recaptação da linfa (inchaços por excesso de líquidos), a manutenção adequada do peso, e a conservação geral de estruturas (evitando prolapsos e hérnias em geral).

Quando, muitas vezes, as pessoas sentem falta de energia, como se ela não circulasse, o Baço-Pâncreas deve ser observado. Sem seu pleno funcionamento, o sangue não circula com vigor e não fornece o alimento necessário às células. A falta de vitalidade deste Meridiano produz cansaço, dificuldade em dormir e lapsos de memória.

Pessoas com desequilíbrio no Baço-Pâncreas são frequentemente sensíveis, por vezes se fazem de vítimas e/ou aumentam as coisas. Tendem a ser dramáticas, e por vezes adquirem hábitos compulsivos. Quando se sentem carentes, procuram doces como tentativa de suprir os estados de desarmonia do Baço-Pâncreas. Doces, em geral, são remissões inconscientes a estados afetivos de carência, substitutos simbólicos de carinho e afagos, especialmente desejados ante situações onde a pessoa sente sua autoestima atingida.

A sensação de falta de energia geral, aliás, não reside em sua falta real, quando sua origem é o desequilíbrio do Baço-Pâncreas. Ocorre é que sem funcionar bem, esse meridiano não garante a boa distribuição de energia aos centros vitais do corpo. Uma reação a esse estado poderá ser a procura por fontes de obtenção rápida de energia através de alimentos ricos em carboidratos simples — doces, pães ou massas. E não é à toa que o Baço-Pâncreas se manifeste nos lábios... Temos aí a origem da chamada "boca nervosa". Caso o desequilíbrio do Baço-Pâncreas se prolongue, também o comportamento se prolongará, dando origem a mecanismos compulsivos.

Pense no padrão típico de comportamento do diabético, e você terá um bom estereótipo de pessoas com desequilíbrio no Baço-Pâncreas: são emotivas, por vezes amargas (como açúcar fermentado), têm coração bom, necessidade de fartura e abundância (por tentarem compensar sempre uma sensação de vazio interior), mentem para si e para os outros (porque não querem ver as dificuldades do mundo e suas limitações e procuram diminuí-las). Mostram frequentemente ter pena de si mesmas; inferiorizam-se, embora seja comum mostrarem orgulho para, mais uma vez, esconder sua sensação de pequenez. O diabetes, aliás, pode ser interpretado, na visão da MTC, como um desequilíbrio crônico deste canal de energia.

> A obesidade e a flacidez são uma sinalização de pouca harmonia deste Meridiano.

FUNÇÕES GERAIS

→ Fermentação e digestão de alimentos: responsável por secreções digestivas como saliva, suco pancreático etc.

→ Simplificação ou "digestão" do conteúdo da vida.

→ Relacionado às funções sexo-urinárias e ao ciclo menstrual — secreção de hormônios sexuais.

→ Regula o sangue e governa os músculos.

→ Mantém os órgãos em posição.

→ Acende Ki. Os vômitos podem sinalizar bloqueio deste Meridiano.

PRINCIPAIS SINTOMAS EMOCIONAIS DE DESARMONIA DO MERIDIANO

Ansiedade, inquietude, memória fraca, cautela, timidez; a pessoa pensa demais e se isola; faz-se de vítima, dramatiza as situações, aumenta as coisas; falta de disposição; pode mostrar comportamento bagunceiro (por excessos, normalmente relacionados a consumo); e apresentar traços característicos do transtorno obsessivo-compulsivo; tem grande vontade de comer doces e/ou massas.

SINTOMAS PSICOSSOMÁTICOS ASSOCIADOS AO MERIDIANO

Ventre dilatado, hiperatividade gástrica, apetite irregular, ombro rígido, corpo pesado, má coordenação motora, sono, digestão difícil, gases, gosto seco e pegajoso na boca, muita sede, insônia.

Expressões-chave:
Simplificação do conteúdo da vida e distribuição da energia "na medida" para todas as partes do Ser.

MERIDIANO DOS RINS (OU DO RIM)

Zu Shao Yin
Yin Shen Jing

Seu trajeto começa na planta do pé. Em seguida, efetua um círculo abaixo do maléolo medial e segue então pelo lado interno da perna e coxa. Antes de chegar à virilha, o Meridiano se internaliza retomando o contato com a superfície do corpo já na linha pubiana. Dali segue em um trajeto linear, a dois dedos da linha mediana do corpo até alcançar o tórax, na altura do apêndice xifoide. Neste momento, o Meridiano faz um pequeno desvio lateralizando-se mais um ou dois dedos e seguindo curso na direção da clavícula. Termina então logo abaixo da extremidade clavicular, proximal ao tórax.

Curiosidade:

O que são Radicais Livres?

São moléculas instáveis, que circulam pelo corpo e capturam átomos, por vezes de moléculas estáveis e importantes para o organismo. A descoberta dos radicais livres trouxe nova luz aos mecanismos do microuniverso corporal, e deu base à terapia ortomolecular.

FORMAÇÃO E IMPACTO DOS RADICAIS LIVRES

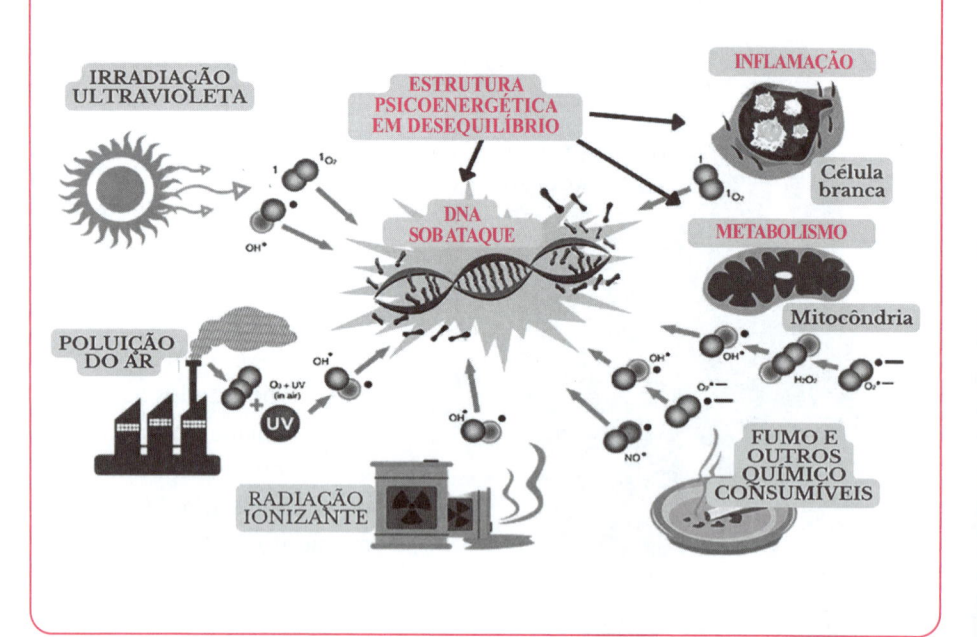

Os Rins são a sede da vitalidade, da energia que, segundo a teoria tradicional, nasce conosco e vai sendo utilizada ao longo da vida. Essa energia especial é também chamada de Essência ou Ki Essencial. A tese é de que é possível ter uma vida energeticamente econômica, o que garantirá uma vida longa e saudável.

A perda dessa energia essencial, de acordo com essa visão, é irrecuperável. Ela é responsável pelo envelhecimento, e esse mecanismo começa a ser compreendido pelo estudo biomolecular. Afinal, um dos maiores fatores de envelhecimento é a presença de radicais livres. Por sua vez, o estresse é o campeão em produzir radicais livres. Os "hormônios do estresse" são as catecolaminas (família da adrenalina), adrenalina e os corticoesteroides (família do cortisol), todos produzidos por uma glândula "colada" na parte alta do rim (mais precisamente, uma em cada rim), as chamadas suprarrenais. Estresse, em uma interpretação energética, consome grande quantidade de energia vital, o que causa grandes perdas de vitalidade. Ou seja, para garantir a manutenção da circulação de Ki, o corpo solicita a energia que sai de nosso "estoque" original, de nossa essência. É importante salientar que, em estudos sobre estresse, a detecção bioquímica proposta é a do cortisol; podemos verificar que o estresse, em sua fase inicial, é uma resposta às pressões exercidas sobre o organismo e/ou a mente, uma preparação fisiológica para o movimento de resposta a tais pressões.

Se a manutenção do estado de atenção é de responsabilidade do Rim, e não separamos os rins das glândulas ali posicionadas, compreendemos fisiologicamente uma afirmação feita há tantos anos com base na compreensão energética, de que o Rim é a sede da vitalidade.

Aqui, alinham-se a teoria da economia de energia segundo os antigos orientais, e noção de economia sexual reichiana: para os primeiros, os Rins armazenam o montante essencial de energia que se perderá com o tempo, requerendo um uso parcimonioso para que se alongue a Vida em tempo e qualidade; para Reich, esta energia obedece a um fluxo constante de entrada e saída, cuja fluidez é, ao mesmo tempo, causa e consequência do equilíbrio humano.

A diferença é que não se encontra, em Reich, atenção ao envelhecimento. Para ele, basta o livre fluxo para a saúde. Já os orientais se preocuparam ao longo dos séculos com a preservação desta energia. Para a maioria, apenas se podem reduzir gastos, não impedi-los, e esse é o fator natural do envelhecimento. Como somos corpos carbonados, podemos enxergar esse fenômeno como o que ocorre no carvão em brasa: quando o sopramos (lhe oferecendo oxigênio como combustível), ele brilha mais; mas toda vez que o fazemos, sabemos que o tempo do carvão se reduz.

🔔 Interpretação psicoenergética

Em termos psíquicos, os mecanismos associados às substâncias produzidas nas suprarrenais estão relacionados ao princípio de luta e fuga, presente não só nos seres humanos, mas em todos os mamíferos. Toda primeira reação está envolvida com o medo primário, o medo do desconhecido. O desequilíbrio do fluxo de energia desse Meridiano reflete-se no corpo físico como uma "atmosfera de insegurança" de grau variável. Pessoas com esse desequilíbrio por vezes são inseguras (externalizando ou não essa insegurança), sentem-se desvitalizadas e têm dificuldade de sentir que podem superar seus problemas e se afirmar.

Pelo canal de energia do Rim, "circula" a nossa herança genética (em uma perspectiva energética), chamada pelos antigos terapeutas orientais de energia ancestral. Torna-se compreensível que nossa formação educacional e hereditária é um marco fundamental na boa regulagem desse sistema. A herança genética, que nos traz as virtudes das gerações passadas, por outro lado, nos cobra afirmação no mundo e a perpetuação da cadeia familiar, que chamamos de "espírito ancestral". Compreendemos, com a energia do Rim, que somos apenas a expressão momentânea desse rio que flui constante, sem jamais ser o mesmo.

FUNÇÕES GERAIS

→ Relacionado ao sistema glandular endócrino — controla a energia e vitalidade do corpo e o equilíbrio emocional. Ligado à produção de hormônios sexuais e à adrenalina — instinto de sobrevivência e evolução.

→ Filtra o sangue, purificando-o e produzindo a urina — mantendo o equilíbrio e a proporção correta de líquidos no organismo.

→ Rege a vontade, a segurança e o ímpeto.

→ Relaciona-se à visão: a miopia, que na psicossomática é vista como medo do que está adiante (futuro) e por isso tem dificuldade em olhar além do que está por perto, aqui encontra uma razão.

→ O consumo excessivo de sal maltrata o equilíbrio renal, e sua moderação é um ponto essencial. No entanto, este conhecimento não deveria ignorar o psiquismo envolvido com o Rim, muitas vezes relacionado à insegurança infantil e seus registros posteriores.

PRINCIPAIS SINTOMAS EMOCIONAIS DE DESARMONIA DO MERIDIANO

Medo, pessimismo, desânimo, falta de motivação (determinação), dificuldade no relacionamento familiar (em especial entre pais e filhos), ansiedade, estresse, lamentação constante, relutância, preocupação exagerada, agitação.

SINTOMAS PSICOSSOMÁTICOS ASSOCIADOS AO MERIDIANO

Incontinência urinária, cistite, dores lombares, cansaço visual, aparecimento de doença hereditária, descalcificações ósseas, tensão na nuca e ombros, cansaço somático, pele inchada e sem elasticidade, urina com cor forte, inflamações diversas.

Expressão-chave:
Segurança, sentido de continuidade e vitalidade.

Considerações úteis

O Rim responde por nossa porção coletiva, nosso papel de desdobramento do plano familiar, nossa inteligência ancestral. O coração fala da unidade do ser, de sua unicidade e individualidade. O equilíbrio é perceber que um ente vive dentro do outro. A harmonia entre plano individual, coletivo, ancestral e cósmico é necessária para a felicidade e para a evolução do universo.

MERIDIANO DO FÍGADO

Zu Jue
Yin Gan

Origina-se na extremidade do hálux (o dedão do pé), sobe pelo lado interno da perna e da coxa, chega ao abdome contornando o púbis e termina no sexto espaço intercostal.

Se a mãe-natureza é perfeita, então por que nos dotou da capacidade de sentir raiva? A agressividade — mecanismo de sobrevivência, sua expressão e afirmação — tornou-se, na sociedade humana, a primeira manifestação do poder de modificar o mundo, da percepção daquilo que não está bom e seu consequente movimento na direção dessas transformações.

Infelizmente, em uma sociedade marcada por hierarquias rígidas e exercício de poder, isso inclui o controle da agressividade alheia, e quanto mais este sentido é forte em uma sociedade, mais a criação das crianças é marcada por punições e repressões relacionadas a essa energia. O discurso do controle da agressividade é, de um lado, o discurso civilizatório da necessidade de afastar a humanidade de sua condição animal; por outro lado, a coibição dessa expressão impede o amadurecimento da autonomia e da visão crítica do mundo. Um indivíduo com o Meridiano do Fígado bloqueado tende a apresentar sua percepção crítica distorcida, e sua vontade de resolver/mudar as coisas e de apontar aquilo que não o satisfaz enfraquecida.

Os constantes acúmulos de energia (por bloqueio/estagnação) trazem desequilíbrio à esfera emocional, deixando as pessoas ora passivas diante de situações bastante dramáticas, como a infelicidade de um casamento que se arrasta por anos, por exemplo, ora hiperativas revelando intolerância e alta labilidade. Pessoas-Fígado (como chamamos quem tem essa energia muito destacada em seu conjunto de padrões) costumam gostar de muita ordem em tudo, e possuem grande dificuldade em flexibilizar datas e compromissos, mudanças etc. São, contudo, muito dispostas e prestativas em geral — e gostam de ser úteis. Dentro do seu senso de justiça, farão de tudo para ajudar o próximo; entretanto suas crenças e dogmas dificilmente são dobrados. Pessoas que possuem uma boa circulação de energia nesse meridiano são ainda de atitude, influenciam as outras pelo exemplo e são muito espontâneas.

A espontaneidade é o grande movimento de cura da energia do fígado, que encontra no riso solto — aquele que vem lá de dentro, da criança interior — o seu equilíbrio.

FUNÇÕES GERAIS

→ Armazena os nutrientes e energia, liberando-os no momento necessário – tem uma função no planejamento energético.
→ Desintoxica o sangue pela manutenção da energia física.
→ Atua na digestão — produz a bílis.
→ Rege a energia do impulso, inclusive a responsável pela contração muscular, o que faz com que o corpo se movimente.

PRINCIPAIS SINTOMAS EMOCIONAIS DE DESARMONIA DO MERIDIANO

Falta de garra e determinação; pavio curto, pouca energia sexual, obstinação, teimosia, apego excessivo a forma/tradição/normas, impulsividade, rompantes de raiva (sequestro emocional), cólera, irritação, obsessivamente metódico.

SINTOMAS PSICOSSOMÁTICOS ASSOCIADOS AO MERIDIANO

Dores musculares, rigidez, torcicolo, dores nos joelhos, dores na planta dos pés, tendinites; dificuldades digestivas, distúrbios hepáticos, perda momentânea ou permanente de acuidade visual e/ou auditiva, dificuldade de engordar ou tendência a comer demais; cãibras, prisão de ventre e hemorróidas, flatulência, facilidade de se intoxicar; falta de energia sexual, tropeços, tontura, olhos amarelados, problemas na próstata, cólicas menstruais, excesso de açúcar ou álcool no sangue, dores na região do sacro e cóccix.

Expressões-chave:
Controle, ação, espontaneidade, atitude, versatilidade, flexibilidade, maleabilidade, perseverança.

VASOS MARAVILHOSOS
(Meridianos Extraordinários)

Acabamos de conhecer um pouco mais sobre os Meridianos Principais, que, reunidos, compõem a chamada "grande circulação de energia". Vamos agora tratar brevemente de outros dois Meridianos especiais, componentes da "pequena circulação de energia". Eles fazem parte de um conjunto de oito Meridianos chamados Meridianos Extraordinários, ou Vasos Maravilhosos. Ganham esse nome porque não obedecem à mesma lógica dos Meridianos Principais. Seu estudo aprofundado ficará para escritos posteriores mas, de qualquer forma, o par retratado nas páginas seguintes é considerado o principal. Seus nomes: Ren (Vaso Governador) e Du (Vaso da Concepção).

A pequena circulação de energia tem uma função reguladora nos Meridianos principais. Se existe excesso de energia na circulação principal, este escoa para os vasos maravilhosos. Desse modo, os Vasos Maravilhosos funcionam como um reservatório, suprindo a grande circulação em caso de carência energética. São como "baterias" do Yin e do Yang que circulam pelo corpo.

Se observarmos a formação das linhas de Du e Ren, fica claro que eles são, simplesmente, o inverso do circuito que nos divide ao meio, numa perspectiva sagital: um representa a porção anterior (Yin) do corpo, e o outro a porção posterior (Yang). Juntos, os dois nos dividem em lado esquerdo (Yin) e lado direito (Yang).

VASO DA CONCEPÇÃO

Ren Mai

Inicia-se no períneo*, sobe em linha reta pela frente do tronco, terminando entre o queixo e o lábio inferior.

---

* Há controvérsia sobre a origem precisa do Ren Mai. Algumas publicações anunciam que ele principia no púbis.

O Vaso da Concepção conecta segmentos somato psíquicos, Jiaos (chakras segundo a MTC) e Meridianos Yin.

De maneira geral, esse meridiano auxilia no tratamento de todo tipo de distúrbios de natureza Yin. Retenções energéticas com consequências predominantemente emocionais repercutem no Ren, e assim ele se torna um elemento vital para a terapia. É fácil observar que diante de situações emocionais negativas, o plano anterior do tronco — onde passa o Ren Mai — se altera imediatamente, com ou sem consciência do indivíduo. Não é necessário ser terapeuta para perceber a alteração na respiração, no batimento cardíaco, e o enrijecimento geral do abdome, peito, baixo ventre, períneo. Algumas vezes, percebe-se fisicamente o bloqueio ou alteração na energia. Um exemplo típico é o "frio na barriga" ou o "nó no estômago" que se pode sentir diante de situações de ansiedade, medo, angústia, ou a dificuldade de respirar prolongadamente.

FUNÇÕES GERAIS

Comanda os Meridianos Yin. Age sobre as funções geniturinárias (no seu segmento que vai do ponto 1 ao umbigo), a função digestiva (do umbigo à base do externo) e a função respiratória (da base do externo ao queixo).

PRINCIPAIS SINTOMAS DO REN MAI (VASO DA CONCEPÇÃO)

Hérnia, leucorreia, tumoração, plenitude abdominal.

VASO GOVERNADOR

Du Mai

Nasce entre a ponta do cóccix e o ânus*, segue pela linha central das costas, nuca, cabeça e face — terminando na gengiva da arcada superior. Comanda os Meridianos Yang. É relacionado às funções do sistema nervoso central.

---

* Alguns autores dizem que ele começa no períneo. Nós consideramos que sua conexão com Ren Mai se dá no interior do corpo.

Du é o Vaso Maravilhoso que abastece toda a energia Yang do corpo. O fato de terminar no alto da boca é representativo: É com a parte superior da arcada, a maxila, que acionamos (por meio dos dentes incisivos e caninos) em um alimento do qual queremos apenas tirar uma parte. Essa região representa o "ataque", o impulso de buscar/obter o alimento, e o passa para a parte inferior (Yin), onde o alimento será experimentado*. A expressão elementar de sua energia é essa: iniciativa pessoal para suprir necessidades e ir ao encontro do que se deseja.

Relaciona-se, assim, à exposição do Eu (parte superior dos dentes que a maioria expõe no ato da fala). A plenitude Yang do corpo, enquanto manifestação e expressão, situa-se na face, para onde Du Mai carrega o Yang.

Alguns povos, intuitivamente, percebem e manipulam esta energia, em nome de comportamentos sociais estabelecidos. A face feminina é coberta total ou parcialmente em países onde mulheres não devem expressar abertamente atitudes e comportamentos dessa natureza — seu Yang deve ser suprimido, gerando uma figura mais próxima de um "Yin absoluto". Em casos como esse, em que as energias Yang e Yin se tornam extremadas, é gerada, na maioria das vezes, uma necessidade psicótica de interdependência — o que mantém o quadro do machismo, mesmo que seja a mãe quem cria o filho. Em outros locais, a explorar a ideia de independência da mulher, a moda vende a cultura do embelezamento pelo levantar de sobrancelhas, aguçando, segundo o imaginário, uma imagem de "poder". Essas sobrancelhas arqueadas, nesta cultura globalizada neoliberal, inspiram a um semblante de "mulher yang", dona de suas decisões, seu destino.

O Vaso Governador energiza a medula e promove as ações físicas. Seu Yang dá aporte aos poderosos músculos da cadeia posterior, protegendo a coluna, que abriga a medula.

Na altura do sacro a energia Yang recebe a semente Yin, tal como o símbolo do Tao, e finaliza seu movimento independente na tuberosidade

---

* Isso mostra que, produzir impressões e percebê-las, é, respectivamente, Yang e Yin quando comparado.

coccígea. O desequilíbrio nessa relação do Yin (feminino/adensamento) com o Yang (masculino/expressão) pode ser provocado pela ausência de um desses referenciais biológicos (oriundos de seus genitores), e poderá levar a retesamentos, sacralização lombar e outros problemas na parte baixa da coluna.

Independente disto, gastos generalizados da energia Yang podem trazer dores na região lombar e sacral, bem como tensão na coluna.

Pessoas com desequilíbrio em Du Mai costumam ter rigidez de pensamentos, e principalmente, dificuldade de expressão.

PRINCIPAIS SINTOMAS DO DU MAI (VASO GOVERNADOR)

Dor e rigidez na coluna.

Meridianos **Yang**

- FOGO
- MADEIRA
- TERRA
- ÁGUA
- METAL

MERIDIANO DO INTESTINO GROSSO

Shou Yang Ming
Da Chang

Começa na raiz da unha do dedo indicador. Segue pelo braço e pescoço até o vinco labial do nariz.

O Meridiano do Intestino Grosso, assim como o intestino "físico", possui a função de armazenamento e neutralização para posterior eliminação. Mas nem todo mundo quer eliminar aquilo que, muitas vezes, já não lhes serve. Por isso, costumo perguntar aos clientes com desequilíbrio neste meridiano se eles guardam algum grande segredo: a energia do Meridiano do Intestino Grosso em desequilíbrio manifesta-se em um psiquismo apegado em torno de uma questão inexprimível. Sem expressão, permanece a turbidez, sem que se enfrente o que é difícil compreender e aceitar. O consequente excesso de informação psíquica turva a mente, deixa a pessoa com uma sensação de perturbação. É mais difícil concentrar-se no aqui agora, pois a energia psíquica perde parte do foco com frequência, e é desviada para o objeto originário da perturbação. A pessoa pode ficar intolerante com os outros, e principalmente consigo mesma. Questões antigas tornam-se pensamentos recorrentes, trazendo a sensação de "martelar a cabeça". As situações passadas tornam-se mais importantes do que o presente.

Um aspecto relativamente desconsiderado nos estudos das terapias orientais é que o papel deste Meridiano não é o de simplesmente eliminar, mas previamente neutralizar os "venenos psíquicos", pensamentos perturbadores. O intestino grosso, que marca a última fase de transformação do bolo alimentar em fecal, retira grande parte da água desse material, recuperando parte da energia que seria perdida e isolando a cultura biológica com o potencial patogênico que se formou ao longo do processo. O paralelo psíquico, efetuado pela boa circulação de energia no Meridiano do Intestino Grosso elimina o mau humor, mantém as lembranças presentes e as saudades não machucam, pelo contrário, são sentimentos alegres e de privilégio. As lições duras e os sofrimentos do passado são aproveitadas como lições e só vagueiam pela mente de forma leve e sutil. Quem tem a energia do Intestino Grosso funcional, em geral, é paciente, sobretudo porque vê as situações que já viveu se repetirem em outra pessoa. São pessoas que gostam de viver — e vivem — o presente.

FUNÇÕES GERAIS

→ Comanda o intestino grosso e suas funções de absorção de líquidos e resíduos pesados.

→ Materializa a energia túrbida, neutralizando-a, e torna a energia aproveitável mais sutil.

PRINCIPAIS SINTOMAS EMOCIONAIS DE DESARMONIA DO MERIDIANO

Desapontamento (dificuldade em expressar), insatisfação e isolamento interior; inércia, com grande indisposição para o exercício físico (comportamento comumente taxado de preguiçoso), acúmulo de tristezas, apego emocional, prender-se e muitas vezes esconder situações ou fatos do passado que trazem tristeza; falsa alegria social, quando a pessoa se esquiva de contatos profundos; negativismo; acumulação exagerada ou compulsiva de objetos.

SINTOMAS PSICOSSOMÁTICOS ASSOCIADOS AO MERIDIANO

Dispneia, corpo frio, erupções cutâneas, espinhas, problemas de pele, prisão de ventre, diarreias, excesso de muco, sinusite, obesidade.

Expressão-chave:
Apego.

MERIDIANO DO TRIPLO AQUECEDOR

Shao Yang
San Jiao Jing

Inicia-se no ângulo ungueal externo do quarto dedo, seguindo pela borda externa deste; passa pelo dorso da mão, cruza o punho, sobe pelo meio do antebraço (a parte de externa) e braço, passa pela clavícula, ombros e região escapular (onde faz conexão com VG14), ascende pelo pescoço, contorna o pavilhão auricular e termina no ponto TA 23, junto à sobrancelha.

O nome oriental Triplo Aquecedor, *San Jiao*, quer dizer "três (san) aquecedores", e se refere tanto ao Meridiano como ao sistema energético ao qual ele está conectado. Em outras palavras, o *Meridiano do Triplo Aquecedor* espelha a funcionalidade do sistema energético *Triplo Aquecedor*: não há uma correlação anatômica exata para esse sistema, como acontece no caso dos Meridianos associados à energia de órgãos específicos.

> **Curiosidade:**
>
> Alguns estudiosos da Medicina Tradicional Chinesa têm procurado estabelecer correlações entre o Triplo Aquecedor e as novas compreensões anatomofisiológicas sobre o Interstício, uma estrutura presente em todo o corpo. Saiba mais sobre o "órgão que não pode ser visto" e as especulações que o encaixam nas teorias da Medicina Tradicional Chinesa acessando o QR Code!

O Triplo Aquecedor preserva e irradia calor (e vida) pelo corpo através de três centros de energia (os "aquecedores"), de natureza similar à dos chakras*. Cada aquecedor possui uma função auxiliar ligada aos Meridianos e Órgãos que atuam nas áreas onde eles se encontram (ver tabela na página seguinte). Assim como o seu par Yin (o Meridiano Circulação-Sexo), é um Meridiano pouco compreendido em relação à sua principal função emocional, onde protagoniza o brilho de viver.

Além disso, associa-se esse brilho à função imunológica, simbolizada no gerenciamento dos calores do corpo. Dessa forma, o Triplo aquecedor estará envolvido em processos imunológicos positivos, como o da febre; pela manutenção da fisiologia do sistema linfóide, incluindo a circulação linfática, a atividade infantil do timo (e sua regressão posterior), e à maturação de células de defesa.

---

* Chakras são centros de energia distribuídos pelo corpo. Trataremos deles com detalhes mais adiante (ver p. 121).

AS FUNÇÕES DO SISTEMA ENERGÉTICO

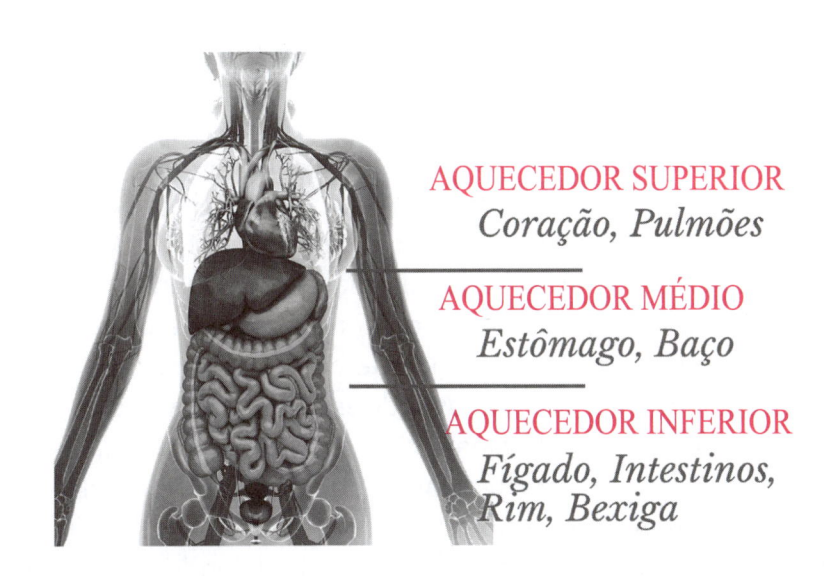

AQUECEDOR SUPERIOR
Coração, Pulmões

AQUECEDOR MÉDIO
Estômago, Baço

AQUECEDOR INFERIOR
Fígado, Intestinos, Rim, Bexiga

Embora muitas outras funções sejam atribuídas ao sistema energético do Triplo Aquecedor, todas elas de algum modo se relacionam a comunicação entre canais, órgãos, estruturas anatômicas e funções, bem como a distribuição / ativação da energia Yang.

AQUECEDOR SUPERIOR	AQUECEDOR MÉDIO	AQUECEDOR INFERIOR
Ligado aos órgãos do tórax: pulmão, coração, circulação-sexualidade; função cardiorrespiratória; sintetiza o Ki e o Xue; é a sede do Zong Ki; onde nasce o Yang.	Relaciona-se com: estômago, baço-pâncreas, vesícula biliar e fígado; tem a função de transportar e transformar a água e os alimentos; sede do Ki dos alimentos.	Comunica-se com: rins, bexiga, intestino grosso, intestino delgado; separa o túrbido do límpido e excreta o túrbido; sede do Ki original; regula o calor do sangue, da digestão e do sistema genito-urinário.

FUNÇÕES EMOCIONAIS

Brio, brilho de viver, intensidade. Os demais Meridianos dependem do Triplo Aquecedor para alcançar sua máxima expressão, a vida em esplendor. Quando circula livremente, o Triplo Aquecedor confere ao indivíduo a coragem — aqui vista não como oposta ao medo, mas como aquela que faz as estruturas agirem, mesmo diante da presença dessa emoção por vezes paralisante. O inimigo do Triplo Aquecedor é a artificialidade das relações. Esta ousadia, caso o Meridiano tenha um padrão crônico de desarmonia, pode criar uma chuva de substâncias de prazer e tornar a pessoa dependente desta. É o caso dos que estão sempre buscando o risco, seja através de esportes radicais ou de atitudes transgressoras e desequilibradas, que por vezes podem ameaçar o indivíduo e envolver outras pessoas. Sendo um Meridiano relacionado à proteção e imunidade, o bom funcionamento do Triplo Aquecedor predispõe o sujeito a superar adversidades, independente do grau das mesmas.

FUNÇÕES GERAIS

→ Controle de líquidos do corpo (sistema linfático e sanguíneo — circulação periférica) — controle da temperatura do corpo;

→ Suplementa a ação do Intestino Delgado. Através da circulação dos nutrientes/energia, relaciona-se com órgãos e favorece funções orgânicas de acordo com a região por onde passa e os órgãos a ela ligados.

→ Responsável geral pela proteção fisiológica (fatores imunitários) e psíquica (autoconfiança, confiança na vida)

→ Agredido pelas artificialidades (presentes nas relações, alimentos [corantes etc.] e no ar [poluição]).

PRINCIPAIS SINTOMAS EMOCIONAIS DE DESARMONIA DO MERIDIANO

Pensamento obsessivo; dificuldade de escutar o outro ou, ao inverso, suscetível demais à opinião alheia; estado emocional influenciável pelo ambiente; tensão; desassossego; tendência a excessos (perda do senso de limite), sensação exagerada de que nada irá lhe acontecer.

SINTOMAS PSICOSSOMÁTICOS ASSOCIADOS AO MERIDIANO

Alergias; rigidez na nuca; problemas na tiroide; mau funcionamento do sistema linfático; má digestão, boca seca, inflamações, dor lombar e/ou pélvica, incapacidade de movimentar a articulação do cotovelo.

Expressões-chave:
Proteção, imunidade, ousadia, vulnerabilidade emocional.

MERIDIANO DO INTESTINO DELGADO

Shou Yang
Mind Da
Chang Jing

Seu trajeto externo inicia-se no ângulo ungueal interno do dedo mindinho, muito próximo ao ponto final do coração. Segue pelo lado externo do braço, em direção à cabeça. Cruza o ombro em zigue-zague, passa pelo VG14 e sobe pelo pescoço até à face, na altura do fim do malar, onde traça uma linha quase horizontal até seu último ponto, no meio do lóbulo da orelha (alguns autores dizem que seu último ponto fica logo à frente do pavilhão auricular, e não na altura do malar, mas dos olhos).

A ciência exibe evidências de que pelo menos 70% de todas as doenças possuem algum tipo de relação com o aparelho digestivo. Por outro lado, há estudos que mostram que 90% dos distúrbios gastrointestinais possui componentes psicossomáticos. A comparação desses dados torna claro que a nossa alimentação influencia profundamente a nossa saúde física, mas também a nossa psique. O Intestino Delgado é o responsável pela absorção dos alimentos e seu transporte pelo corpo; assim, regula a saúde orgânica e mental através daquilo que absorvemos — física e simbolicamente. Fazendo par com o Meridiano do Coração, enquanto este age naturalmente na direção das emoções governando o Ser, o Intestino Delgado direciona-se ao organismo e governa a existência na carne. No entanto, a escolha do alimento e seus nutrientes está associada ao que nutre o plano simbólico, psíquico — e fica a cargo deste meridiano. O recurso de que se utiliza é o senso de prioridades. É assim que ele ajuda o coração a "ir em direção daquilo que faz bem". Esse Meridiano é responsável por nos manter alerta. Assim como um alimento contaminado nos fará mal, da mesma forma informações negativas irão nos afetar. É interessante que, num mundo onde a imprensa prefere vender fofocas e violência, se saiba o que vamos permitir que entre em nós ou não. Nas relações também. Quantas vezes você já se sentiu envenenado por fofocas e picuinhas? Isso magoa, desperta ódio muitas vezes. Esses sentimentos destroem o bom funcionamento do Intestino Delgado; por outro lado, quando sua energia funciona bem, saberemos dizer não a esse tipo de abordagem.

FUNÇÕES GERAIS

→ Absorção de nutrientes — nutrição (recebe ki dos alimentos do estômago);
→ Ajuda o baço no transporte da essência dos alimentos;
→ Recebe e estoca os fluidos;
→ Controla a descida do ki túrbido (o que vai formar as fezes);
→ Controla as vísceras da digestão;
→ Separa o puro do impuro (nutrientes e resíduos);
→ Relacionado à circulação sanguínea — nutrientes absorvidos entram na circulação sanguínea.

PRINCIPAIS SINTOMAS EMOCIONAIS DE DESARMONIA DO MERIDIANO

Dificuldade de estabelecer e cumprir tarefas prioritárias; ódio, tristeza profunda, sensibilidade exagerada (se magoa facilmente); obstinação, desassossego.

SINTOMAS PSICOSSOMÁTICOS ASSOCIADOS AO MERIDIANO

Face avermelhada, rigidez da nuca, má digestão, boca seca, dor lombar, anemia, magreza, má circulação, apendicite, ciclo menstrual anormal, rigidez nas pernas e nas vértebras cervicais, sensação de frio ou calor na cabeça, tensão na região do plexo solar, dor nos dentes superiores e falta de salivação, dor nos ombros, mastigação apressada, dores de cabeça, movimentos rápidos dos olhos.

Expressões-chave:
Senso de prioridades, nutrição física e psíquica.

MERIDIANO DA BEXIGA

Zu Tai Yang
Pang Guang Jing

Origina-se no canto medial do olho, sobe pela testa, cruza o crânio da frente para trás por fora da linha mediana, chegando portanto à nuca, onde o ponto B10 se bifurca em dois segmentos que descem paralelos à linha mediana. Os ramos passam pela região glútea e face posterior da coxa, unificando-se na fossa poplítea. Segue então pela panturrilha, pelo lado externo do pé, e encerra-se na borda externa da unha do dedinho do pé.

A função fisiológica primária da bexiga é estocar a urina para posterior eliminação. A função energética primária da Bexiga é armazenar o conteúdo túrbido que já não será mais aproveitado pelo corpo, e eliminá-lo. Ambos os processos de eliminação geram uma descarga de tensão em todo o corpo. Assim, o Meridiano da Bexiga está associado a regulação tensional do sistema nervoso simpático, responsável por tudo ativar.

FUNÇÕES EMOCIONAIS

Uma situação típica diante de momentos de tensão é a vontade de urinar, às vezes até com perda de urina, em condições extremas. Tal ato reflete o desejo inconsciente de se livrar o mais depressa possível das pressões e cargas negativas que se encontram presentes. Quem nunca esteve muito apertado para ir ao banheiro e experimentou uma maravilhosa sensação de alívio? Essa sensação é produzida pela grande descarga parassimpática que ocorre após a eliminação da urina. Não é à toa que os monges budistas procuram esvaziar a bexiga antes de meditar.

Alguns desequilíbrios externalizam problemas típicos de uma sociedade dentro de seu contexto cultural. Conectado ao rim, este meridiano fala de insegurança sob uma condição bastante peculiar: o da perda do circuito familiar. Já atendi dezenas de homens com vários empregos, ou que estão sempre acumulando mais trabalho. Alguns possuem uma condição financeira invejável, e não teriam qualquer necessidade deste acúmulo. Todos possuem uma condição oculta sob a máscara psicossomática: gostam do sentido da família, de ter uma, mas já não convivem bem com suas esposas e "fogem" para o trabalho.

Uma boa condição energética nesse meridiano permite que as pessoas eliminem conflitos internos com mais facilidade, sejam ativas, porém tranquilas, e façam o que precisam fazer sem se deixar pressionar pelo tempo.

FUNÇÕES GERAIS

→ Ajuda os rins e o intestino delgado a separar o fluído túrbido;
→ Recebe o fluído túrbido e o excreta;
→ Regula a abertura da uretra;
→ Relacionado ao sistema nervoso autônomo – em especial o sistema simpático (e assim, todo o funcionamento do organismo);
→ Ligado aos órgãos genito-urinários.

SINTOMAS EMOCIONAIS DE DESARMONIA DO MERIDIANO

Fadiga, medo, confusão mental, queixa (negatividade), agitação, inconstância de caráter, estresse, preocupação exagerada, tendência ao acúmulo de tarefas (sobretudo em situações profissionais).

SINTOMAS PSICOSSOMÁTICOS ASSOCIADOS AO MERIDIANO

Mau funcionamento do sistema autônomo, excesso de urina, tendência a se curvar, fadiga, jato de urina fraco, rigidez e sensibilidade do baixo ventre, pólipos na bexiga, infecções urinárias, suores noturnos, congestão nasal, mau funcionamento do útero, cansaço visual, dores nos cantos do nariz (onde se fixam os óculos), problemas no canal lacrimal, problemas ósseos, pouca sensibilidade na parte de trás das pernas, costas rígidas.

Expressões-chave:
Equilíbrio do estresse e regulagem do tempo (aceleração).

MERIDIANO DA VESÍCULA BILIAR

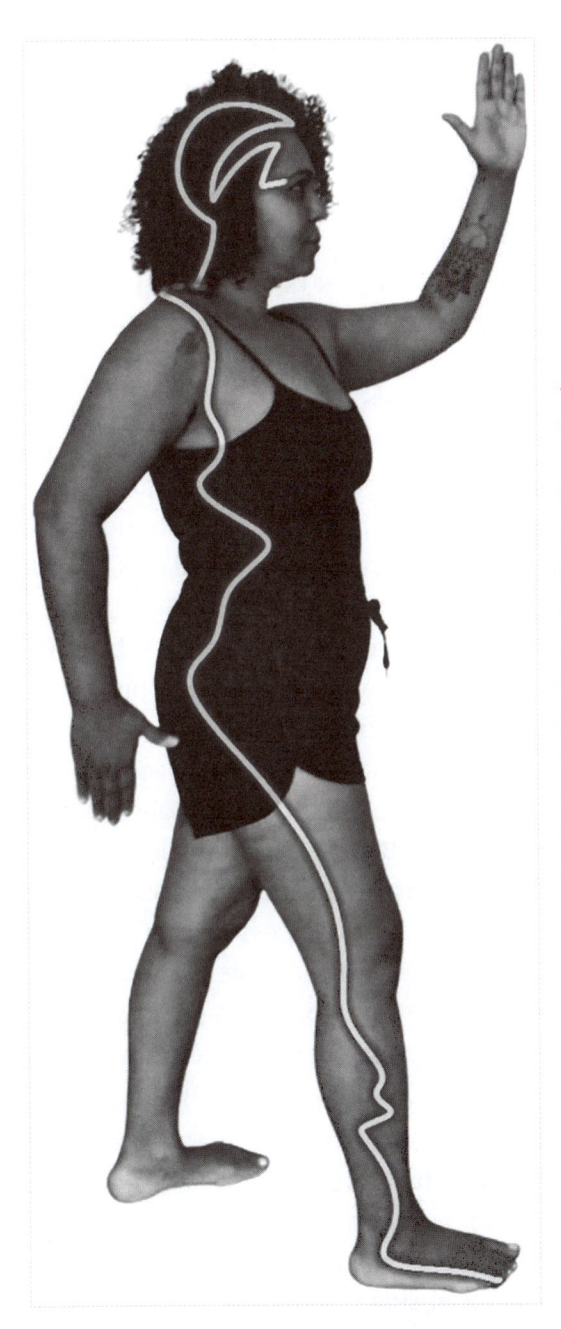

Zu Shao Yang
Dan Jing

Começando no canto externo do olho, passa pelas têmporas, percorre o crânio em um complexo "ziguezague", segue para o pescoço, passa pelo trapézio e contorna o corpo pela parte lateral do tronco, energizando em seguida o quadril, a lateral da perna e o dorso do pé. O ponto final é o quarto artelho.

Costumo dizer que o Meridiano da Vesícula Biliar (em par com o fígado) é o "Meridiano da evolução". A maioria de nós não gosta de sentimentos negativos como medo, raiva ou angústia, no entanto estes sentimentos são clamores por atitudes e só se tornam nocivos quando não as tomamos. O Meridiano da Vesícula Biliar aponta para as nossas insatisfações e para o que precisamos mudar em nosso mundo. Tudo o que o ser humano criou foi a partir de suas necessidades, e elas surgem a partir do momento em que as coisas, tal como se apresentam, estão incorretas ou incompletas. Precisamos, literalmente, nos mexer para resolvê-las. Este Meridiano faz a ponte entre as nossas escolhas na direção da melhor solução para as nossas necessidades, e o nosso corpo físico, que executará as ações cabíveis a partir de nossas escolhas. "Mexer para resolver" deveria ser o lema para quem deseja harmonizar a Vesícula Biliar. No início dos tempos, toda escolha significava uma ação física: na fome se caçava; no sono se encontrava um local apropriado para dormir; no frio se buscavam locais amenos; na sede bebia-se água. Esse registro de ação diante da necessidade permanece vivo. Mas enquanto os primeiros humanos tomavam providências imediatas para resolver as suas necessidades, nós, os "modernos", muitas vezes não sentimos a mesma liberdade de ação. Deixamos de nos movimentar espontaneamente para sermos considerados "sociais", ou "civilizados". Diz-se, inclusive, que um elemento da maturidade consiste no gerenciamento do imediatismo — o que de fato é — quando a situação não ocorre apenas por condicionamento e repressão. A impossibilidade de uma escolha amadurecida e espontânea é, ao mesmo tempo, causa e consequência do desequilíbrio do Meridiano da Vesícula Biliar. Quando a função desse meridiano está desequilibrada pode haver passividade e perda da capacidade de transformar a realidade. Há um grande número de pessoas que perdem a vesícula e comentam "eu vivia enjoada e irritada, e não sabia que era a pedra na vesícula". Numa visão psicossomática, percebemos que o processo pode, na verdade, ser o inverso: as insatisfações podem ser a origem do cálculo.

Um ponto chave nos mecanismos de socialização do ser humano é, na visão reichiana, o enfrentamento. Diante da diferença, é o enfrentamento de uma situação, a sua tentativa de consenso, que leva ao estabelecimento da integração humana. Nesse sentido, é importante observarmos que os mecanismos de ação prática da Vesícula Biliar tornam-se, quando amadurecidos, estratégias fundamentais na sociabilidade, estabelecendo-se modos de falar e agir baseados em argumentação e busca pelo equilíbrio mútuo.

FUNÇÕES GERAIS

- → Equilíbrio da energia total do corpo — age através do controle de secreções e hormônios como a bílis, insulina e hormônios secretados pelo duodeno, e distribuição de nutrientes ao organismo;
- → Atua na digestão — metabolismo de gorduras;
- → Relacionado ao processo de decisões sobre situações práticas;
- → Estoca o excedente do Ki do fígado e o transforma em bile;
- → Ajuda o estômago e o baço a transformar os alimentos;
- → Auxilia o fígado no livre fluxo de Ki;
- → Controla os tendões e as articulações;
- → Aciona mecanismos corporais, como a serotonina.

PRINCIPAIS SINTOMAS EMOCIONAIS DE DESARMONIA DO MERIDIANO

Irritação, impaciência, preocupação, fadiga mental, urgência, impulsividade, falta de atitude, intolerância e detalhismo, rigidez mental, dificuldade de escolha em lidar com prioridades hierárquicas (crise de autoridade), ou resolver insatisfações e neuroses.

SINTOMAS PSICOSSOMÁTICOS ASSOCIADOS AO MERIDIANO

Tensão nos ombros, insônia, sensação de sono atrasado, gosto amargo na boca, rigidez na nuca, tontura, calafrios, cefaleia, dor maxilar, dor no ângulo externo do olho; distensão supraclavicular, inchaço subaxilar, dificuldades hepáticas, cálculos biliares; dor torácica, axilar, no ombro, na lateral do corpo por entre as costelas na lateral dos membros inferiores; dor e calor na borda externa do pé; suspiros frequentes, tendinites, cansaço muscular, cansaço visual, diminuição de acuidade nos órgãos dos sentidos, sensibilidade auditiva extrema, problemas de lateralidade, labirintite, zumbido etc.

Expressões-chave:
Decisão, insatisfação e canalização.

MERIDIANO DO ESTÔMAGO

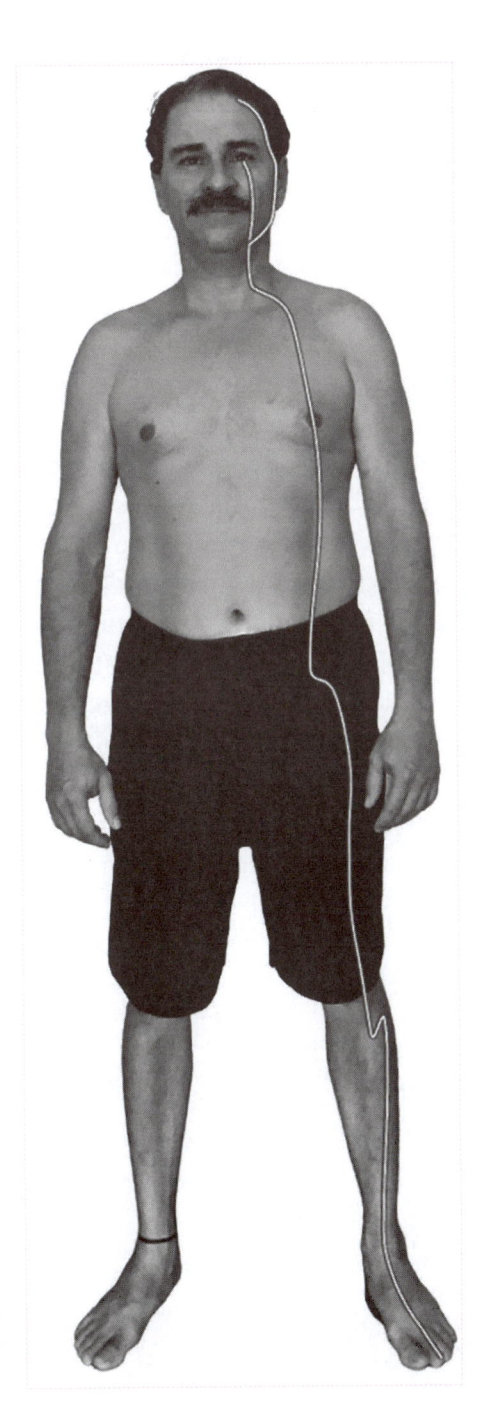

Zu Yang Ming
Wei Jing

Inicia na borda inferior do globo ocular e segue até à mandíbula e se divide. Um ramo menor retorna pelo trajeto temporo-mandibular, até o alto da cabeça. Um outro, maior, dirige-se ao pescoço, peito (na linha do mamilo), abdome, passa pela região inguinal, desce pela parte dianteira do membro inferior e culmina no canto esquerdo da unha do segundo artelho.

A energia do Meridiano do Estômago mede o apetite para as ambições da vida, do querer, das vontades e demonstra que nossa razão é manipulada para que as emoções obtenham satisfação. Em equilíbrio, este Meridiano consegue harmonizar sentimentos e pensamentos.

O Estômago possui grande ligação com o raciocínio matemático, a lógica e o aprendizado intelectual, de uma maneira geral. Numa linha evolutiva, podemos perceber que o desenvolvimento do sistema nervoso é o trunfo da sobrevivência do ser humano — funciona como uma especialização, da mesma forma que a águia com a sua visão, ou que o tatu e a sua habilidade em cavar túneis. Assim, a razão se posiciona como um mecanismo de realização das necessidades do organismo humano, em primeiro plano. Trata ainda do juízo de valor, dividir o mundo entre o bom e o mau, positivo e negativo, etc. De fato, o estômago está bem no meio do tronco, entre a porção inferior, entre o Yin e o Yang; isto representa simbolicamente a sua participação no equilíbrio entre as necessidades da mente e do corpo, da razão e da emoção. Pessoas com bloqueios no Meridiano do Estômago podem demonstrar grande atividade intelectual, e ainda assim não conseguir controlar os impulsos por alimento, o que leva a quadros de obesidade por vezes severos. Tal fato nos leva a refletir que mesmo uma intelectualidade com alto QI não demonstra ter se tornado o meio ideal para o controle do próprio corpo e de seus mecanismos para uma linha de conduta saudável. Podemos pensar, inclusive, que essa "inteligência" é manipulada por algo maior — o corpo — e que não se consegue simplesmente mudar certas compulsões sem que haja antes essa compreensão.

> Este Meridiano lida com tudo o que é cíclico na vida, da influência da lua sobre a menstruação e a sexualidade aos ciclos alimentares e de sono (não é de hoje que se sabe que os horários da alimentação são capazes de influenciar no ritmo corporal).
>
> Quem deseja lidar bem com seus ciclos de vida precisa equilibrar esse meridiano.

FUNÇÕES GERAIS

→ Regula a transformação (absorção e degradação) dos alimentos;
→ Ajuda o baço no transporte da essência dos alimentos;
→ Recebe e estoca os fluidos;
→ Regula a descida do Ki túrbido;
→ Controla as vísceras da digestão;
→ Relacionado aos ovários, lactação e ao ciclo menstrual.

SINTOMAS EMOCIONAIS DE DESARMONIA DO MERIDIANO

Pensar demais, ansiedade para conseguir o que quer, obsessão, trabalhar exageradamente, pressa, neurose, dormir mal, loucura etc., buscar o caminho mais curto, má concentração (e transtornos relacionados à atenção), personalidade devaneante.

SINTOMAS PSICOSSOMÁTICOS ASSOCIADOS AO MERIDIANO

Hiperatividade gástrica, problemas de estômago, fermentações na boca, digestão lenta, língua saburrosa, borborigmo com distensão abdominal, edema, dor gástrica, vômitos, sede, dor e inchaço de garganta, sinusite, dor torácica e no joelho ao longo do trajeto do meridiano, calor, alterações de apetite (tanto para mais como para menos), rangido noturno, tensão no maxilar, tensão no plexo solar, mastigação apressada e mal feita, refeições irregulares, dificuldade de concentração, tensão na altura do plexo solar, alterações no ciclo menstrual, mau hálito, boca seca.

Expressões-chave:
Razão, ambição e ciclos.

CONTRIBUIÇÕES DO SHIATSU EMOCIONAL NO CAMPO DAS TERAPIAS: UMA LEITURA ORIGINAL DOS CHAKRAS, OS SEGMENTOS SOMATOPSÍQUICOS E SUA RELAÇÃO COM OS MERIDIANOS

A tradição deve estar a serviço dos indivíduos e suas sociedades, nunca o contrário. As tradições que cercam o Shiatsu com filosofias e práticas são válidas enquanto servirem seus praticantes. Nenhuma delas deve circunscrever o Shiatsu a um modo restrito de ser feito. Desse modo, o Shiatsu deve estar em constante evolução, e fazer sentido à pessoa que o pratica e à sua realidade. Considerando todas as transformações sociais ocorridas no século que se passou desde a origem do Shiatsu, não podemos concebê-lo da mesma forma que o encontramos. O Shiatsu Emocional, na busca de encontrar-se com o Século XXI e bem servir as pessoas e mentalidades deste tempo, busca manter-se alinhado com as bases primordiais do Shiatsu e a filosofia oriental que o sustenta, sem deixar de oferecer contribuições próprias, a servirem não somente ao Shiatsu, mas a todo o campo terapêutico. Seguem duas dessas contribuições: uma interpretação renovada dos Chakras (base da compreensão da psicofisiologia energética segundo o Ayurveda), e outra dos segmentos somatopsíquicos (base teórica de Wilhelm Reich). Ambas contribuirão, inclusive, com uma transposição do Shiatsu para uma *práxis* aplicável em psicoterapia.

🔔 Do Jiao ao Chakra

A estrutura energética humana apresenta, além dos Meridianos, centros de força que movimentam energia, transportando-a do Céu e da Terra* para o corpo, para os Meridianos, para a mente racional e emocional, e dessas estruturas de volta para o céu e a terra. Os chineses antigos

---

* O céu e a terra aqui abordados são as representações antigas da energia cósmica (Céu), e da energia terrena (Terra). Comparados, correspondem respectivamente a Yang-Yin.

estudavam esses centros energéticos. São os chamados aquecedores, ou simplesmente Jiaos. Para a MTC, eles formam um conjunto de três Jiaos: superior, médio e inferior. Sim, trata-se dos três aquecedores descritos no Meridiano do Triplo Aquecedor (San Jiao, San = "Três", Jiao = "Aquecedor").

A essa altura você já deve ter entendido que esses Jiaos são os três aquecedores descritos acima, quando falamos do Meridiano do Triplo Aquecedor – Sanjiao.

Contudo, os registros mais antigos e completos sobre tais centros de força vêm do Ayurveda, a ciência da saúde da tradição indiana. Na visão do Ayurveda, esses centros de força são chamados de Chakras, denominação mais comum e popular que passou a ser utilizada em diversas terapias.

Os Chakras

"Quando os chakras são despertos e ativados, o homem não apenas se torna ciente das esferas superiores da existência, mas também adquire o poder de entrar nessas esferas, e então, em contrapartida, se fortalece e dá vida às dimensões inferiores."

MOTOYAMA

Chakra quer dizer "roda" em sânscrito, e denota os centros de energia em forma de vórtices, dispostos de modo a atravessarem o corpo e irradiarem como esferas de energia. São originalmente parte teórica e prática da antiga Medicina Tradicional Ayurvédica, com citações milenares nos Vedas (embora diferentes do sentido atual), e funções mais próximas das que normalmente se atribuem hoje a partir do chamado medievalismo hindu. Diferente dos Meridianos (normalmente estudados do ponto de vista da saúde, e tendo mantido certa estabilidade teórica em suas teorias ao longo do tempo), as teorias sobre chakras são diversas, com incorporações no modo de pensá-los e utilizá-los ao longo do tempo e do espaço. Correntes exotéricas, terapêuticas, psicológicas, religiosas e yogues de várias épocas e culturas, entre outras, deram versões diferentes para o que seriam os Chakras. São incontáveis representações dos chakras, seus significados, quantidades, posições e irradiações pelo corpo, espectros cromáticos por eles irradiados, dentre outros.

Algumas correntes hindus afirmam que há milhares de chakras. Os principais podem ser três, quatro, seis, sete, nove, doze, dentre outras possibilidades. Por vezes, são representados como frequências luminosas; outras vezes como flores de lótus; as representações dos chakras como flores de lótus são mais antigas; já a atribuição de cores associadas aos chakras, seguindo-se o espectro de cores do arco-íris, é extremamente recente. Idem para a tentativa de se estabelecer correlações entre chakras e glândulas endócrinas (que seriam manifestações físicas provenientes dos principais chakras). É comum haverem, nas representações, símbolos associados a diversas tradições.

As causas das diferenças muitas vezes estão relacionadas a pura interpretação, pois a energia dos chakras é extremamente sutil. O que se pode perceber é que se estabeleceu, no todo das percepções coletivas, a teoria de que os chakras comunicam nossa mente e nosso corpo a corpos sutis. Também é ponto comum entre muitas correntes de pensamento que cada chakra contém uma função vital, todos se comunicam e formam um conjunto indispensável à vida. Além disso, há concordância de que as irradiações ocorrem de uma emanação mais densa, a partir da base do corpo e seguindo na direção do topo da cabeça, tornando-se cada vez mais sutil. Há muito se afirma também que os pontos de adensamento energético dos Meridianos (os pontos de acupuntura) são pequenos chakras. No Shiatsu Emocional, também observarmos, que chakras possuem uma interligação com os Meridianos, e como tais, também interferem e recebem interferência do corpo e da psique da pessoa.

Em nossos estudos, partimos desses aspectos de "comum acordo", para compreendermos os chakras, suas manifestações e correlações com os Meridianos. Também utilizamos a popular teoria dos sete chakras, embora apontemos para uma divergência comum de posicionamento e função entre eles (que será comentado mais adiante). O Shiatsu Emocional utiliza o conhecimento dos chakras como forma de leitura corporal, mas também como parte importante do tratamento, visto que os chakras possuem grande ligação e influência nas emoções.

Seguindo a abordagem usada com os Meridianos, apresentaremos agora os chakras com suas devidas descrições, funções e localizações. Utilizaremos nomes ocidentais que se firmaram, mas na descrição de cada chakra há o nome original em sânscrito e seu significado.

Curiosidade:

QUAIS SÃO OS 7 CHAKRAS?

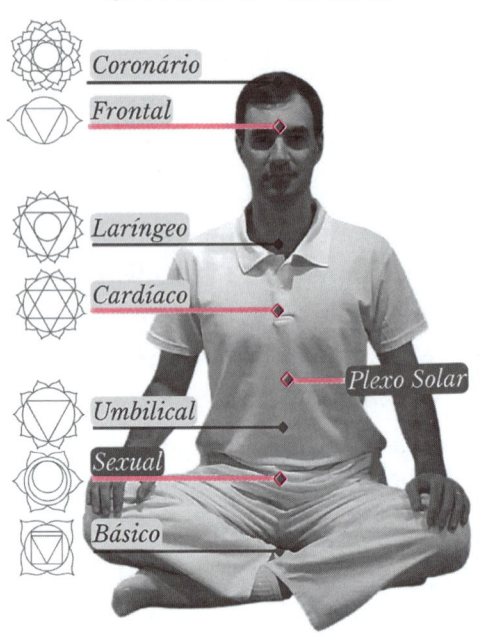

- Coronário
- Frontal
- Laríngeo
- Cardíaco
- Plexo Solar
- Umbilical
- Sexual
- Básico

Nomenclaturas em disputa

A teoria dos Sete Chakras se popularizou com a utilização de seus nomes em sânscrito: muladhara (lit. "raiz"), svadhishthana (lit. "morada do Ser"), manipura (lit. "gema reluzente"), anahata (lit. "imaculável"), vishuddi (lit. "puro"), ajna (lit. "controle"), e sahasrara (lit. "mil pétalas"). Há duas traduções principais em disputa, acompanhadas algumas vezes da mudança de posicionamento, e mesmo de significado, dos chakras. Na primeira, o chakra svadishthana é traduzido como "sexual", e manipura é o "umbilical"; Na segunda, svadishthana é "umbilical" e manipura o "plexo solar". Levantamos aqui a hipótese de que essa segunda versão, com o chakra sexual suprimido, ocorreu para satisfazer alguma repressão moral. Ficará claro, na descrição dos meridianos, que a interpretação de haver um chakra sexual e outro umbilical faz mais sentido, inclusive no estabelecimento de rotas de contato com Meridianos e segmentos somatopsiquicos.

Chakra Básico
Muladhara ("raiz" em sânscrito)

Região do cóccix-períneo.
Controla o sistema gênito-urinário; informa sobre a vida e a morte, a origem, onde tudo começa, a necessidade de sobrevivência, a espontaneidade, as funções fisiológicas. O chakra básico é o chakra da sobrevivência, o chakra que dá origem aos instintos. Tem relação com heranças genéticas e energéticas, com perpetuação. Somatiza a psique relacionada à nossa própria origem individual, a nossos pais, às circunstâncias do nosso nascimento.
Sobrevivência

Chakra Sexual
Svadhishthana ("moradia do ser", em sânscrito)

Abaixo do umbigo (3 a 5 cm), na região do útero.
Controla o sistema gênito-urinário e o aparelho reprodutor.
O chakra sexual revela tudo o que trata do novo, do criativo, do despertar para a renovação. O útero funciona como um jarro que jorra energia para os lados (trompas e ovários). A energia do chakra sexual jorra, como um chafariz.
Este chakra faz ligação direta com o chakra cardíaco, por isso sexualidade e afetividade só atingem a plenitude quando atuam juntos.
É interessante notar que o órgão do sistema reprodutor feminino — o útero — situa-se exatamente sob esse chakra. O homem, em contrapartida, tem seu órgão reprodutor próximo ao chakra básico. Isso pode trazer luz ao porquê de a questão sexual para o homem ter se mostrado, ao longo da história, mais relacionada à sobrevivência instintiva, enquanto para a mulher a questão é mais associada a uma energia de comunhão, energética, sensual.
Sexualidade

Chakra Umbilical
Manipura ("cidade das joias", em sânscrito)

Ao redor do umbigo — a energia penetra no corpo físico através da região esférica que circunda este chakra; mostra que a região continua energeticamente ativa. Se antes a vida era a mãe-útero, agora a vida é na Terra. Sem o cordão, o umbigo passa a coletar energia da vida, impressões e interações com o mundo, com o nosso planeta. A porta continua aberta à captação de energia, apenas muda o foco. O chakra umbilical está ligado à assimilação das coisas da vida, do apego, da materialidade, também à digestão, às ambições e aos desejos. Abaixo encontra-se a energia sexual e acima a energia afetiva, demonstrando que a região umbilical precisa estar preenchida de carinho e prazer.

Poder

Chakra Cardíaco
Anahata ("Imaculável", em sânscrito)

Próximo à interseção da linha mediana com a linha que liga os dois mamilos. Situando-se no meio do sistema de Chakras, três dedos abaixo, e três dedos acima deste, forma uma ponte entre as razões do corpo e as razões da mente.
O chakra cardíaco controla o coração físico e simbólico — nossa inteligência emocional. Provê o indivíduo com a capacidade de reagir diante da vida com sabedoria. Aqui, por sabedoria toma-se o ponto de equilíbrio entre emoção e razão. Por isso, a sabedoria vem sempre do coração, nunca da razão pura ou da emoção pura. Estamos na Terra para sermos felizes não para termos razão.

Amor

Chakra Laríngeo
Vishuddhi ("puro" em sânscrito)

Situado na área da garganta — controla os órgãos
respiratórios; nessa área estão as cordas vocais, a tireoide,
o nosso sistema de engolir ar e alimento. Este é o chakra da
primeira assimilação e da expressão; quando está saudável,
permite que se fale sempre na dose certa e da maneira correta;
que se receba o que há de bom e que se rejeite o que há de
ruim em situações e pessoas, expressa a oralidade;
recebe da energia cardíaca as emoções e as liga com
a energia mental do chakra frontal, dando
origem ao dom das palavras.
Expressão

Chakra Frontal
Ajna ("comando", em sânscrito)

Entre as sobrancelhas (terceira visão) —
controla as funções da glândula pituitária e as atividades
intelectuais; é o chakra do intelecto, do poder de raciocínio,
da lógica. Através deste chakra temos acesso ao nosso mundo
mental, nosso Eu. É também o chakra da intuição, o terceiro olho,
o nosso acesso ao inconsciente coletivo e à nossa consciência.
É no chakra frontal que se localiza o nó de Shiva, que
impede o livre fluxo da energia básica (Kundalini) e
o consequente controle das ações instintivas.
Intuição e consciência

Chakra Coronário
Sahasrara ("mil pétalas", em sânscrito)

Localizado no alto da cabeça, de onde tem controle total sobre todos os aspectos do corpo e da mente. O corpo energético demonstra que todos nascem reis de si mesmos, com suas coroas no alto da cabeça. A representação da auréola do anjo pode ser vista como uma representação do chakra coronário permanentemente "ligado" com o todo, em harmonia constante. Este é o chakra da nossa ligação com o mundo espiritual, é através dele que nos ligamos com o Cosmos e projetamos o nosso astral de forma inconsciente. Este chakra pode nos dar todas as respostas, e mostra que o *religare* existe como própria condição de vida no ser humano.

Espiritualidade

Outros Chakras

Os chakras são representações sutis de uma oscilação energética larga e mesclada a diferentes ondas e correntes. Imagine um oceano e suas infinitas correntes marítimas. Algumas são mais longas e proeminentes, distribuem calor pelo globo terrestre; pode haver correntes dentro de correntes; correntes de retorno; correntes circulares (como redemoinhos); dentre outras. O fato é, toda a água está ligada de algum modo e todas essas correntes vão formando conexões umas com as outras. É possível que, dependendo de como você agrupa os fenômenos oscilatórios do oceano, seja produzido um mapa diferente. Com a energia vital e a divisão dos chakras ocorre da mesma maneira. Por isso, não é possível apontar para um sistema "errado" ou "certo". Os chakras são um modo inteligente de observar pontos onde nossas correntes se tornam mais fortes, apresentam uma maior concentração e conexão do interior para o exterior, e vice-versa. Os chakras intermediários ou menores, no entanto, são incontáveis, uns criando os outros, correntes ou matizes entre um e outro. Por isso mesmo, poderíamos descrever muitos outros chakras, além dos 7 que apresentamos e estaremos mantendo o foco.

Seria importante, porém, antecipar aos leitores dois outros chakras bastante populares entre os estudiosos. O primeiro é o chamado de plexo solar, porque se situa nesta região (altura do diafragma). A função dele, no sistema de 7 chakras utilizado no Shiatsu Emocional, é dividida entre o chakra umbilical (poder, merecimento) e cardíaco (comunicação entre o denso e o sutil). O segundo chakra que colocamos em nota é chamado de esplênico, está situado na região do baço, e tem a função de distribuir a energia vital pelo corpo. Ele tem sua importância enaltecida em algumas crenças espiritualistas.

Tanto o chakra do plexo solar, como o esplênico, são frequentemente colocados no lugar do chakra sexual, na manutenção da ideia de um "sistema de sete chakras" (ver **Curiosidade** na p. 124).

CHAKRA	CHAVE
Coronário	Espiritualidade
Frontal	Consciência
Laríngeo	Expressão
Cardíaco	Amor
Umbilical	Poder
Sexual	Sexualidade
Básico	Sobrevivência

Chakras e Meridianos

A relação entre essas duas formas de circulação energética só agora começa a ser estudada mais profundamente. Entre os pesquisadores mais renomados, temos Hiroshi Motoyoama, em seu fantástico livro "Teoria dos Chakras", relata suas pesquisas na comprovação da existência de chakras e meridianos através de exames de eletroencefalograma, e estabelece relações entre os mesmos. Em minha trajetória como terapeuta pude confirmar a comunicação entre os dois sistemas.

Observo que as terapias tradicionais que utilizam os chakras tem por costume atuar com foco nas estruturas sutis e emocionais das pessoas, enquanto que aquelas que utilizam o sistema energético dos Meridianos costumam ter mais atenção nas situações e sintomas relacionados à saúde física. Colhi muitos relatos de outros terapeutas e de pessoas que se tratam com terapias naturais acerca da subjetividade dos efeitos de um e de outro estilo de tratamento. Em geral, as atividades terapêuticas com chakras são mais sutis e de maior subjetividade acerca de seus efeitos, em comparação com as terapias com Meridianos.

Naturalmente isso não é uma regra, mas os indícios podem sugerir que a natureza da energia vital pode ocorrer em dimensões distintas, algumas mais e outras menos sutis. Buscar pelas correlações e verificar se ambos os sistemas se comunicam foi um objeto de pesquisa que acabei trazendo para o Shiatsu Emocional. O objetivo é compreender como integrar tais conhecimentos, compartilhar e enfim utilizá-los em benefício de terapeutas, seus atendidos e praticantes de atividades terapêuticas em geral. Passemos, assim, a uma descrição de correlações e comunicações entre Meridianos e chakras que pode ser útil.

> **Chakra:** Básico
> **Meridianos:** Bexiga e Rins (Água)

A potência genética, a disposição para seguir em frente, a inteligência da auto-preservação se expressa tanto no chakra como nesses Meridianos. Juntos, constroem a relação do homem com o seu tempo.

> **Chakra: Sexual**
> **Meridianos: Bexiga e Rins (Água)**
> **Circulação-Sexo e Triplo Aquecedor (Fogo)**

Aproveita a forte energia renal como fonte da energia libidinal e da vitalidade, com aspectos renais, mas já gerando fogo (circulação-sexualidade, triplo aquecedor). Transmite sinais de tranquilidade, estabilidade e satisfação ao chakra umbilical. Canal de atalho direto ao cardíaco, formando um sistema de avaliação e autoestima. A vida afetiva e a vida sexual quando juntas, nos levam a uma boa relação conosco — primeiro passo para a realização.

> **Chakra: Umbilical**
> **Meridianos: Baço, Pâncreas e Estômago (Terra)**
> **Fígado e Vesícula (Madeira)**

Estabilizado pela energia sexual que ascende; regula o apetite, a assimilação das circunstâncias. Recebe a energia de fora e envia para todo o corpo; mostra nossa atitude corporal (rigidez e inibição). O grande sinal da perda da espontaneidade no desenvolvimento da criança se dá pelo enrijecimento do abdome (ler as obras de A. S. Neill). O chakra umbilical recebe as informações dos Meridianos referentes à atitude corporal espontânea, de ações/decisões de vida e transmite essa informação para o coração. O chakra umbilical recebe informações sobre carências físicas e emocionais, necessidade de afeto, ambições de todos os tipos. O desequilíbrio nesse relacionamento mostra tendência à impulsividade, dificuldade de síntese e ao exagero das percepções.

> **Chakra: Cardíaco**
> **Meridiano: Coração e Intestino Delgado (Fogo)**

"A verdadeira inteligência é aquela que vem do coração". Este é um pensamento conhecido e uma realidade que, quando experimentada, é capaz de trazer harmonia e grande paz interior. O chakra cardíaco catalisa as energias da consciência, cuja sede é o coração, e que dá origem ao meridiano homônimo. A consciência de que falamos é, na visão taoísta, a interface entre o espírito e o simbionte vivo no qual a energia se manifesta, e que chamamos de corpo. Um chakra cardíaco equilibrado facilita a comunicação do eu material com o eu superior. Os desejos materiais sintonizam os desejos do espírito e da saúde/felicidade da alma e da matéria como um todo. As lições que não esquecemos estão presentes nesse plano, e é o *anahata* (chakra cardíaco) aquele que transporta pelo sistema de chakras o aprendizado "de cor" (de coração).

Chakra: Laríngeo
Meridiano: Coração e Pulmão (Fogo e Metal)

Ainda com aspectos cardíacos, mas agregando aspectos mentais do frontal. Este chakra manifesta tudo o que fisicamente simboliza-se no pescoço: a expressão, a deglutição, a respiração, a responsabilidade, o meio entre os pensamentos e as emoções. Da mesma maneira, é a interseção entre a energia Yin que ascendeu dos pés e por todo o tronco até a cabeça, e a energia Yang que manifesta-se na face e desce no plano posterior do corpo em direção à energia Yin. O Meridiano do Pulmão ajuda o coração a manter-se lúcido, tornando o espírito ciente das necessidades do corpo, da inevitabilidade da vivência atual no plano material. Essa virtude é papel do pulmão, que em equilíbrio nos deixa de bem com a vida, e no desequilíbrio manifesta nostalgia, tristeza, autopiedade, apego. Quando permitimos deixar que as situações entrem e saiam incessantemente e não interrompemos o fluxo das coisas, pegando apenas o que nos é necessário no momento e dispensando aquilo que não utilizaremos mais, mostramos um bom equilíbrio na energia do pulmão. O pulmão dá ao coração a energia do mundo, do outro, da comunicação entre o mundo interior e o mundo exterior. Essa comunicação irá se revelar em pensamentos, na forma de arte escrita, falada, cantada ou qualquer outra, e em como a inteligência humana verá o mundo. Podemos dizer que todos os meridianos que passam pelo pescoço são influenciados pelo chakra cardíaco, e compõem essencialmente uma natureza Yang, demonstrando o papel de EXPRESSAR simbolizado pelo pescoço.

Chakra: Frontal
Meridianos: Estômago e Intestino Delgado (Terra e Fogo)

O raciocínio, a disposição mental, a absorção dos conhecimentos do mundo concreto, a lógica, a razão. E também a intuição, o trazer para si, o estímulo, as perspectivas, o futuro, as previsões... Tudo isso relaciona-se aos elementos Fogo e Terra. O chakra frontal recebe do elemento Terra (estômago e baço) a possibilidade do discernimento; do Fogo (intestino delgado e coração), as memórias emocionais. Assim surge a energia da sabedoria humana, dos insights e novas ideias.

Chakra: Coronário
Meridiano: Coração (Fogo)

O chakra coronário se liga à energia da vida espiritual, tal como o Meridiano do Coração que recebe a energia coronária e em conjunto com o intestino delgado passa a sabedoria do cosmo para o corpo.

Sistemas de Hiperligação entre chakras e sua conexão com os 5 elementos da Medicina Tradicional Chinesa

Segundo o sistema de 7 chakras, existem alguns "atalhos" entre chakras distantes entre si. São o que chamamos no emocional de "hiperligações". Segundo o conhecimento tradicional, essa comunicação poderia ser atribuída aos *nadis*, correntes de energia aparentados aos Meridianos.

As hiperligações funcionam como balanças de autorrealização dentro das áreas de energia da vida. A energia de dois chakras hiperligados movimenta a mesma parte da natureza que vive em nós. E realizar-se é permitir a plenitude funcional, ou seja, permitir que a natureza apenas Seja.

As hiperligações com as quais lidamos no Shiatsu Emocional são:

Chakras: Sexual-Cardíaco
Elementos: Água e Fogo

Essa ligação fala da impossibilidade de realização em relacionamentos com pessoas e com a própria vida sem um bom equilíbrio entre afetividade e sexualidade. Ou seja, entre o amor universal que vive em nós (que se realiza no outro e só satisfaz no presente) e o amor geracional (que nos realiza e simultaneamente satisfaz o Universo pelo princípio da continuidade). Entre o tesão, o gosto pela vida e o novo, e o prazer de ouvir, de doar, de cuidar.

Chakras: Umbilical-Frontal
Elementos: Terra e Metal

O umbilical interfere diretamente nas intuições frontais. O elemento Terra ligado ao elemento Metal formam uma balança de síntese e assimilação, de captação das coisas do mundo (umbilical) e das energias psíquicas e do inconsciente coletivo (frontal).

Chakras: Básico-Coronário
Elementos: Água e Fogo

Contém a relação básica entre o material e o imaterial, como se a cabeça e a base do corpo representassem as duas sementinhas da energia inversa da representação clássica do TAO. Essa balança revela a necessidade de equilibrar os desejos do corpo e da alma, da sobrevivência da matéria com a vivência do espírito, primordial entre os que querem viver, e principalmente, entre os que sabem viver.

O chakra da espiritualidade catalisa a mesma energia dos canais dos chakras inferiores, revelando o encontro entre a nossa parte material (vida corpórea) e a imaterial (vida energética, espiritual e/ou etérea).

O fogo, ou a energia primária da vida, manifesta-se por todo o sistema. É associado à centelha divina e deve ser considerado como a manifestação do "start" da vida e da morte, assim como a água é associada ao resgate das outras vidas (transmigração energética) e à manifestação da permanência relativa.

A origem do corpo e da vida nos ensina sobre sermos o elo entre a permanência relativa (água) — que nos permite a sensação de unidade durante o tempo de nossas vidas — e a impermanência absoluta (fogo) — nós somos o desdobramento da vida universal, mudamos o tempo todo e a mudança é infinita (continua após a morte).

Uma boa ligação entre fogo e água pode ser feita pelo alinhamento dos chakras a partir do coronário. Um sistema chakra-meridiano harmonioso na altura do coronário ou do básico transparece na forma de uma pessoa que tem uma boa relação com a vida e com a morte. O desequilíbrio manifesta-se nas pessoas que se perdem em seus dramas pessoais e na dificuldade que encontram de lidar com o afastamento de pessoas vivas ou mortas.

HIPERLIGAÇÕES ENTRE CHAKRAS

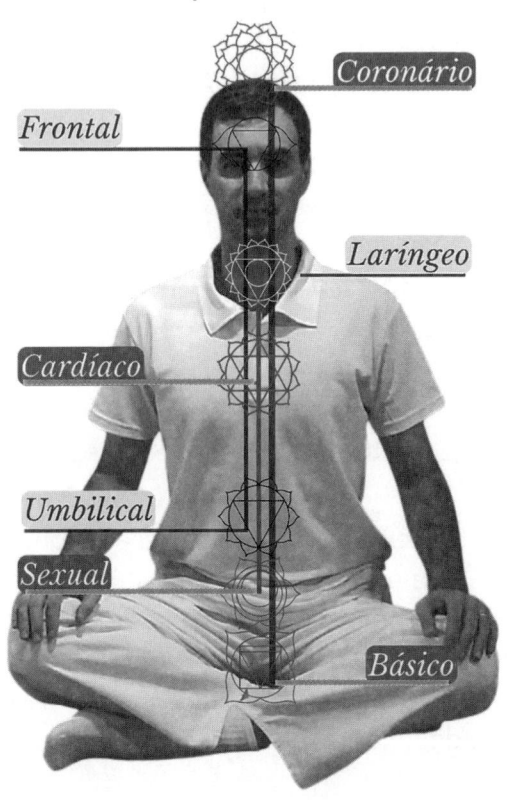

🔔 Os Segmentos Somatopsíquicos, suas couraças musculares e o Shiatsu Emocional

A obra do psiquiatra Wilhelm Reich é vista no Shiatsu Emocional como uma excelente fonte de sincronização das ideias neurocientíficas ocidentais com as ideias energéticas da filosofia e da medicina tradicional chinesa. O Shiatsu Emocional estuda sua teoria, sobretudo a da couraça muscular do caráter, para aumentar o conhecimento sobre a linguagem corporal.

🔔 Couraças musculares

Couraça muscular é o nome dado por Reich a um tipo de rigidez que o nosso inconsciente cria em músculos e órgãos diante do sofrimento emocional. Essa rigidez se manifesta como uma tentativa de bloqueio da comunicação da parte afetada da energia com o resto do corpo, impedindo a continuidade do problema. A visão clássica diz que essa é a "inteligência da somatização", ou seja, o corpo escolhe as áreas que serão afetadas pelos desequilíbrios emocionais, e a somatização acontece como uma tentativa de transferir o sofrimento psicológico para o corpo. No corpo-mente saudável, uma situação de estresse é passada para o corpo, que reage dispersando por meio da ação física a carga que lhe foi conferida. Após essa dispersão ou "descarga", o corpo se recupera, e a energia volta a se equilibrar.

Em outras palavras, o estresse, ingrediente compatível com a descrição de Reich de angústia (naquele tempo o termo estresse ainda não era padrão) — leva à contração muscular e consequente enrijecimento, enquanto a expressão sexual leva à expansão e consequente relaxamento.

Quando a questão sexual brotava na sociedade como uma necessidade pungente de mudanças e abertura, Reich a estudou com profundidade e relacionou o orgasmo como o grande meio de descarga dessa energia. Em sua obra, ele percebe e demonstra que toda a forma de movimentação física e canalização dessa energia de tensão leva à descarga e consequente movimento de repouso/prazer/relaxamento do corpo, da mente e do espírito.

Segundo Reich, existem 7 grandes áreas emocionais com funções sobre os órgãos, os sentidos e as emoções. Essa relação é mostrada em um mapa somatopsíquico, disposto na forma de "cintos" ou "anéis" de couraça pelo corpo. Essas áreas, também chamadas de segmentos de couraça, podem ser relacionadas a chakras e meridianos, como veremos mais adiante. O posicionamento e as funções dos diferentes segmentos são, em muitos pontos, parecidos com a teoria básica dos 7 chakras da visão ayurvédica.

Reich indica que a formação da personalidade cria transtornos e bloqueios nos diferentes segmentos do corpo de acordo com as fases da vida. Considera também fundamental que o trabalho terapêutico siga a orientação de recuperação das áreas mais superficiais às mais profundas (sentido céfalo-caudal).

Os 7 Segmentos

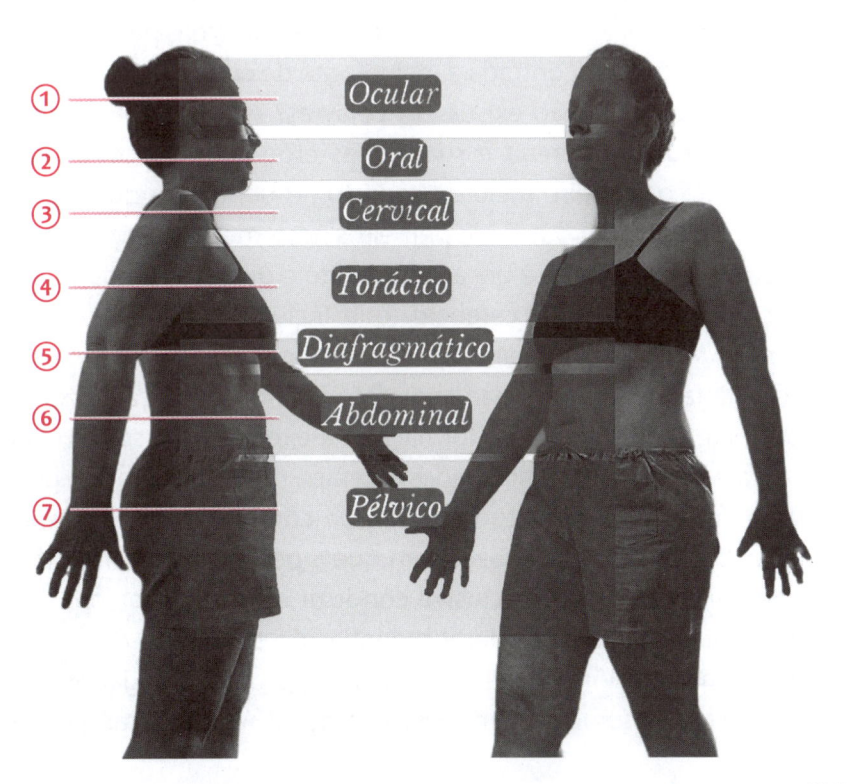

① Ocular
② Oral
③ Cervical
④ Torácico
⑤ Diafragmático
⑥ Abdominal
⑦ Pélvico

① **Segmento ocular**

O segmento ocular, uma vez desequilibrado, forma um cinto de tensão que bloqueia a energia na altura dos olhos, têmporas, a musculatura ligada à porção occipital do crânio, e internamente, na área pré-frontal e no hipotálamo e cerebelo. O nome "ocular" pode induzir a ideia de que este segmento se foca somente nos olhos ou no olhar, mas, na verdade, esse segmento influencia toda a área do crânio, onde os olhos estão inseridos — em especial, o cérebro. Segundo o neo-reichiano David Boadella, a embriologia aponta para este segmento como sendo comum à origem do sistema nervoso.

② **Segmento oral**

Como canal de entrada, a boca corresponde ao primeiro prazer humano ligado ao ato de amamentar. Como via de saída, corresponde ao sofrimento (choro). Essa região é ligada ao prazer básico, à satisfação do conforto, ao afago. É ao mesmo tempo ligada à reivindicação, à expressão de que há algo errado. Talvez o maior prazer do homem esteja além das palavras, enquanto que nelas pode ser encontrada a maior fonte de crítica. Será que as pessoas odiariam tanto, caso não existissem palavras? Ao falar do segmento oral, Reich concorda com Freud e suas zonas erógenas. Concorda ainda que a oralidade é o primeiro meio de contato do bebê, fase que seguirá mais ativa do que qualquer outra nos primeiros nove meses de vida. O segmento oral não se refere apenas à boca, mas a tudo o que está contido nesse anel: dentes, gengivas, língua, cerebelo (que inclui o sentido de orientação). Muitas situações bloqueiam esse segmento, desde a repressão das emoções infantis "homem não chora", "é falta de educação dizer que não gostou", até à dificuldade de formação da expressão "é só ele chorar e já dou algo para distrair". Dificuldades na etapa de amamentação, problemas na boca, freios na língua, tudo isso pode contribuir para a formação da couraça. O bloqueio pode fazer com que a pessoa sinta certa dificuldade de orientação na vida, e inclusive conduzir a um estado com tendência depressiva. Podemos considerar biopatias do segmento oral todo o tipo de problema ortodôntico, ranger os dentes, problemas ligados ao apetite (tanto para mais como para menos), alterações na saliva, rangido etc.

③ **Segmento cervical**

A delicada relação entre a cabeça e o resto do corpo já foi utilizada em muitas metáforas para se falar de razão e emoção. Em todas elas, a figura de interseção é sempre o pescoço. De fato, é no pescoço onde estão as grandes passagens da energia da vida, da cabeça em direção ao corpo — ar, alimento, estímulos cerebrais, e do corpo em direção à cabeça — energia já processada (oxigênio, alimento, respostas celulares aos estímulos cerebrais). Assim, a existência de uma couraça na região confirma a veracidade da metáfora sentimento (corpo) e pensamento (cabeça), demonstrando ainda que uma má relação entre sentir e querer poderá trazer prejuízos físicos a todos os mecanismos implantados nessa região: garganta, cordas vocais, tireoide, jugular, os músculos que circundam a nuca e todo o pescoço. Biopatias típicas incluem torcicolo e tendinites no pescoço e ombros, tireoidites, gagueira, rouquidão, ronco, distúrbios de voz etc. Entre o segmento oral e o cervical estão o queixo e a língua. No queixo há uma representação clássica de narcisismo.

④ **Segmento torácico**

Este segmento segue as características descritas pelo chakra cardíaco, pelo Meridiano do Coração e pelas descrições de várias correntes de estudo em linguagem simbólica do corpo acerca da região onde o coração é abrigado.

Além do coração, encontramos na região do segmento torácico o pulmão, o timo, mãos e braços (também incluídos); os músculos da parte superior das costas, os peitorais, deltóides, escapulares, espinais, na caixa torácica.

Basicamente, temos essa área como sede da inteligência emocional. A ela cabe a tarefa de gerenciar inclusive o tráfego de energia-carga de tensão promovida pelos três segmentos superiores em direção aos três segmentos inferiores.

Reich e seu discípulo mais fiel, Elsworth Baker, consideravam este segmento o mais importante, por abrigar o pulmão e o coração. Reconhecem ainda ser o segmento cardíaco o portador da lucidez plena ao afirmarem que esse segmento é lesado nos primeiros dias de vida dos esquizofrênicos. É o primeiro a ser bloqueado para reduzir a ansiedade: a musculatura contrai e a respiração diminui, provocando por pouco tempo a diminuição da sensação de ansiedade (por redução da excitação do sistema simpático). Algumas terapias, como a crânio-sacral, a *thai* massagem e a respiração consciente (renascimento) ensinam a romper este bloqueio. O segmento cardíaco é tão especial que se fala em desbloqueio deste, mesmo antes do desbloqueio dos segmentos superiores.

Percebemos na prática clínica que a descarga de energia por liberação desse segmento traz grande alívio e prazer soltando os braços e as mãos completamente, e muitas vezes com verbalização de alívio.

Esse segmento é a fonte do riso — o mais humano dos sentimentos — embora possa ser apenas um artifício do bloqueio. O riso parece ser a manifestação de alegria, mas também aparece como resposta a qualquer manifestação acima do nível de tolerância. O choro também. Algumas pessoas, quando ficam nervosas riem descontroladamente. Outras choram espasmodicamente. Riso e choro podem acontecer para mascarar uma emoção, inclusive um ao outro. Isso acontece porque rir é socialmente mais aceitável.

Pessoas com bloqueios no segmento torácico apresentam dificuldade na expiração e um ou mais sintomas: pressão alta, palpitações, mágoa, amargos soluços, fúria, busca e desejos — essas emoções quando são expressadas trazem muito alívio (daí a expressão "tirei um peso do meu peito"); — mãos frias, pegajosas e fracas, raiva fria, choro degradante, desejos débeis, seios insensíveis, nó no peito, esofagite, hipertensão, enfisema pulmonar, bronquite asmática, tremores nas mãos, arteriosclerose, taquicardia, dores nas costas, contenção no peito (com atitude crônica "do contra"), dificuldade de entrega, aprisionamento de memórias emocionais negativas muito antigas.

⑤ **Segmento diafragmático**

O nome deste segmento não se deve apenas ao fato dele se situar na região do diafragma, mas de ele mesmo poder ser um grande "diafragma" psíquico. As ações energéticas deste segmento, para baixo, estão ligadas às funções viscerais, quando os bloqueios assumem estruturas mais abstratas e originadas em tempos mais obscuros do que os bloqueios dos segmentos superiores, onde é mais clara a interatividade com o meio ambiente (educação), os processos racionais e as escolhas inconscientes.

É o "segmento do pecador": de quem se sente ansioso por não estar no que considera o ideal; daquele que sofre por ter pensamentos que julga como 'errados'; do que vive uma sensação permanente de endividamento, com a sensação de "ter que pagar", por algo muitas vezes indefinido.

Parece estar relacionado com tudo o que se relaciona com a espera obrigatória, com "ter paciência", com o excesso de exigência de comportamento em relação à criança. A espera de orientação pediátrica pela mamada, por exemplo, é apontada como a origem mais provável desse bloqueio. Seguem-se as ameaças para conseguir obediência, desde repreensões severas até os castigos. Tais ameaças iniciam o processo de formação do caráter masoquista, pois o indivíduo precisa aprender a tolerar o que não é bom para ele e que antes era intolerável. Será recompensado por isso, o que conclui sua formação masoquista. Esses indivíduos, na idade adulta podem desenvolver fixação por lugares proibidos, por ocuparem parte de seu tempo com fantasias pecaminosas, pensamentos sexuais pervertidos etc. Há grande medo-ansiedade de ser descoberto e punido. A formação da couraça diafragmática, sem dúvida, contribui para o aumento de poder do superego sobre a estrutura psíquica geral, criando grande desarmonia na relação ego-id*.

As pessoas com bloqueios diafragmáticos antigos possuem aversão ao ato de vomitar, evitando como podem. Tal reação se deve ao reflexo de preservação da couraça.

A expressão "de tirar o fôlego" retrata a ansiedade por algo e remete diretamente a uma dificuldade de circulação da bioenergia pelo segmento diafragmático. Perder o fôlego significa um breve descanso

---

* Superego, ego e id são conceitos básicos da psicanálise, e correspondem a aspectos da mente. De forma muito resumida, o id é a morada dos desejos instintuais, o superego atua com autocrítica e regras morais, e o agente mediador entre ambos. Com a couraça diafragmática, o sujeito torna-se mais propício a agir pela culpa e os códigos do superego, comprometendo a escuta, pelo Ego, das necessidades latentes, primitivas, naturais e potentes.

na tentativa de fazer circular a bioenergia. Isso permite que a psique masoquista seja recompensada. O ato de esperar produz uma tensão viciante em quem tem este problema, mas constrói pessoas resistentes, que se dão muito bem com trabalhos corporais e lutas. Ser atingido fisicamente nessa região poderá liberar temporariamente o fluxo e gerar a satisfação masoquista, que voltará ao estado de tensão e espera, caso isso não se regule.

Partes afetadas pelo bloqueio do anel diafragmático:

Diafragma, duodeno, plexo solar, pâncreas, fígado, vesícula, parte dos rins, diafragma, as vértebras torácicas inferiores.

Problemas típicos:

Lordose na coluna; hostilidade frente a pessoas ou atos repressivos; extrema dificuldade em atingir o orgasmo; tendência a se fazer de vítima, a ser "santo", "missionário", a aceitar situações, a demonstrar passividade externa e revolta interna; a ejaculação precoce, ninfomania, frigidez, neurose de angústia; peso no estômago, tensão nas coxas, transpiração, diarreia/constipação, refluxos, distúrbio bipolar, diabetes, inquietação, falta de ar, fadiga; problemas na vesícula.

Considera-se que o segmento diafragmático possui uma relação direta com o cervical, que abarca o narcisismo. Assim, o narcisismo não exercido pode transformar-se em bloqueio diafragmático, ou fazer com que a personalidade assuma tons narcísicos. Essa segunda tendência, mais comum até pela sequência com que os bloqueios vão acontecendo, pode trazer, a quem lida com ele, a sensação de incompreensão do indivíduo que sofra deste distúrbio, pois embora ele se sinta acuado, é visto pelos outros, — e às vezes — age, como alguém convencido.

Uma das mais simples e eficientes terapias que conheço para iniciar o processo de liberação dessa couraça é o canto. Porém, se a couraça for antiga, o canto não irá substituir as sessões terapêuticas, e o Shiatsu Emocional é, sem dúvida, uma das melhores ferramentas para libertar o indivíduo e permitir que ele se refaça.

⑥ Segmento abdominal

Este segmento fala de vontades, aprisionamentos, expectativas e frustração. Segundo Navarro, esse nível é comparável ao torácico. Na medicina tradicional chinesa há uma explicação bastante satisfatória sobre isto. Para ela, intestino delgado e coração são ligados. Juntos, compõem a natureza das vontades humanas — o seu fogo. De qualquer forma, Baker e Reich, menos preocupados com esse segmento, dizem que, se os cinco primeiros segmentos estiverem livres, este será mobilizado e desbloqueado com muita facilidade.

O segmento abdominal abrange parte dos rins, abdômen, reto, complexo sacro-espinhal, grande dorsal, intestinos, lombar, esfíncteres. Os problemas típicos por bloqueio umbilical estão ligados a problemas estomacais, intestinais, renais, congestões, dificuldades hormonais, sobretudo relacionadas ao aumento das taxas do metabolismo, à digestão e ao estresse. O encouraçamento do segmento umbilical com reflexos na lombar pode representar dificuldades de relacionamento homem/mulher, a não aceitação e medo de ser agredido.

Nesta região, temos o primeiro receptor de energia-alimento do ser humano, que, ainda embrionário, mantém a vida através de sua ligação visceral com a mãe. Esta ligação, antes de forma física através do cordão umbilical, permanecerá no papel de captador de energias. Sua função deixará de ser física e passará a ser energética. O sol e a terra "alimentarão" energeticamente este ser humano, assumindo o papel outrora incumbido à mãe biológica.

⑦ Segmento pélvico

A "caixa mágica", como eventualmente me remeto à estrutura pélvica, mostra a natureza ímpar do ser humano. A maioria das pessoas, ao pensar nas diferenças e especializações humanas sobre as outras espécies animais, pensa no sistema nervoso, no encéfalo superdesenvolvido da nossa espécie. Boa parte ainda se lembra das mãos e do polegar opositor, capazes de realizar proezas incríveis, trabalhos com ferramentas e de coordenação refinada. Contudo, poucos são aqueles que dão importância à pelve como um importante diferencial anatômico do ser humano. Quadrúpedes e bípedes possuem pelve, mas nenhuma outra espécie animal possui uma pelve tão avantajada. Nenhum animal possui glúteos desenvolvidos. É nesta caixa mágica que guardamos os nossos órgãos sexuais e os sistemas de eliminação-descarga, e que criamos toda a nossa estrutura bípede. Graças a essa potente estrutura, nos tornamos o único animal a assumir uma posição perpendicular da coluna em relação à terra. Nos transformamos em antena de envio e captação de energias. Isso só foi possível graças a uma estrutura pélvica única. O segmento pélvico possui o osso sagrado — o sacro, que os antigos acreditavam ser o osso indestrutível, e do qual poderia renascer um novo homem.

O símbolo de poder combina com a energia de autoafirmação para o mundo, relacionado a esse segmento. Infelizmente, costuma ser o segmento mais profundamente bloqueado. Não se sabe exatamente quando foi o início desse processo de castração, de quebra do fluxo saudável de energia, contudo, a história leva a crer que o bloqueio pélvico tem muito a ver com o início das relações de poder entre os seres humanos. Os estudos comparados do homem com seus parentes primatas mais próximos, especialmente os chimpanzés e bonobos (chimpanzés-pigmeus), mostra que as relações de poder podem ser estabelecidas de maneira muito diferente, e que o primeiro impulso de poder e pelo poder está intimamente relacionado à sexualidade.

Em pleno século XXI, a sexualidade ainda é vista como tabu para a grande maioria das pessoas. A propriedade de aprender por imitação e repetição faz com que o ser humano, de certa forma, esteja encontrando sérias dificuldades para alterar tais limitações, e assim, resolver definitivamente as relações doentias de poder. Se não presenciarmos, como iremos aprender? As referências sexuais em nossa sociedade têm sido fornecidas, em grande dose sua maioria, por meio da pornografia (e suas estereotipias), ou de uma educação sexual "asséptica", desconectada do plano afetivo.

Bloqueada, a sexualidade torna-se uma fixação mental, consciente ou não, ocupando a mente de modo constante. Como o cérebro não consegue superar a repressão/tabu, estabelece-se um padrão de desequilíbrio interior de grande impacto. Nesses casos, é difícil verificar até que ponto o impulso sexual bloqueado influencia no comportamento e ações individuais.

A liberação do fluxo de energia pelo segmento pélvico permite que o indivíduo seja autêntico. Uma vez que isso aconteça, satisfaz-se sua necessidade primária (a emissão saudável dos impulsos naturais). Viver para satisfazer a opinião dos outros, ou se preocupar constantemente com o que os outros pensam a seu respeito, deixa de ser um problema. Conectado à energia primária da vida, o medo da morte e da mudança não são capazes de perturbar o indivíduo.

Numa linguagem psicanalítica, considera-se o hábito de quem está sempre preocupado com o que os outros vão pensar como uma incessante busca pelo pênis*. O indivíduo estabelece que o poder está no outro, e não em si. Passa então a observar compulsivamente o pênis-poder simbólico alheio, e tenta copiar os padrões de comportamento de quem o tem, para se tornar o mais parecido possível e até mesmo fazer os outros acreditarem que ele é detentor desse poder.

Este desequilíbrio acontece na grande infinidade de pessoas que apenas repetem o que ouviram, nas que pensam constantemente no que os outros vão pensar, assim como nas que seguem a ditadura da moda e dos modos.

Este segmento em desequilíbrio pode ainda ser consequência de problemas no relacionamento com as gerações passadas (pais, avós etc.), em especial com as figuras que mais fortemente representam os referenciais masculinos e femininos adquiridos na infância.

Tais bloqueios podem originar biopatias** que incluem todo o tipo de problemas sexuais, além de possíveis ínguas ganglionares, hérnias, cistites, hemorroidas e problemas nas pernas.

Pessoas que precisam iniciar um processo de liberação deste segmento podem fazê-lo através de movimentos dos membros inferiores.

---

* Enquanto representação de poder.

** Biopatia é o conceito reichiano de que as doenças estão ligadas aos bloqueios de energia ocasionados pelas couraças musculares. Estas, por sua vez, são uma resposta do sistema nervoso às diversas formas de sofrimento psicológico.

Atividades que utilizem os pés como meio de descarga explosiva serão altamente benéficas: futebol, taekwondo e natação, por exemplo.

Encarar tabus, preconceitos e relações de poder deverá desencadear um processo que deve ser e será lento, mas que devolverá o indivíduo a uma esfera muito ampla de serenidade, tranquilidade e fluidez energética.

Chakras e Couraças

Os segmentos onde as couraças se instalam e os chakras não chegam a ser sinônimos, mas tudo leva a crer que, de certa forma, esses segmentos são como uma redescoberta ocidental dos chakras, da mesma maneira que o orgón ou orgônio é a redescoberta do Ki ou Prana.

Aparentemente, as couraças se comportam como reflexos físicos (de natureza neuromuscular) ocasionados por bloqueios diversos: emocionais, psíquicos e energéticos. Essa natureza é diretamente influenciada pela bioenergia. A bioenergia conceituada por Reich, no entanto, não possui relações com a energia ou dimensão dos chakras ou dos meridianos. Provavelmente estamos falando de aspectos multidimensionais do homem, como defende a física quântica. E nesse caso todas essas "energias" estão profundamente ligadas, de tal sorte que por vezes torna-se difícil distingui-las.

As posições dos 7 segmentos de couraça descritos por Reich não são idênticas às dos 7 chakras básicos. Contudo, um estudo pormenorizado irá revelar e confirmar a importância energética do relacionamento dos dois sistemas. Os chakras acrescentam às couraças a ideia de "subsegmentos", ou "subtons de padrão energético". Trazem ainda luz à ligação quântica do Universo (macrocosmos) com o ser humano (microcosmos).

CHAKRAS E SEGMENTOS SOMATOPSÍQUICOS

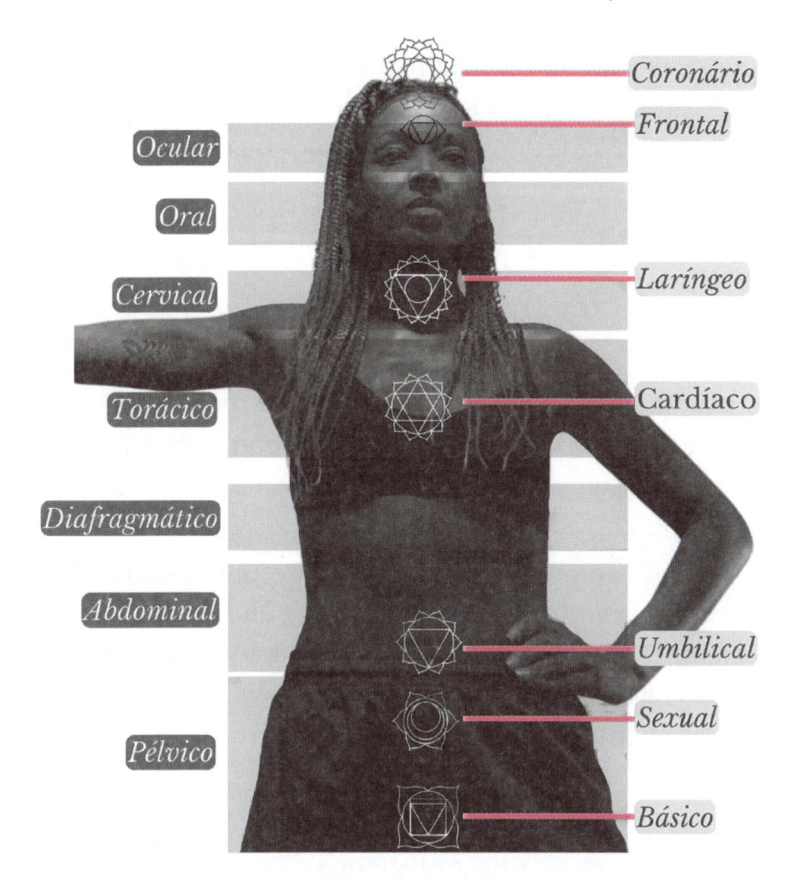

Ocular — *Coronário*
Oral — *Frontal*
Cervical — *Laríngeo*
Torácico — *Cardíaco*
Diafragmático
Abdominal — *Umbilical*
— *Sexual*
Pélvico — *Básico*

| Chakra: Coronário |
| Segmento: Ocular |

O chakra coronário está intimamente ligado à espiritualidade. Os estudos reichianos não se prestavam a compreender ou justificar uma porta humana para "outro mundo", ou qualquer congênere que abordasse a espiritualidade. Assim, é quase impossível traçar uma relação entre o chakra coronário e os anéis de couraça. De qualquer forma, o segmento ocular também pode estabelecer comunicações com o inconsciente coletivo, provocar "insights", e assim sofrer influência direta do chakra coronário. Há ainda um chakra auxiliar, chamado de soma chakra, que estaria localizado no meio do cérebro, e seria a sede do altruísmo humano. Tal chakra pode estar associado ao Eu Superior, de que fala o coronário, e situa-se na faixa superior do segmento ocular. Pode ser inclusive um elemento de conexão entre a força ocular/frontal e a força coronária/espiritual. A maioria dos autores prefere deixar essa comparação de fora.

> **Chakra: Frontal**
> **Segmento: Ocular**

A energia do chakra frontal se expande por toda a fronte, cérebro, cerebelo e glândulas anexas. Se, de um lado, o segmento ocular origina o sistema nervoso, por outro, o nome original do chakra frontal — Ajna — refere-se à "autoridade", ao "comando".

Vejo essa região como o "joystick" do espírito, que coloca sua "mão" no aparelho a partir do centro da cabeça (cérebro), animando o corpo como uma marionete. O frontal então interfere diretamente na natureza do segmento ocular, e assim, um bloqueio nesse chakra estará contribuindo para o encouraçamento deste segmento.

> **Chakra: Laríngeo**
> **Segmentos: Cervical e Oral**

O hábito de ver as representações gráficas dos chakras posicionados sempre à frente do corpo, muitas vezes confunde os iniciantes desse estudo. A comparação da natureza cósmica com a humana nos dá a pista de que os chakras se dispõem ao longo do corpo humano como esferas de energia, com sua circunferência interferindo no corpo tanto em sua parte anterior quanto posterior. A parte superior de um chakra sofre influência do chakra imediatamente acima, e a parte inferior o mesmo, em relação ao chakra imediatamente abaixo.

O local por onde a energia do chakra laríngeo passa apresenta duas couraças que subdividem a musculatura em pontos de tensão. Reich, que sempre procurava estabelecer correlações exatas com a anatomia humana, citou a couraça cervical e apontou suas funções ao nível cerebelar (coordenação, motivação), e a couraça oral e a relacionou com as funções das cordas vocais e do aparelho bucal (fala, deglutição etc.).

Em relação à função de verbalização, é interessante citar um pequeno e menos conhecido chakra apontado na teoria ayurvédica o Manas chakra. Este pequeno chakra localiza-se na base do cérebro e é um vórtex de energia auxiliar ao laríngeo.

> **Chakra: Cardíaco**
> **Segmento: Torácico**

O caminho do entendimento humano, entre Ocidente e Oriente pode estar nesse chakra. As teorias chinesas, indianas, ocidentais e muitas outras, convergem em relação a essa região do corpo. Se, para as teorias reichianas, o cardíaco é a sede da identidade humana, o mesmo se dá na visão da medicina chinesa com o Meridiano do Coração e com o chakra cardíaco da visão ayurvédica. Descartes, em seu escrito sobre "As paixões da Alma", fala do coração como instrumento de amor e o grande acionador do corpo, através do comando do cérebro:

"As paixões da alma são sentidas no coração graças ao movimento dos "espíritos animais" (circuitos energéticos) que ligam o coração à glândula cerebral (pineal)."

> **Chakra Auxiliar: Plexo Solar**
> **Segmento: Diafragmático**

A partir dessa altura do corpo, passa a haver muita divergência teórica entre os diversos autores que escrevem sobre chakras. Isso acontece por não darem a mesma importância aos diferentes chakras. O chakra do plexo solar relaciona-se com o diafragmático e revela os pensamentos em sua fase final, produto entre memória e processamento físico/cerebral/racional, emoções, e espírito (energia).

> **Chakra: Umbilical**
> **Segmento: Abdominal**

O chakra umbilical também oferece uma grande convergência de funções com as demais teorias energéticas, dos segmentos de couraça aos Haras, e mesmo aos Meridianos e Zang-Fu, embora não tanto quanto o do Coração. O chakra cardíaco movimenta-se e abre as comportas do corpo físico para a energia da terra através dos alimentos, do contato físico/social, do sexo. Relacionado à absorção de energia e nutrição, este chakra tem uma forte relação com o corpo. A ciência diz que 90% dos distúrbios do trato gastrointestinal exibem componentes emocionais. Para a visão energética do Shiatsu Emocional, o problema é relacionado ao encouraçamento deste segmento. Essa couraça estrangula a passagem de energia pelo segmento, o que, por sua vez é consequência de um mal estar emocional e existencial: a má relação psicológica com o TER (virtudes, bens materiais, oportunidades etc.).

> **Chakras: Sexual e Básico**
> **Segmento: Pélvico**

A região pélvica, delimitada pelas bordas ilíacas acima, e pela região isquiática, mais abaixo, abriga o símbolo da necessidade humana do Outro (mecanismo sexual de atração ao/pelo Outro), e do Eu (mecanismo sexual de individuação/reconhecimento do Eu). De início já compreendemos que, na trajetória que dá origem aos chakras como um sistema caudal-cefálico*, a mensagem de primeiro sermos unidade (Eu/base), para em seguida partirmos para o nós (Outro/sexo), ou seja, a busca pelo outro, é o meio de expansão do Eu.

---

* Isto é, contam-se os chakras do Básico na direção do coronário, de modo invertido ao dos segmentos somatopsíquicos onde se formam as couraças, que é céfalo-caudal.

O chakra básico, como dissemos, fala de si, da paixão pela Vida e por essa identidade única e temporal. Energiza, assim, a porção mais baixa do tronco, e se relaciona com o segmento pélvico em dupla relação: em condição harmoniosa, o chakra básico pode evitar a formação, e certamente facilitará a mobilização da couraça pélvica; por outro lado, a couraça pélvica irá proteger o chakra básico.

O chakra sexual, entretanto, fala de sobrevivência, não de si, mas da vida perpetuada pelos filhos, pelas gerações, pelo novo que mantém o *continuum* — a impermanência fluindo pelo universo. Essa impermanência revela igualmente nossa condição de imperfeição, de sermos inacabados se apenas somos "Eu". É no encontro com o outro que compreendemos isso, e é essa a experiência, sempre passível de inesperados e surpresas que nos tornará mais aptos a lidarmos com nossas limitações e desfrutarmos de nosso papel complementar ao outro.

Reich percebeu a pelve como o mais sagrado e, ao mesmo tempo, o mais lacrado dos invólucros corporais, aquele que contém o código secreto para a felicidade singela, para a proximidade com Deus, para a solução definitiva para todos os nossos desejos. Descoberto esse segredo, a harmonia se torna algo muito maior do que o desequilíbrio. Desvelá-lo, porém, parece ser o verdadeiro "decifra-me ou te devoro" da práxis terapêutica atual.

O autor indica que este "baú do tesouro" precisa ser aberto da maneira correta, a partir da re-harmonização cuidadosa e progressiva das demais estruturas encouraçadas. Esse mecanismo de "desarme" lembra o fictício aparelho de Leonardo da Vinci — o cryptex —, descrito por Dan Brown em seu "O Código Da Vinci" como portador do mais temível segredo da doutrina cristã. Através da compreensão da importância da energia da pelve, a noção da couraça reichiana, inclusive assume um significado mais amplo: agora ele passa de vilão "aquele que bloqueia", a herói "aquele que protege".

Uma região pélvica desencouraçada indica a livre passagem da energia da terra para o resto do corpo. Em termos práticos, isso revela uma pessoa dinâmica, ativa e segura de si, capaz de relacionar-se e manter vínculos estáveis, profundos e duradouros.

Couraças e a Circulação de Ki

Os Meridianos se relacionam com os anéis de couraça da mesma maneira que se relacionam com os chakras: assim como em relação aos chakras, a psique é o parâmetro relacional entre essas duas estruturas energéticas.

As couraças interferem no fluxo de Ki dos meridianos, e podem ser vistas como reflexo desse fluxo. Meridianos originados na altura do segmento torácico, como o Coração, Circulação-Sexo e Pulmão, estão mais diretamente associados do que Meridianos que apenas passam por ali, como o do estômago.

Os segmentos cervical, oral e ocular revelam a força Yang da parte superior do corpo, e com toda a sua expressão ganham vitalidade dos 6 canais Yang. O mesmo acontece com o segmento ocular. Vemos aqui o surgimento dos Meridianos da Vesícula Biliar, Estômago e Bexiga.

A linha oral recebe o canal da Vesícula e um de seus pontos mais importantes, localizado atrás da cabeça, o VB 20. A couraça compromete a circulação local da Vesícula Biliar, afetando os mecanismos expressivos de inconformismo — por sua vez relacionados à oralidade (expressão do choro). O canal da Vesícula Biliar mantém a importância sobre o segmento cervical, confirmando as afirmações de Navarro sobre este ser o segmento que fala dos instintos de conservação e controle.

No canal ocular observamos brotar os Meridianos da Bexiga e do Estômago, ambos ligados à excitação simpática e à ansiedade. A ansiedade, sentimento comum de bloqueio ocular, pode ser tratada por esses meridianos e vice-versa.

A energia Fu do Estômago contém a mesma simbologia visceral do Meridiano do Estômago e situa-se no anel diafragmático; a sua sintomática é bastante semelhante à de quem possui desequilíbrios do elemento Terra.

Próximo à região abdominal encontra-se, mais uma vez, a Vesícula Biliar. Seu Meridiano domina a condição da realização e da satisfação, aspectos ligados à função abdominal. A não realização irá estagnar a energia da Vesícula Biliar e iniciar o processo de enrijecimento da próxima couraça, a diafragmática, deixando no indivíduo a sensação de que as coisas "precisam ser resolvidas" mas nunca se resolvem.

VISÃO DE EQUILÍBRIO E DESEQUILÍBRIO DE DIVERSAS TEORIAS PSICOLÓGICAS

O equilíbrio e o desequilíbrio são apenas etapas de um movimento maior. Toda a existência está sujeita ao constante ciclo de equilíbrio-desequilíbrio, à impermanência.

Há estruturas emocionais pré-concebidas, e outras desenvolvidas ao longo da vida, que realçam ou criam pontos fracos nas pessoas. Estas passam a estar sujeitas a um certo padrão de desequilíbrio, de acordo com a base que foi criada durante a formação da personalidade. Ou seja, a personalidade torna-se fixada a uma estrutura construída, e passa a apresentar tendência à desestrutura emocional em pontos específicos (órgãos, funções fisiológicas, emoções etc.).

Sistemas de Compreensão da Psicossoma

Para estudar esses padrões, seu surgimento, suas consequências e possíveis tratamentos, os pesquisadores criaram diversos sistemas de compreensão, atrelados sempre à luz de suas próprias teorias, experiências e descobertas. Variando de nome de acordo com seus autores, esses sistemas podem ser chamados de estruturas de caráter, padrões psico-físicos, sistemas arquetípicos, ou, simplesmente, caráter. Uma definição ampla e completa pode ser: "sistemas de compreensão por conjuntos de padrões da psicossoma humana".

Segue uma tabela comparativa com os diversos sistemas. Nem todos foram concebidos com nomes. A sua denominação (base teórica) foi criada para facilitar o aprendizado. Mais voltados ao referencial psíquico, ou a analogias mais corpóreas, os sistemas de compreensão relacionam a mente com a maneira com que estruturamos os papéis corporais, a postura, etc. ao longo da vida:

AUTOR	BASE TEÓRICA	TIPOS PSICOLÓGICOS
C. G. Jung	Relação do eu interior como o exterior	Pensativo Extrovertido Pensativo Introvertido Sentimental Extrovertido Perceptivo Extrovertido Perceptivo Introvertido Intuitivo Extrovertido Intuitivo Introvertido
Sigmund Freud	Desenvolvimento da personalidade, o inconsciente e papel do inconsciente na psique	Obsessivo Narcisista Erótico Erótico narcisista Narcisista obsessivo Erótico obsessivo
Wilhelm Reich	Análise do caráter	Genital Neurótico Histérico Compulsivo Fálico-narcísico Masoquista
Stanley Keleman	Realidade somática (padrões de distresse somático)	Estruturas overbound e underbound Rígida Densa Inchada Em colapso
John Pierrakos	Pulsação da Vida	Caráter oral Masoquista Esquizóide Psicopático Rígido
David Boadella	Psicossoma embriológica	Ectoderma Endoderma Mesoderma

As culturas dos povos também criam arquétipos baseados em crenças e religiões e/ou filosofias e medicinas.

Alguns exemplos de sistema de compreensão usados pelas medicinas tradicionais se encontram no próprio arcabouço teórico de medicina tradicional chinesa ao compreender o corpo através da bipolaridade (Yin-Yang) e sua expressão de movimentos (5 elementos e Meridianos consequentes); Além desses, temos os "biotipos" de Hipócrates, os doshas hindus etc.

As religiões e a comunicação transcendental (como os oráculos) tradicionais, também revelam interessantes estruturas arquetípicas: os signos astrológicos, os Guás do I Ching, os arcanos do tarô, os orixás das tradições religiosas afro-brasileiras, os totens familiares dos índios norte-americanos.

Os arquétipos ou estereótipos devem ser sempre tratados como conceitos subjetivos. A objetividade limita a complexidade do ser e atrapalha qualquer análise nesse sentido, transformando uma ferramenta terapêutica de grande relevância em mera teoria de rótulos.

Justamente pela subjetividade, podemos encontrar contradições entre muitas dessas teorias, mas também convergências. No Shiatsu Emocional procuramos as convergências, tudo o que segue em direção à Vida e ao equilíbrio. Aconselhamos o leitor a estudar algumas dessas teorias e a buscar as lições de cada uma delas.

Saiba mais sobre
Reich e as psicoterapias corporais

PARTE 2

Shiatsu Emocional

"O Shiatsu Emocional nos aproxima da energia primal."

Arnaldo V. Carvalho

PRINCÍPIOS

Estudamos a origem do Shiatsu e a pedra fundamental de suas teorias (o Tao e o Sistema de Circulação Energética). Aprendemos um pouco sobre as teorias ocidentais e suas motivações, e como o desequilíbrio se manifesta em Meridianos e chakras. Vamos agora abordar o tema central deste livro, especificamente o pensamento e a prática que caracterizam o Shiatsu Emocional.

O Shiatsu Emocional é composto basicamente por um conjunto de atitudes perante a vida e por um conjunto de princípios de atuação durante as sessões terapêuticas. O conjunto de atitudes perante a vida revela a profunda ligação da prática com o cultivo do autoconhecimento e o equilíbrio interior.

A prática é a expressão do conteúdo interior dos praticantes. Se a vida interior é profunda e tranquila, a prática será profunda e tranquila. A prática necessita da busca interior, do mesmo jeito que a busca interior se manifesta na prática.

Os fundamentos mais importantes da prática se resumem no que chamamos de "Os 7 Preceitos do Shiatsu Emocional", complementados posteriormente com questões que envolvem as diferentes dinâmicas de tratamento.

Os 7 Preceitos do Shiatsu Emocional

① **Cuidar-se para poder cuidar. Atitude zen com o mundo, reverência à vida e trabalho terapêutico e de autoconhecimento constante.**

② **Estar consciente do poder do olhar, treiná-lo e utilizá-lo com sabedoria.**

③ **Estimular o toque afetivo.**

④ **Criar e recriar novas situações e bases emocionais.**

⑤ **Priorizar o horário de tratamento ideal.**

⑥ **Estimular sempre a integração dos 5 sentidos.**

⑦ **Atenção integral ao interagente durante todo o tratamento.**

① **Cuidar-se para poder cuidar. Atitude zen com o mundo, reverência à vida e trabalho terapêutico e de autoconhecimento constante.**

Como diz o haicai de Bashô*, "a vida é um relâmpago". Por sua raridade, intensidade e força, a reverenciamos. Atitude Zen com o mundo implica estabelecer uma relação de compreensão mesmo com as forças que se mostram antagônicas às nossas ações. Sentimos no obstáculo a graça do desafio. Percebemos em nossas imperfeições a possibilidade real de autoaperfeiçoamento, a possibilidade de crescer.

Nos cursos e atividades relacionados ao Shiatsu Emocional, o praticante é orientado a desenvolver-se, promovendo sua evolução enquanto ser humano.

Essas atividades podem ser estilos diversos de terapias; participação em um grupo de debates ou mesmo a prática de uma arte marcial. Em todos os atos da vida é possível obter autoconhecimento, desde mexer na terra à meditação. O importante é o que você faz com as atitudes que você toma.

---

* Matsuo Bachō (1644-1694) é considerado "o pai" da poesia Haicai. Ver: https://pt.wikipedia.org/wiki/Matsuo_Bash%C5%8D

② **Estar consciente do poder do olhar, treiná-lo e utilizá-lo com sabedoria.**

O olhar é uma das ferramentas mais poderosas do terapeuta de Shiatsu Emocional. Entre um olho e outro existe a verdade. Quando duas pessoas se olham, conseguem de alguma forma tocá-la. Isso abre os seres envolvidos no processo do olhar consciente que os conecta com uma nova dimensão.

> Uma sessão prática de Shiatsu Emocional começa sempre com o olhar consciente.

A técnica do olhar consciente compreende diferentes atos mentais presentes no olhar:

1. *Permitir o olhar do outro*. No primeiro momento, o olhar do terapeuta está aberto à inspeção do olhar do outro. Isso mostra que o interagente poderá confiar nele.

2. *Transmitir o olhar de força-harmonia.* Buscar a sua força interior mentalizando o quão grande é você e todo o amor que possui de modo que o outro perceba.

3. *Olhar fixo de comando/pedido para o centro dos olhos, entre as sobrancelhas.* Com serenidade, mentalizar que será iniciada uma sessão terapêutica capaz de produzir mudanças harmoniosas na pessoa que a receberá e pedir que ela se abra. Confirmar o seu respeito e dedicação integral ao paciente.

4. *Olhar de relaxamento.* Ao despedir-se, avisar com os olhos, finalizando com um piscar lento e terno.

> O olhar consciente é o *chi kung** do olhar.

---

* *Chi Kung*, literalmente, significa "cultivo da energia vital" e se refere a uma família imensa de práticas energéticas com base, especialmente, no movimento corporal).

③ **Estimular o toque afetivo.**

O Shiatsu Emocional é uma terapia de toques afetivos. A energia de que falamos ao longo deste livro tem no amor a sua expressão máxima de força. O toque afetivo é um toque de amor. Todos querem e precisam de amor. E todos têm amor para dar, porque todos podem tocar.

Quando a criança pequena ainda está na fase do colo é tocada o tempo todo, especialmente em momentos muito especiais como o banho, a hora de dormir, a hora de espantar o medo, o tédio, a raiva ou a solidão — quando ela é confortada ao colo. O toque amoroso tem o poder de equilibrar. É como uma energia inteligente que preenche nossas brechas interiores, harmonizando o organismo e todas as emoções.

> Os praticantes de Shiatsu Emocional buscam manter contato e treinam o toque afetivo como uma prática consciente. Gostam de abraçar, de encostar a mão no ombro do amigo, de dar a mão ao outro. E estimulam todos à sua volta a fazer o mesmo, permitindo inclusive ser tocados.

④ **Criar e recriar novas situações e bases emocionais.**

As bases emocionais do ser humano funcionam como uma grande bússola. Constantemente nos mantemos em saborosa observação de nós mesmos. Perguntamos: "Essa minha escolha, certa ou errada, tem a ver com os referenciais que, sem querer ou querendo, adquiri ao longo da vida?".

Renovar esses referenciais é essencial para encontrarmos o equilíbrio. Enquanto houver renovação, haverá vida.

> Quem aprende Shiatsu Emocional torna-se atento à importância do processo de se transformar.

Mudança representa movimento. Quem busca o novo em seu interior sintoniza-se com o movimento da vida de maneira mais consciente do que quem não o busca, porque a vida é movimento, gostemos ou não. Tal como deixar-se levar pela corrente de um rio: podemos escolher nos desviar mais para um lado ou mais para o outro, mas nunca ir contra o fluxo. Quem resiste e tenta voltar vai ficando para trás, próximo do parado, será arrastado e não terá opção de se acomodar de maneira harmoniosa na corrente. O movimento do rio representa o movimento da vida em relação ao novo, à renovação, à impermanência. Você escolhe se quer resistir e ficar desconfortavelmente para trás — gastando energia à toa, pois é inútil — ou seguir com a corrente escolhendo as melhores posições possíveis.

⑤ **Priorizar o horário de tratamento ideal.**

A cronobiologia não é uma ciência nova. Não obstante, é uma ciência negligenciada. Hoje sabe-se que certos remédios para o coração e o sistema nervoso, entre outros, possuem um desempenho multiplicado dependendo da hora do dia em que forem tomados. O corpo humano tem um ritmo definido e os chineses já sabiam disso há pelo menos 5.000 anos... Eles perceberam que a energia se manifesta com mais intensidade em cada meridiano de acordo com a hora do dia, ou a posição do sol.

Terapeutas que desejam usar o Shiatsu Emocional devem respeitar os seguintes aspectos:

A – Evitar sessões terapêuticas no horário do Coração (entre 11 e 13h), salvo em casos muito peculiares.

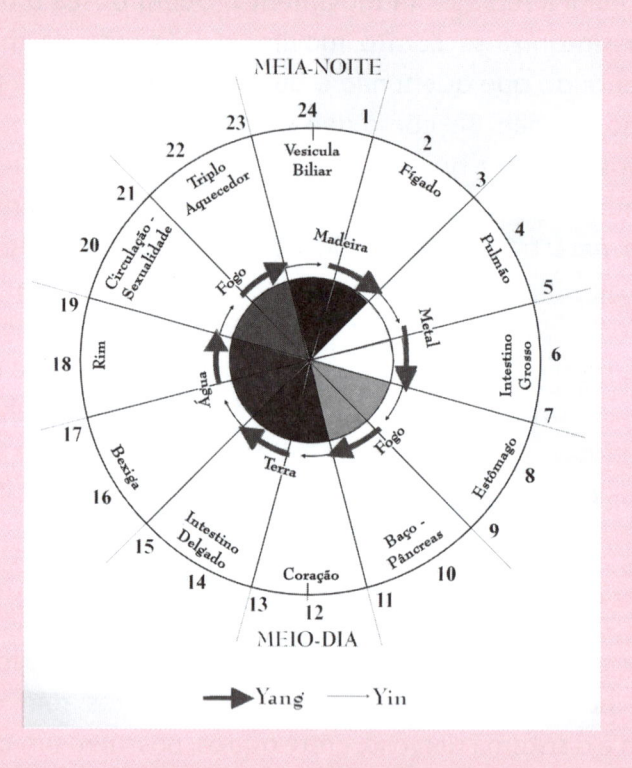

B – Após o primeiro atendimento, devem orientar o interagente a fazer o tratamento na hora do Meridiano que mais precisa ser trabalhado. Caso isso não seja possível, o interagente deve ser orientado a observar com atenção o seu estado psicoemocional no horário em questão, se possível dando uma pequena pausa em seus afazeres. Nesta, efetuará respirações (descritas na p. 176) e visualizações específicas.

> C – O terapeuta deve re-conhecer e respeitar o seu próprio ritmo biológico, que precede as leis dos Meridianos, assim como ficar atento a possíveis variações momentâneas no próprio ritmo — cada ser é único, e cada momento também o é.

⑥ Estimular sempre a integração dos 5 sentidos.

Quer seja numa sessão, ou em situações cotidianas, o praticante de Shiatsu Emocional deve buscar sempre a integração dos seus sentidos.

Uma sessão de Shiatsu Emocional poderá atingir todos os sentidos humanos: olfato, visão, audição, paladar, tato, intuição ("sexto sentido"). Assim, procuramos criar um ambiente confortável com cores suaves para que o impacto visual seja de calma e tranquilidade; exercer o olhar consciente; utilizar músicas capazes de sensibilizar para a mudança de energia que irá acontecer durante a sessão; usar óleos essenciais pois atuam na psique pela via olfativa; oferecer chás ou sucos e afins com propriedades relaxantes e desintoxicantes. Finalmente, devemos tocar o corpo do outro. Tudo isso somado leva o interagente ao estado de conexão com o Sagrado, que se manifesta através do sexto sentido, o sentido oculto, extra, comum a todos nós. Este sentido é de natureza mediúnica, ou seja, ele intermedia a relação do nosso ser individual com o Todo.

⑦ Atenção integral aos seus interagentes durante todo o tratamento.

No Shiatsu Emocional praticamos a doação concentrada. No momento dedicado à prática, deixamos nossas vidas de lado. Passamos a ser um pedaço do outro, tão importantes e ligados a ele como seus braços e pernas. Somos, nesse momento, um instrumento da evolução do outro. Precisamos ter consciência disso.

O mundo atual é recheado de problemas e situações estressantes e nós somos impelidos a pensar neles constantemente. Pensar neles, por sua vez, é pensar no EU e isso nos afastará do OUTRO.

Este é o sétimo preceito. É o último justamente para lembrar que eles não existem para restringir sua prática, mas para nortear sua busca através do Shiatsu Emocional. Lembra que o importante não é fazer força, é fazer sempre.

Por isso, quando durante uma sessão de Shiatsu Emocional percebermos que a nossa mente foi para longe do encontro, simplesmente respiramos, recuperamos o foco e voltamos a nos observar como parte do processo do outro, continuando o trabalho com todo o amor, sem culpas.

FUNDAMENTOS

Relação terapeuta-cliente

O terapeuta de Shiatsu Emocional acredita nos vínculos afetivos como um potencializador do equilíbrio. As terapias tradicionais encaram qualquer vínculo entre terapeuta e cliente como um entrave ao tratamento. No Shiatsu Emocional acreditamos que este problema é inexistente se o terapeuta seguir corretamente cada preceito terapêutico do sistema. Estar em constante contato consigo mesmo e com o processo de regulagem, através de terapia e interesse pelo autodesenvolvimento, faz o terapeuta ser capaz de estabelecer um vínculo único e novo a cada sessão. Shiatsu Emocional é, em última instância, uma terapia de reabilitação de vínculo entre os seres, que vai de encontro à ideia de humanidade como unidade familiar (esta segmenta-se organicamente, até seus menores grupos, o das famílias nucleares). Cada encontro onde o Shiatsu Emocional acontece, inclusive, abre energeticamente uma oportunidade para a família resolver os seus conflitos.

🔔 O Poder do Abraço

O abraço traz a força que preenche espaços eventualmente deixados durante o atendimento terapêutico, e consagra a conexão. Livres na circulação de seus Meridianos, os praticantes preenchem-se de energia afetiva, de luz, e estão prontos para um contato físico final, de reconhecimento e gratidão mútua. Por isso somos afeitos ao abraço, e finalizamos sempre um momento de Shiatsu Emocional com um abraço.

🔔 A Água

Sessões de Shiatsu Emocional começam e terminam com terapeuta e cliente bebendo um copo de água. O ideal é uma água pura, de fontes naturais (água mineral), mas não é imprescindível. Podemos usar ainda o poder de certos óleos essenciais para aromatizar a água. Os óleos de hortelã e limão são os mais indicados por serem seguros e de fácil aceitação (instruções de uso no ANEXO A (p. 273). Esses dois óleos essenciais ajudarão também a eliminar sinais de negatividade e a abrir os praticantes para as mudanças. A água recupera a permeabilidade energética interna e comunicativa dos Meridianos e facilita a harmonização promovida pela sessão de Shiatsu. No plano simbólico, ela remete à renovação, ao movimento e à limpeza, além de remeter à origem da Vida terrestre e humana.

🔔 Diagnóstico

É a combinação do que o interagente que recebe Shiatsu expressa (verbalmente ou não-verbalmente) com aquilo que o terapeuta sente no corpo da pessoa. Ouvir o corpo é a base formuladora e confirmadora de todo o tratamento com Shiatsu Emocional. Já dizia Ohashi: "Diagnosticar tratando, tratar diagnosticando".

O DIAGNÓSTICO PELO TOQUE

Os mestres orientais aprenderam a ser sutis ao diagnosticar pelo toque. Certas regiões do corpo acumulam certos tipos de experiência, e para a prática do Shiatsu Emocional essa percepção é fundamental.

No Shiatsu Emocional, o toque é o guia. Quando sentimos o corpo do outro, o nosso próprio funciona como um sonar em um navio: envia notas energéticas, e recebe o feedback. Em cada ponto, envia e recebe uma impressão de ser e viver. Mas o sistema é ainda mais poderoso: a cada avaliação, o corpo do terapeuta responde, enviando sinais de correção para que o outro corpo se harmonize.

Cada região do corpo tem histórias próprias e mistérios que se descortinam diante das mãos. Como se fossem velhos amigos, as diferentes partes do todo-outro falam sobre a vida pregressa e todas as suas experiências, vida e morte, prazer e dor...

As mãos do terapeuta de Shiatsu Emocional aprenderam a desfazer as marcas negativas que ficaram registradas no corpo do outro. O tratamento e o diagnóstico são dados por essa "conversa de velho amigo" à medida que a comunicação avança, conforme ele vai tocando.

Esse conhecimento não verbal sobre o corpo e suas impressões e expressões deu origem a mapas bastante precisos de leitura corporal que ajudam a nossa mente a entender o que a mão está sentindo. Alguns desses mapas são milenares, como o dos meridianos da medicina tradicional chinesa, outros são modernos como o da auriculoterapia de Huan Li Chun. O ser humano vem descobrindo cada vez mais a complexidade do universo representativo das partes sobre o todo e do todo sobre as partes. Mencionamos, a seguir, mapas complementares, que ajudam a sistematizar as práticas do terapeuta de Shiatsu Emocional.

Mapas reflexológicos de leitura corporal pelo toque

Existem muitos mapas de leitura corporal. Eles mostram o que acontece em cada região do corpo, e nos ensinam a que outras regiões e aspectos do ser humano eles podem estar relacionados.

Alguns mapas podem ser lidos com os olhos, como o mapa iridológico (usado como ferramenta de diagnóstico da naturologia e da iridologia) ou o da língua (usado por diversas medicinas tradicionais). Outros precisam ser "lidos" pelo tato, como é o caso do mapa reflexológico do pulso ou do Hara (abdome).

A diversidade de mapas é imensa. Podemos classificá-los entre mapas visuais ou táteis, e também entre mapas largos ou estreitos. Os mapas largos representam sistemas reflexológicos de grandes áreas do corpo, como o das costas, do Hara (abdome), e o mapa dos chakras e dos meridianos. A maioria desses mapas representa o tronco. Mapas curtos são os referentes a áreas pequenas, como o da orelha, da língua, da íris, dos pés ou das mãos.

O Shiatsu Emocional usa mais mapas táteis e largos. O leitor que nos acompanha desde o início deste livro já teve a oportunidade de conhecer os meridianos que compõem o mapa da grande circulação energética; os chakras e as couraças, com um mapeamento comparado entre esses sistemas. Vamos apresentar agora os Pontos Shu, conectados ao Meridiano da Bexiga; eles atuam diretamente sobre os demais Meridianos, e funcionam como uma "reflexologia das costas"*.

---

* Há mapas reflexológicos também para a área das costas. Os pontos Shu constituem apenas uma alternativa simples e funcional.

Pontos Shu
(Pontos de comando ou de assentimento)

A utilização dos pontos Shu das costas pode otimizar o resultado de um tratamento. Ao pressioná-los, é frequente haver dor nos pontos associados aos meridianos desequilibrados. É uma forma simples de agir e tem extrema eficiência. É possível iniciar um movimento de reequilíbrio no meridiano a partir do seu ponto correspondente na bexiga. Esse é um dos motivos que torna comum iniciar os tratamentos baseados na MTC a partir das costas.

PONTOS SHU DAS COSTAS

- T3-T4 — *Pulmão*
- T4-T5 — *Circulação-Sexo*
- T5-T6 — *Coração*
- *Fígado*
- T9-T10 — *Vesícula Biliar*
- T10-T11 — *Baço Pâncreas*
- T11-T12 — *Estômago*
- T12-L1 — *Triplo Aquecedor*
- L1-L2 — *Rim*
- L2-L3 — *Intestino Grosso*
- L4-L5 — *Intestino Delgado*
- *Bexiga*

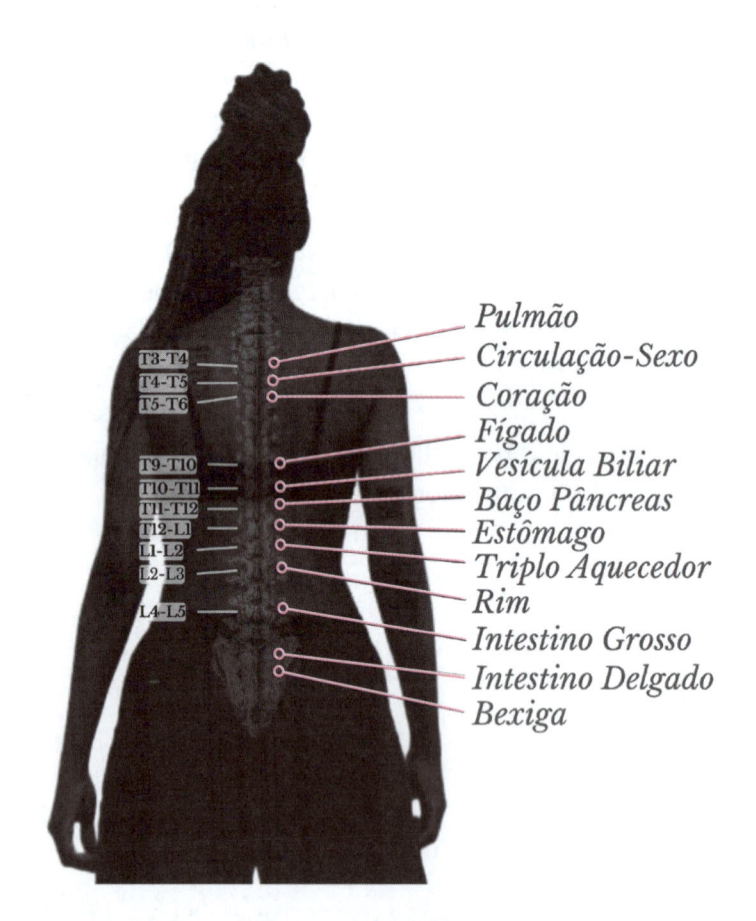

Tipos de toque

O Shiatsu Emocional permite que se adicione à sua técnica todo tipo de movimento de massagem. Contudo, há três tipos de toque que dão base ao trabalho. Todos se baseiam em pressões, e possuem variedade de ritmo de acordo com a intenção do praticante.

As pressões podem ser feitas com os polegares, com a tenar (porção da palma da mão que antecede o polegar) ou com a mão inteira. As pressões do polegar são mais pontuais e requerem maior precisão no toque. Há áreas — que variam de acordo com cada pessoa — onde o polegar se mostrará um pouco agressivo, sendo mais favorável que se utilize uma superfície mais larga como a tenar. Em casos de grande sensibilidade, até mesmo a tenar pode ser considerada uma fonte de pressão violenta. Neste caso, usaremos a palma da mão inteira.

> PRESSÃO:
>
> A – Que vai graduando lentamente e volta, sem parar.
> B – Firme e funda (tradicional).
>
> RITMO:
>
> - Pressões lentas e profundas sedam o excesso de energia.
> - Pressões rápidas e leves estimulam.
> - Pressões médias, compatíveis com um ritmo respiratório pacífico (do atendido), harmonizam e desobstruem os canais. Caso essa forma pacífica (lenta, tranquila) de respirar não esteja acontecendo, o praticante a aplicar Shiatsu utilizará seu próprio ritmo calmo para ritmar suas manobras.

As pressões sempre seguem o fluxo da energia do meridiano.

ÓLEOS, VISUALIZAÇÕES E OUTRAS TÉCNICAS

🔔 Aplicação de óleos

A grande maioria dos profissionais de Shiatsu menospreza o emprego de óleos durante suas sessões.

Há dois argumentos importantes contra o uso dos óleos, e é preciso conhecê-los:

1) *O uso de óleos e cremes de massagem podem atrapalhar o fluxo energético gerado no contato entre terapeuta e interagente.*

   Há uma razão no que diz respeito à origem dessa crença. Os diversos materiais sintéticos e os derivados de petróleo, como a vaselina, o óleo mineral etc., podem interromper esse fluxo devido à sua natureza ser muito densa e provocar o bloqueio da energia. Porém, a natureza nos fornece óleos de grande similaridade e alta permeabilidade energética. São os óleos essenciais, compostos vegetais poderosos e que atuam em sinergia com a energia do Shiatsu.

2) *Muitas linhas de Shiatsu, especialmente por sua popularização a partir de regiões frias do hemisfério norte, realizam suas práticas com o interagente completamente vestido, isto é, comumente de calças e mesmo blusas de manga comprida.*

   Isso restringe o contato direto com a pele do atendido, e nesse caso, o uso dos óleos torna-se extremamente limitado.

O Shiatsu Emocional dá preferência ao contato pele a pele, na medida do conforto pessoal de ambos os interagentes, e também prima pela busca de uma terapia que interaja com os cinco sentidos. Pelas duas razões, os óleos aromaterápicos são em geral bem-vindos, na ampliação da sinergia dos sentidos e da interação entre os praticantes.

Obs.: Os óleos essenciais mais utilizados estão descritos no Apêndice A (p. 275).

🔔 A percepção do Meridiano pelo interagente Yin

No Shiatsu Emocional, é importante assinalar ao interagente Yin sobre os Meridianos, para que ele possa sentir e reconhecer os canais de energia. Para tanto, pode-se recorrer ao toque associado à visualização, ou pela simples percepção de caminhos doloridos ou tensos, definidos por padrões de desarmonia da pessoa. É o primeiro passo para que ela perceba que está ligada na tomada do mundo. Uma boa dica é pressionar a área ao redor do caminho dolorido, evidenciando que a dor não é provocada pela pressão em si, mas porque a região está com problemas.

🔔 Alongamentos

Alongamentos corporais são utilizados para fazer as correntes sanguínea e energética circularem antes ou após o tratamento, e dependem da hora do dia e do ritmo interno do cliente.

Quando há agitação, ou é de noite, recomenda-se alongar o corpo antes de uma sessão de Shiatsu.

Quando é de dia ou a pessoa está mole, hipotônica, a sessão de Shiatsu Emocional é finalizada com o alongamento.

🔔 Utilização de imagens mentais

No processo de transformação pessoal é de grande valia que a mente ativa participe de todas as etapas do processo. O Shiatsu Emocional utiliza imagens mentais simples, a partir dos conhecimentos de diferentes áreas de meditação, controle mental e cura por imagens. Os detalhes requerem uma explicação que foge aos objetivos deste livro, mas o leitor está convidado a conhecê-los através dos cursos da Shiem — a escola oficial de Shiatsu Emocional — ou complementar com referências encontráveis em Gerald Epstein, do American Institute for Mental Imagery; da organização The Silva Method; ou ainda, das diversas escolas de meditação, yoga e desenvolvimento mental.

O SHIATSU EMOCIONAL E A DOR

Dois tipos de pessoas buscam o Shiatsu Emocional como terapia: a primeira é a que tem dor (física, emocional, ou mista); a segunda é a que busca o desenvolvimento interior a partir de suas experiências de contato com o Outro*.

Em ambos os casos, sempre podemos verificar padrões de desequilíbrio que afetam a estrutura emocional, provocando dor e sofrimento. No Shiatsu Emocional temos profundo cuidado com a dor do outro — seja ela física ou emocional. Não há interesse particular na dor e não iremos provocá-la; contudo, determinados padrões desarmônicos necessitam de toques profundos, e esses, vez por outra, doem. A preocupação, nesse caso, é que a pressão infringida seja sempre a mais suave possível, no limite de ser capaz de restaurar o quadro. O limite de dor deve ser profundamente respeitado, por mais baixo que seja.

No Shiatsu Emocional há pontos onde a dor é considerada natural, outros não. Em certos pontos a dor poderá alcançar o seu limite, em outros o terapeuta não deve deixar isso acontecer.

O terapeuta deve avisar quando pretende aplicar pressão em pontos onde prevê a possibilidade de haver dor, permitindo que o cliente faça uma preparação respiratória e consciente adequada.

As advertências comuns ao cliente são:

"Aqui deve haver dor."

"Aqui a dor é no limite."

"Aqui é sem dor."

(*) Esse é um dos diferenciais do Shiatsu Emocional. Não se trata de um modelo de "autoajuda", ou uma ferramenta de "autodesenvolvimento". O Shiatsu Emocional não pressupõe que as pessoas são seres isolados, nem que "fazer-se por si" é o melhor caminho. A proposta é abrir-se como passagem de descobertas e transformações pessoais a partir das relações humanas, sendo a relação terapêutica um ponto de partida.

As dores, de acordo com sua natureza, sinalizam o tipo de problema. Dores "boas", que dão alívio na região, são sinais de deficiência de energia na área. Dores finas e agudas, mas que passam rapidamente com a respiração, indicam acometimento no Yin da pessoa. Dores que dão choque revelam estagnação ou excesso, assim como as cócegas. Cada Meridiano manifesta a dor de forma mais ou menos padronizada.

RESPIRAÇÕES HARMONIZANTES

Durante anos pesquisei sobre respiração, suas manifestações, comunicações intercorporais e possibilidades. Ao mesmo tempo, a prática do Shiatsu me ensinou que cada meridiano em desequilíbrio manifestava seus desequilíbrios relativos de forma inteiramente distinta dos demais, causando alterações mais ou menos definidas na pessoa. Percebi, ainda, que diante da dor a respiração se modificava, contraindo músculos que fazem parte do entorno da via respiratória.

Aprendi, na observação de crianças pequenas, que elas modificam seus padrões respiratórios de acordo com as emoções que vivenciam, negativas e positivas. Os pequeninos também alteram sua respiração quando produzem acúmulos e descargas energéticas (pela alimentação, por novos estímulos, por seus mecanismos fisiológicos naturais). Compreendi, que em algum ponto remoto da vida em que o organismo é livre de condicionamentos, a respiração é um mecanismo regulador energético poderoso.

Inspirado em minhas observações, e com certa imitação dos padrões de reorganização energética da respiração, passei a sugerir aos meus atendidos certos tipos de respiração específicos para cada Elemento. O resultado foi incrível. Com a respiração dos Meridianos, a dor cessa mais rápido e o padrão de harmonia num trecho do meridiano se recupera imediatamente.

🔔 Respiração FOGO (respiração base)

É a respiração mais comum, utilizada por diferentes estilos de Shiatsu para auxiliar no equilíbrio de um Meridiano. Representa o sopro da vida, o início e o fim. Está relacionada ao Elemento Fogo, e é utilizada no tratamento geral, quando há fraca manifestação de dor (lembrar que o Fogo é o elemento do Coração, que coordena os demais Meridianos). Apenas quando um Ponto pressionado se mostra muito sensível e a dor não cede com essa respiração, utilizamos as respirações específicas para cada um dos demais Elementos.

Na respiração Fogo, inspira-se pelo nariz e expira-se pela boca. A respiração Fogo, tal como a energia do Coração, é a administradora geral de todas as outras. Quando a dor vem forte e imediatamente, usa-se a respiração Fogo com força, emitindo um sopro forte que responda à potência da dor. Quando a dor surge aguda e penetrante, a respiração deverá ser mais longa. À medida em que haja melhora, a respiração torna-se mais lenta e prolongada.

Inspirar... 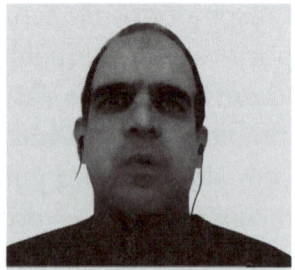   *...Expirar!*

Respiração MADEIRA

A respiração Madeira é muito utilizada na infância, enquanto os bloqueios emocionais ou psicossociais ainda não estão plenamente desenvolvidos. Ela ocorre de forma natural e espontânea diante da frustração. Em geral, a respiração Madeira é seguida de contrações musculares na testa, têmporas e eventualmente músculos dos membros, cintura e tornozelos. Inspira-se de forma rápida e profunda pela boca e solta-se o ar pelo nariz, assemelhando esse gesto ao de "bufar". É uma respiração que logo harmoniza os meridianos Madeira, solta os músculos, libera a raiva e acalma inconformismos.

Inspirar...   *...Expirar: fomm*

🔔 Respiração ÁGUA

A inspiração da Água remete ao escoar incessante da vida e seu ciclo de transformações, das cachoeiras, rios, do urinar e do sopro do mar em direção à praia. A movimentação deste elemento através da respiração alivia dores agudas e penetrantes, libera o parassimpático e reduz as emissões de adrenalina. É uma respiração indicada para harmonizar toda forma de insegurança relacionada ao Meridiano do Rim e à aflição da Bexiga. Nela, inspira-se de forma lenta e prolongada, pelo nariz; já a expiração é fina e o ar sai pelos dentes da frente, produzindo o ruído de um chiado ("Schhhh").

Inspirar...   *...Expirar: shhhh!*

Respiração TERRA

A respiração Terra assemelha-se ao constante ciclo da vida, lento e perene. Ao olharmos para uma montanha não podemos imaginar quanto movimento está sendo produzido ali. A montanha move-se e transforma-se diante dos nossos olhos sem nos darmos conta em movimento incessante, lento e permanente. Esta respiração é feita de forma modular, equalizada. Orienta-se a pessoa a inspirar e expirar com constância, sem pausas entre um ou outro movimento, levando o mesmo tempo e utilizando o mesmo volume de ar ao inspirar e expirar. A respiração Terra redistribui a energia dos canais, desobstrui passagens e coloca as coisas nos seus devidos lugares relativos.

Inspirar... ...*Expirar*

Respiração METAL

O suspiro divino do desapego. O reflexo de suspirar é tão natural como o sono, a morte e as perdas. O deixar sair. Suspira-se após o orgasmo; nos primeiros segundos de mergulho na imensidão inconsciente do sono; na perda de alguém ou de si mesmo; sempre que é preciso abrir mão de algo. A respiração Metal consiste numa inspiração breve e uma expiração longa, preferencialmente bucal. Ela harmoniza a estrutura de caráter relativa aos apegos, aos segredos, às dificuldades de interação com o mundo. Meridianos Metal são facilmente regulados com essa respiração executada durante a prática de Shiatsu Emocional ou feita de forma consciente uma vez ao dia, quando for necessário.

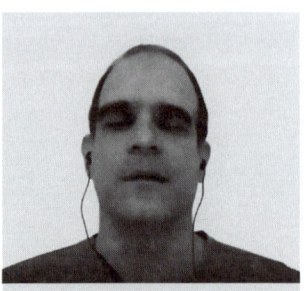

Inspirar...   *e Expirar...ahh*

Para uso individual das respirações

Você pode realizar essas respirações diariamente e independente do Shiatsu para favorecer as emoções que estiver trabalhando em momento de vida curto (uma situação ocorrida logo antes ou prevista nas próximas horas), ou longo (uma questão pessoal ou existencial que esteja sendo pauta de transformação pessoal).

Se o trabalho é circunstancial, realize três respirações seguidas, logo antes de sair para a ocasião para a qual trabalhou, ou tão logo a situação tenha ocorrido e lhe seja possível. Se necessário, repita a série de três respirações com intervalos de 2 horas entre elas.

No caso de questões de longo tempo de resolução, basta realizar uma série de 3-10 respirações por dia (pode ser diário ou intercalado dia sim, dia não).

Como dissemos no tópico sobre o relógio cósmico (p. 162), funciona melhor se a respiração coincidir com o horário energético cronobiológico. Essas respirações podem ser incorporadas a alguma rotina de cuidado (antes ou depois do banho, ou antes e depois de exercícios ou meditações, por exemplo).

A descentralização da energia mental

Talvez o maior fator de desequilíbrio na energia mental seja a própria mente. Esta, em consequência de neuroses adquiridas, fixa a energia na região cefálica, tiranizando a energia vital, tomando-a para si a maior parte do tempo e deixando o corpo com menos recursos do que o necessário. A mente condicionada faz de tudo para impedir os demais processos corporais: corta a comunicação da energia da bexiga e dos intestinos – adiando nossas idas ao banheiro; faz de tudo para não sucumbir ao inconsciente, atrasando o sono e diminuindo o seu tempo e qualidade; frequentemente impede o bom fluxo respiratório, bem como a correta passagem de sangue pelas artérias e vasos.

A terapia do Shiatsu Emocional prima pela descentralização dessa energia. Além das práticas gerais, utilizamos a invocação da consciência do Hara.

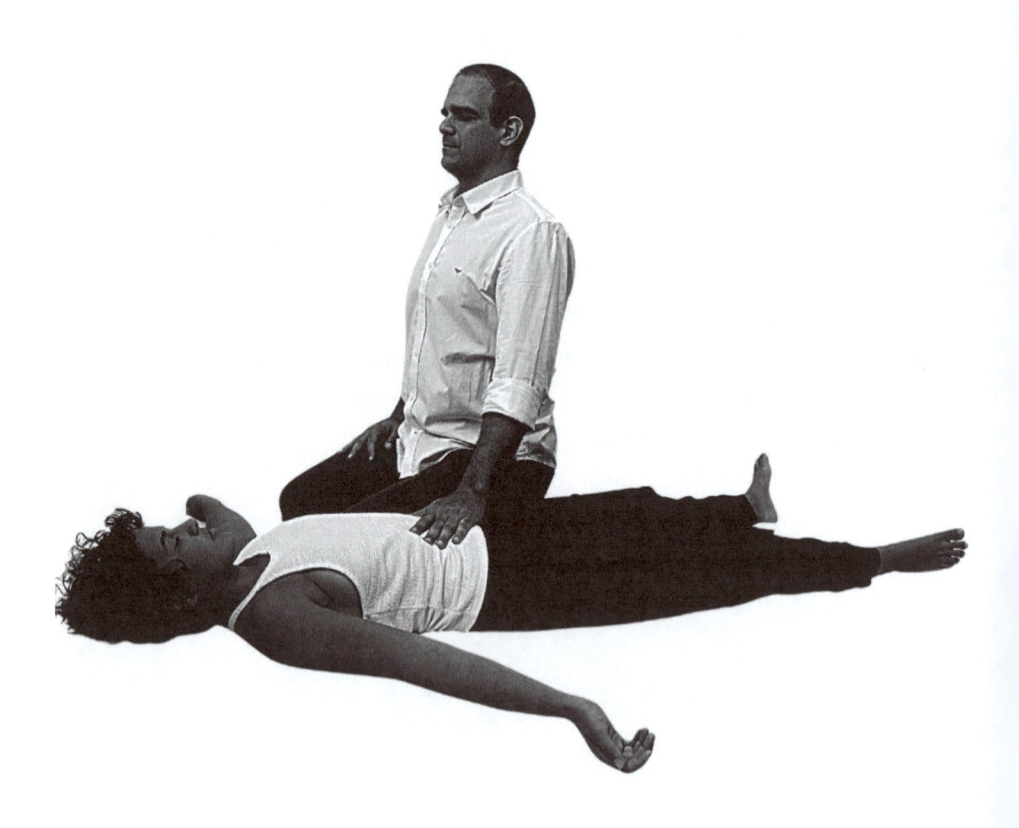

Hara é o centro de energia vital do corpo e está localizado no abdômen. É, inclusive, utilizado como força motriz pelo trabalho do praticante. Segundo Ohashi e Mazunaga, baseados nas tradições japonesas e na comprovação prática, é no Hara que se localiza nossa fonte maior de energia. Cada unidade viva contém o seu Hara. O sistema solar tem o sol e as células têm a mitocôndria. O Hara é o nosso sol, e encontra-se num processo constante de alimentação de Ki para fornecer o calor da energia vital em forma de expansão, irradiando-o por todo o corpo. Naturalmente esta teoria encontra espaço de convergência em relação à dos chakras (ver: Chakra umbilical, p. 126).

"Mitocôndria é o sol da célula, Hara é o nosso sol. O sol absorve Ki para fornecer calor em forma de expansão."

ARNALDO V. CARVALHO

HARA

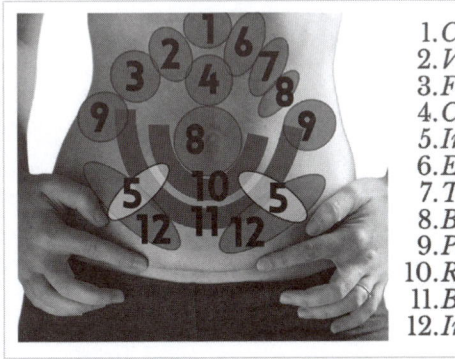

1. *Coração*
2. *Vesícula Biliar*
3. *Fígado*
4. *Circulação-Sexo*
5. *Intestino Delgado*
6. *Estômago*
7. *Triplo Aquecedor*
8. *Baço-Pâncreas*
9. *Pulmão*
10. *Rim*
11. *Bexiga*
12. *Intestino Grosso*

PARTE 3

Prática

"O silêncio é o tempo que a voz dá para o resto do corpo falar..."

Lizandre Balla

PRÁTICA BÁSICA

A maioria dos praticantes de Shiatsu que conheci, independente do grau de destreza com que performam suas práticas, ainda carece de compreender, no íntimo, a proposta filosófica do Shiatsu. Não há dúvida de que o Shiatsu é 99% de prática, mas o 1% restante é a essência filosófica que nos conecta com uma dimensão muito profunda, tal como o próton norteia o movimento do elétron que, em sua pequenez, forma a densidade da luz e dá "corpo" ao átomo. Na metáfora da vida atômica, a filosofia é o elétron, a pequena partícula responsável pelo movimento, pela realização da forma; a prática, por sua vez, é o núcleo material, denso, que se constroi como base para o movimento do elétron ocorrer.

A conexão entre essência filosófica (incorporada à essência pessoal) e prática é harmoniosa, singela e não-verbal. Com ela, a postura se mantém intacta, a energia flui, a receptividade encontra caminho e o movimento em direção ao equilíbrio acontece. Sem essa conexão, após rotinas continuadas de Shiatsu, profissionais e leigos frequentemente reclamam de dores e podem desenvolver lesões articulares. Não raro, estas pessoas sofrem energeticamente ao tratar o desequilíbrio do outro, sentem-se vulneráveis à energia alheia, e agem na vida sem qualquer conexão com a esfera de harmonia e liberdade interior proposta pelo Shiatsu.

Como parte de um movimento em direção à consciência e ao equilíbrio, o Shiatsu Emocional incentiva a iniciação de seus praticantes através da essência. Antes de tentar praticar, observe a natureza: procure sentir se o seu ritmo mental está alinhado ao ritmo da Mãe-natureza em seu estado de calma, quando faz sol e há abundância de sombra e água fresca, e os ventos são leves e suaves... Avalie se é nesse clima que suas emoções vivem ou se nesse momento há nuvens cinzas, ventos em excesso e ruidosa agitação do ambiente. Observe a natureza em seu estado de serenidade, e tente imitá-la internamente. Reflita: quais são as condições do meio ambiente que, em geral, propiciam um clima harmônico? Use sua capacidade de abstração para aplicar tais condições em sua natureza interior. Assim, você se conectará com a energia do Shiatsu Emocional e tornará sua prática verdadeiramente prazerosa e curativa. Através dela seu corpo se sentirá melhor do que antes e sua energia fluirá a cada dia.

Com todas as mensagens que este livro procurou transmitir, o leitor está pronto para conhecer manobras e métodos utilizados no Shiatsu Emocional. Vamos descrevê-los de forma simples, através de uma sequência didática estruturada.

ESTRUTURA BÁSICA DE UMA SESSÃO: AS ETAPAS DO ENCONTRO TERAPÊUTICO

Toda vez que praticar Shiatsu Emocional deve seguir uma sequência de manobras mais ou menos definida, chamada de fases ou etapas.

Um tratamento deve ser **sempre iniciado pela esfera social**, quando nosso ser faz contato com a energia do outro, e torna a pessoa que irá receber mais receptiva à interferência energética que ocorrerá durante a sessão. Em seguida, passamos para uma fase de **desenvolvimento do vínculo pessoal**, onde a receptividade energética se estrutura e ambos os praticantes (o que fará e o que irá receber) regulam suas forças um com o outro. Somente então entramos na **prática do contato corporal do Shiatsu**, que terá sua qualidade influenciada pelas duas fases anteriores, mas terá ele mesmo suas próprias etapas. Por último, vem a **fase do fechamento**, onde o praticante que aplicou o Shiatsu dá por concluída a sessão terapêutica. Nesse momento ele reforça o foco no equilíbrio mútuo e se despede através da **etapa de finalização**.

4 Etapas

① **Social:**
a) Cumprimento
b) Água (simples ou aromatizada)

② **Estruturação do vínculo pessoal momentâneo:**
c) Ouvir
d) Respirar e sintonizar

③ **Toque e regulação energética:**
e) Tocar e sentir
f) Respirar e visualizar
g) Reativar para sair

④ **Finalização:**
h) Cumprimento — abraço
i) Água (simples ou aromatizada)

① Social

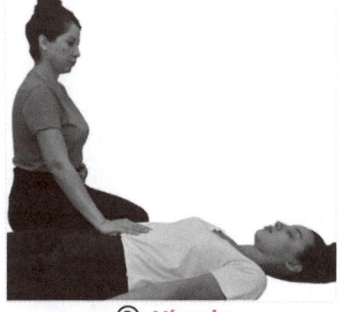

② Vínculo

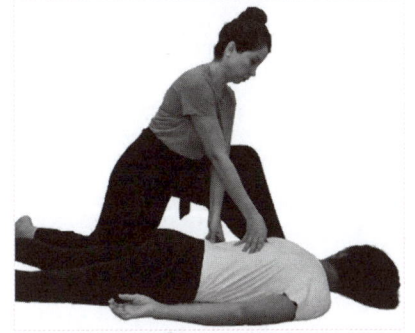

③ Toque

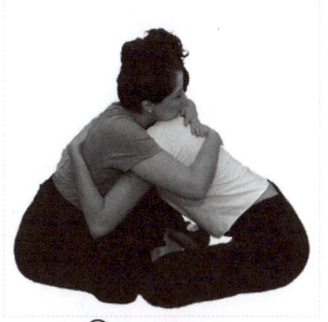

④ Finalização

As etapas em detalhes:

① **Social:** *Cumprimento, Água*

Nesta etapa surgirão as primeiras impressões energéticas, a partir dos cinco sentidos, e os fios de energia da dupla começam um processo temporário de entrelaçamento. Na Parte II (sobre o Shiatsu Emocional) falamos sobre a importância do vínculo, aqui ele começa a se estabelecer.

Esta etapa deve ser cumprida, mesmo entre pessoas que se conhecem, pois trata-se do reconhecimento do Outro dentro do mesmo espaço, sob o código de um acontecimento de mútua cooperação pelo mútuo equilíbrio.

A água ajuda na permeabilidade e condutividade energética, nos processos fisiológicos naturais e na estimulação dos cinco sentidos, em especial o do paladar. Se ela estiver aromatizada, na forma de chá ou com algumas gotas de limão, o estímulo se tornará mais intenso e a experiência mais rica e agradável. Se preferir, também pode oferecer uma água aromatizada, sob os princípios da aromaterapia: coloque uma gota de óleo essencial puro de hortelã-pimenta em um jarro com água (em torno de 750ml), e mexa bem. Essa é uma dosagem segura, rica e purificante. Bebam os dois.

> Óleo essencial não é a mesma coisa que essência. Não utilize óleos essenciais sem confiança em sua pureza. Respeite a proporção da fórmula indicada, especialmente sem conhecimento prévio (e sólido) de aromaterapia (utilização terapêutica de óleos essenciais).

② Estruturação do vínculo: *Ouvir, Respirar, Sintonizar*

Ouvir

Quando se ouve as queixas da pessoa que vai receber o tratamento, a mente começa automaticamente a processar a informação. Se tiver formação terapêutica, logo irá relacionar os problemas aos desequilíbrios em seus vários níveis (mental, energético, fisiológico...). Esse processamento não depende disso: traduz-se em energia, que começará a vibrar em você e que pedirá uma reação da sua parte. Essa reação é não verbal e não sustentada pela mente racional. Se houver entrega, surgirá vínculo, e através dele, o desequilíbrio do outro passa a refletir os nossos próprios desequilíbrios. Isso desperta a consciência para o movimento de harmonização. Ouça todas as queixas atentamente. Não importa que o façam lembrar de outros exemplos, mesmo pessoais, de problemas semelhantes. A mente livre processa a Vida de forma holística, não compartimentada. Quando o silêncio se fizer, ou quando você sentir o impulso da reação que precede o equilíbrio (em outras palavras, o desejo e a percepção de que o momento de avançar para a próxima etapa chegou), avise a pessoa que vai receber o tratamento que os conteúdos surgidos já são suficientes. Passe então para a fase seguinte.

Respirar e sintonizar

Se você sente que o momento é propício, abra-se através do olhar. Peça para a pessoa que vai receber o Shiatsu se sentar na sua frente, relaxar, e respirar profundamente. Peça para ela fechar os olhos e, mentalmente, observar você minuciosamente. Em seguida, peça-lhe para abrir os olhos e tentar fazer contato visual direto com você, com os seus olhos. Nesse momento, disponha-se através do olhar. Mentalize que está aberto, e que não há nada, em você, que não possa ser visto ou percebido pelo outro. Peça para ser observado como um todo, com todos os seus defeitos e limitações, e também com suas virtudes. Silenciosamente, travem esse contato por alguns instantes.

Entregar-se ao outro é o primeiro passo para que haja entrega da parte de quem vai receber o Shiatsu. No entanto, a entrega só ocorre quando sabemos em que terreno pisamos. Portanto, abra-se nesse ato de entrega e faça-se conhecer, perante o outro, através do olhar. Em seguida, feche os olhos e respire fundo — e então peça para o outro também respirar e se deitar.

③ **Toque e regulação energética:** *Tocar e sentir, Respirar e visualizar, Reativar para sair*

Tocar e sentir

Quem não conhece o Shiatsu em profundidade costuma só considerar "Shiatsu" esta etapa do encontro. A pessoa que vai receber os toques do Shiatsu estará deitada, e você fará contato com o corpo dela segundo os detalhes descritos em **sequência de manobras do Shiatsu Emocional** (ver p. 184). Procure tocar com serenidade, observando os reflexos de cada toque em seu próprio corpo. Sinta o seu ritmo e respiração. O ritmo, por vezes, é mais importante do que a precisão dos movimentos. Observar-se ao longo do processo é observar o outro que vive em você. Sinta o que é necessário, e aja através da técnica.

Respirar e visualizar

Além do toque e do sentir, deve-se sintonizar os ritmos respiratórios. Oriente o seu interagente a uma respiração mais profunda, calma e consciente e mantenha, você também, esse padrão respiratório. Visualize com frequência você mesmo e a pessoa se tornando mais equilibrada. Faça contato com músicas belas, e traduza-as em sua mente para o sentido visual, projetando formas, cores, paisagens etc. Pause a sequência do Shiatsu nos locais onde você sentir que precisa ou onde a dor se manifestar, detenha-se um pouco mais. Nessas ocasiões, mantenha a pressão sobre o ponto que expressou necessidade, e peça para a pessoa parceira respirar e procurar descontrair a região dolorida; junto com ela, faça o mesmo, descontraindo a região equivalente em si mesmo.

Reativar para sair

A circulação da energia já assumiu uma forma bem diferente nessa etapa. É importante que haja um preparo para a finalização do processo terapêutico, e ações específicas devem ser tomadas nesse momento. Se aquele que recebeu o Shiatsu puder desfrutar por mais algum tempo de sua experiência, deixe-o relaxar e sentir os efeitos da terapia; porém, se houver um compromisso previsto para qualquer um dos praticantes, convém fazer manobras de reativação, alongamentos passivos etc. (ver Manobras de Encerramento na Sequência modelo, p. 255).

④ **Finalização:** *Cumprimento* e *Água*

No Shiatsu Emocional agradecemos com carinho e humildade a oportunidade de sermos um agente de equilíbrio no Plano Universal, e pela oportunidade que o outro nos ofereceu, na certeza de que também nos equilibramos através da experiência. O agradecimento pode ser verbal ou pelo cumprimento japonês *gashô*, que indica: saudação, gratidão e reverência.

Gashô!

Dalai Lama

Gashô é um gesto que funciona como se disséssemos a quem conosco esteve no Shiatsu: "Estou inteiro para você. Absolutamente presente. Minhas mãos (meu sentido realizador) não estão em outro lugar que não seja focado em você".

Finalmente, antes da despedida, pode-se abraçar a pessoa com ternura e oferecer uma nova água — que simboliza o fim da sessão.

🔔 Antes de começar: a postura de quem pratica

Uma sessão de Shiatsu deve ser boa tanto para quem a recebe como para quem a aplica. Ambos precisam se sentir confortáveis e ter a possibilidade de acessar o prazer. Assim, o desenvolvimento da sessão deve ser realizado sem pressa. É preferível interagir com um único meridiano, sem pressa, do que com todos de maneira acelerada. O ritmo, como já dissemos, é fundamental. Igualmente, a postura. A mais eficiente deve ser consoante a postura possível de se fazer. Um joelho cansado pode pedir proteção, como uma almofada; uma coluna lombar prejudicada pode ser relaxada através de um revezamento maior das diferentes posições possíveis ao praticante. De que adianta uma postura "exemplar", se ela se torna um tormento ou uma impossibilidade?

Dicas Posturais

- Enquanto executa as manobras procure concentrar-se no tônus abdominal. Isso fortalece o Hara;
- Deixe o quadril encaixado, e procure manter a cabeça para cima, diminuindo a cifose natural;
- Tente alongar-se o tempo todo enquanto se movimenta, e transferir o peso de um lado ao outro, revezando as áreas do corpo;
- Exercite a ambidestria. Quanto mais utilizar o seu lado menos habilidoso, mais equilibrados serão os seus movimentos, mais integrado o seu cérebro, e melhores serão os resultados para o outro e para seu próprio corpo.
- Não utilize força nas pressões. Faça uso do próprio peso corporal e transfira o mesmo para as mãos. Utilize a inteligência das alavancas naturais que seu corpo pode proporcionar a você. Essa é uma das grandes vantagens do Shiatsu praticado em plano baixo (em tatames ou colchonetes).

Encare o momento da prática de modo flexível, executando a melhor postura possível. Se a prática iniciar na parte anterior do corpo, os primeiros Meridianos tratados deverão ser os Yin. O movimento deverá ser constante e pulsante, ao ritmo do coração calmo e respiração compatível, ou ainda, em sintonia com músicas especialmente escolhidas para a sessão. É importante que o terapeuta se harmonize com cada aspecto do local terapêutico.

Se o Shiatsu iniciar na parte posterior do corpo, os Meridianos Yang serão trabalhados primeiro, ao longo de toda a sequência.

Todos os Meridianos vão sendo contatados e harmonizados. O terapeuta seguirá a trajetória de cada um deles sempre a partir do que estiver mais próximo ao seu corpo, que se desloca a fim de fazer contato com cada área de passagem de Meridianos.

SEQUÊNCIA-MODELO DE MANOBRAS (relacionada a Toque e regulação energética — Etapa 3)

Exemplo de sessão, pensado para ser fácil, seguro e eficiente*. Pode ser um bom exercício para quem está aprendendo a se movimentar no plano baixo (no chão, com auxílio de tatames ou colchonetes e almofadas), porque foi pensado para atuar por zonas corporais — trabalhando-se os trechos dos Meridianos que se apresentam em cada uma dessas zonas.

Esta sequência também ajudará o novo praticante a exercitar a consciência do Hara, o equilíbrio corporal e a mente presente. A cada trecho, o praticante pode repetir o movimento uma ou duas vezes, dependendo do tempo que se tem e da percepção de que o Meridiano/região ainda precisa de ajustes para que o fluxo de energia se equilibre.

---

* Por esse motivo, este livro não apresentará técnicas, manobras ou exercícios que remetam à utilização prática das teorias dos chakras ou segmentos somatopsíquicos. Elas requerem um estudo aprofundado, posterior à plena aquisição do Shiatsu prático.

Nota: Não economizamos nos registros fotográficos, para encorajar os leitores/leitoras a experimentarem, ao máximo, as práticas aqui descritas. No entanto, sabemos que por vezes um certo ângulo pode soar estranho, especialmente para quem não tem experiência com práticas corporais terapêuticas. Assim, montamos um "mini-manual" para que as imagens e textos sejam bem assimilados, antes de mostrarmos a sequência propriamente dita.

PARA O MELHOR USO POSSÍVEL DAS IMAGENS DA SEQUÊNCIA DIDÁTICA

Quando as imagens para a sequência didática começaram a ser selecionadas e encaixadas para que leitoras e leitores pudessem ter a melhor noção possível do que ocorre presencialmente, como funcionam as pressões, e "onde afinal estão os Meridianos" através dos quais se interage durante o Shiatsu, surgiram dúvidas e incertezas que com certeza serão úteis a muitos. A primeira delas diz respeito à posição das imagens. Qual delas oferece a melhor leitura?

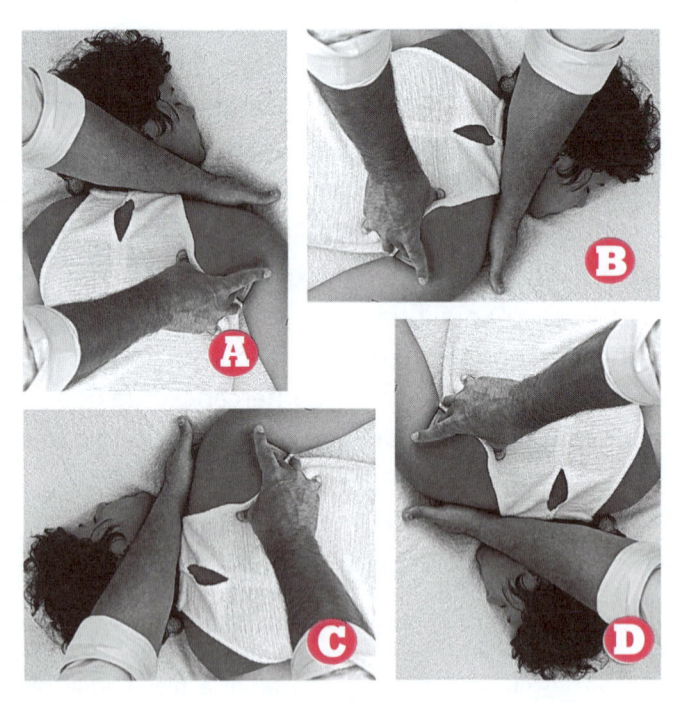

Visões diferentes

A imagem da página anterior, mostrada em diferentes posições, foi utilizada como teste entre pessoas que já praticam e pessoas que não praticam o Shiatsu. Descobrimos que cada pessoa prefere "ler" de um modo diferente, não havendo uma posição melhor do que a outra. No entanto, os mesmos testes confirmaram que:

a. Quando a imagem é mostrada com a pessoa que está deitada com a "cabeça para cima" (A), há uma tendência entre os não praticantes ou praticantes inexperientes de compreenderem melhor o posicionamento da mão do interagente que está a efetuar o toque do Shiatsu;

b. Quando a fotografia é mostrada com a pessoa deitada com a cabeça à direita (B), ela pode favorecer aos que já fizeram cursos de Shiatsu, porque é mais ou menos desse jeito que os alunos veem o professor demonstrar as manobras;

c. Quando a imagem é mostrada com a cabeça da pessoa à esquerda, com os braços do terapeuta vindo "de baixo para cima" (C), parece que se trata de uma imagem "em primeira pessoa"*, e isso facilita com que algumas pessoas "se percebam" no movimento.

d. A imagem que mostra a pessoa que recebe o toque "de cabeça para baixo" foi a única que demonstrou desconforto em algumas pessoas.

Além disso, quando uma imagem contém uma seta apontando para o lado direito ou uma sequência a ser interpretada no sentido da leitura (esquerda para a direita), há mais chance de a imagem ser considerada "mais fácil" de interpretar.

Assim, procuramos alternar entre fotos com as orientações A, B e C. Recomendamos que, ao longo dos ensinamentos sobre os movimentos usados no Shiatsu Emocional, você mude o livro de posição várias vezes, procurando compreender pelos diversos ângulos como funcionam diferentes pontos da sequência.

---

* Point of View (POV) shot, ou tomada em primeira pessoa, é aquela que exibe uma imagem de como uma pessoa vê algo. Ver: https://en.wikipedia.org/wiki/Point-of-view_shot. Última visualização 28/10/2021.

Também chamamos a atenção para o fato de que as linhas que indicam a direção das sequências de toque em cada parte do corpo não são simétricas, ou seja, o lado esquerdo e o direito apresentam marcações diferentes. Isto ocorre por mais de um motivo:

i) O ângulo do registro fotográfico requer o ajuste compensatório de uma linha em relação à outra (exemplo, uma linha assinalada sobre o lado mais próximo da câmera será maior do que a linha do lado que ficou mais distante da câmera);

ii) As assimetrias antropométricas, ou seja, as diferenças sutis entre um lado e o outro do corpo da pessoa precisam ser levadas em conta, o que leva a um ajuste de linhas e setas.

A esses motivos, soma-se a já considerada imprecisão sobre a qual o Shiatsu atua: as imagens são guias que não funcionam como mapas exatos, já que os Meridianos se apresentam, no plano das individualidades, de modo distinto e a "precisão" requer conhecimento e sensibilidade pelo terapeuta, que ajusta seu contato com o outro à medida em que toca e sente, sente e toca. Por isso, as imagens são apenas referências úteis para quem está começando. Pelo mesmo motivo, lembre-se que a relação entre a estrutura corporal dos dois praticantes também altera os movimentos e seus ângulos, as posições e posturas gerais diante do Outro.

A sessão fotografada e sistematizada apresentada para fins didáticos não precisa ser seguida à risca. Você pode acrescentar outros movimentos que considere úteis.

No Shiatsu Emocional não trabalhamos com base em memorizações, mas na busca de sentido a cada ato — e esse sentido vem do entrelaçamento energético, da profundidade com que se vive o acontecimento terapêutico. Atenção para o ritmo, ao fluxo da energia Ki, e ao sentido dos Meridianos. Observe a respiração, o prazer do que vai fazer e... seja você. Boa viagem!

1. RESPIRAÇÃO, SINTONIA

Peça para a pessoa que vai receber o Shiatsu ficar de barriga para baixo e colocar os braços ao longo do corpo. Toque com suavidade as costas dela e sinta a sua respiração. Respire fundo, e sinta o seu próprio estado de tensão. Respire novamente, e ao soltar o ar, procure soltar músculos e tensões. Oriente a pessoa a fazer o mesmo. Estimule-a a respirar de forma lenta, suave, profunda.

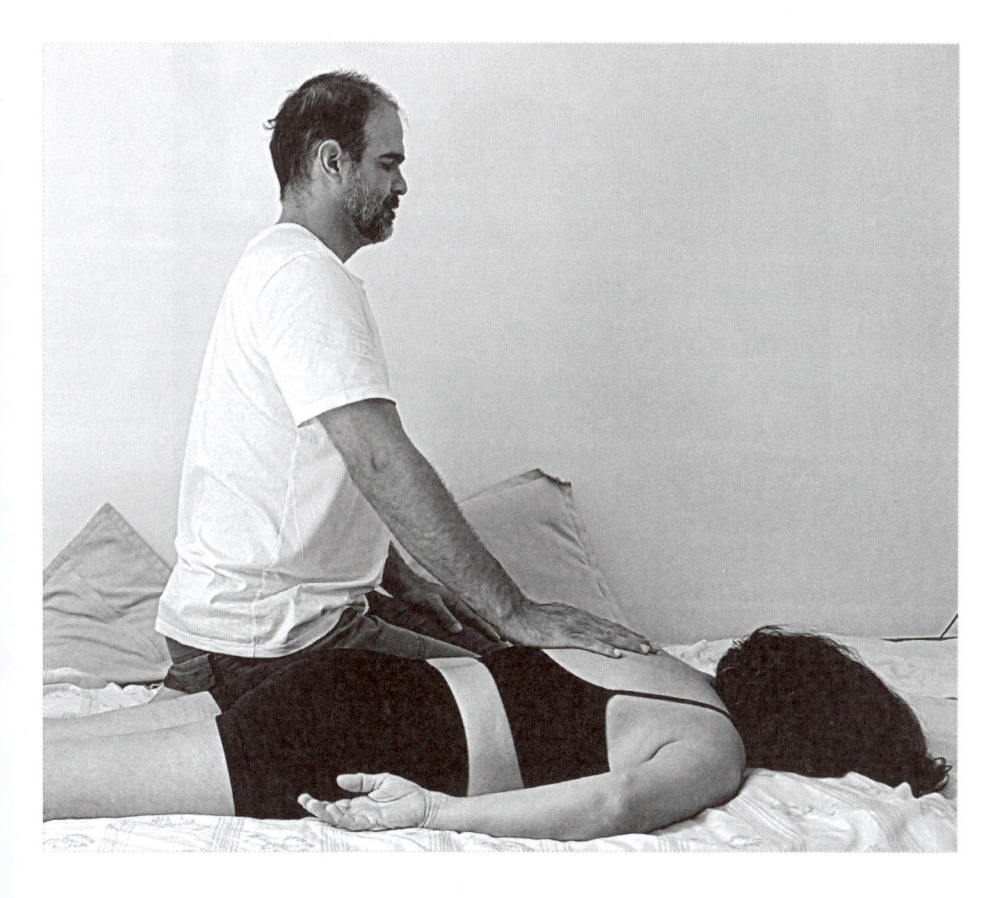

Ramma

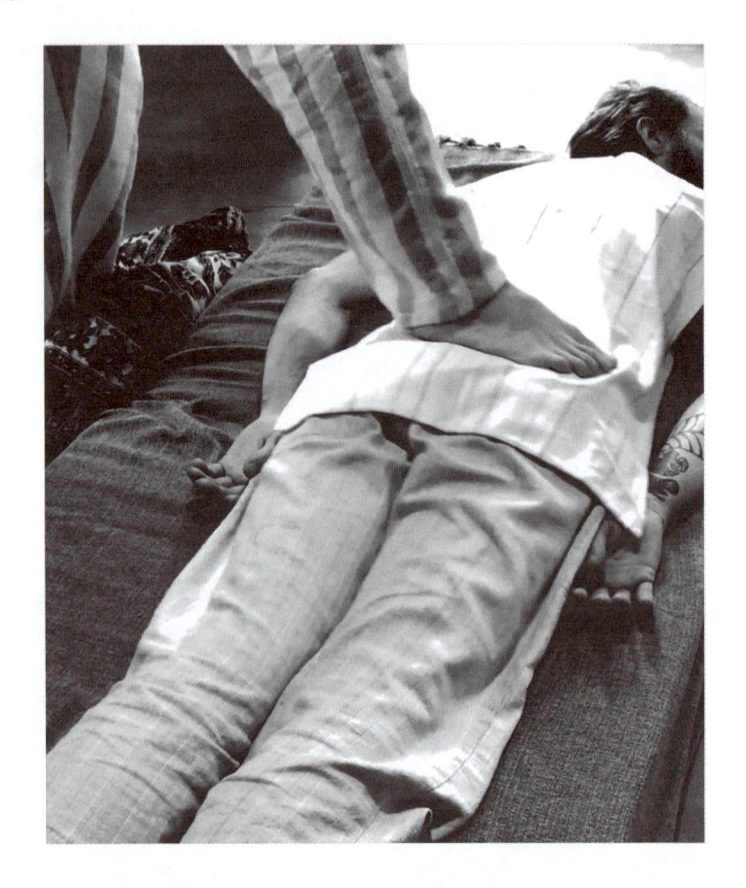

É importante iniciar uma sessão com uma técnica de relaxamento. Ramma é uma sequência de pressões semelhantes às do Shiatsu, porém feita com os pés. Trata-se de uma técnica suave e relaxante, uma dentre muitas possibilidades de guiar a um estado de relaxamento profundo, a anteceder o Shiatsu. Naturalmente, poderá ser substituída por uma série de outros métodos, como respirações, visualizações, alongamentos etc. Mas experimente! Ela irá não somente fazer bem à pessoa com quem está praticando, mas também ativar o seu Hara, e envolverá o seu corpo em um estado de atenção e consciência corporal que se refletirá ao longo de toda a sessão.

O segredo da Ramma é que, ao contrário da interpretação comum observada na foto, o movimento realizado não é uma "pisada". Não estamos pisando na pessoa, não se usa qualquer força ou esforço. Para que ela tenha o melhor efeito, antes de começar teste seu equilíbrio: erga uma de suas pernas, procure verificar se seu corpo consegue se manter plenamente de pé utilizando apenas um pé de base, o outro erguido um palmo do chão. Observe se você consegue movimentar seu pé no ar, de dentro para fora (movimento de abdução) e de fora para dentro (movimento de adução). Experimente inverter a base, e teste o outro pé. Respire, relaxe o corpo, mantenha o joelho levemente flexionado — a posição não é rígida.

Agora sim: apenas faça contato com o corpo do outro, pousando levemente um dos pés na região sacral. Sem desencostar, movimente o pé para frente e para trás, provocando um pequeno "balanço" na coluna da pessoa, a partir desse movimento do quadril. Inicie, finalmente, o movimento da Ramma, que é o da transferência suave e gradual de parte de seu peso na direção do outro. Basta, para isso, que você leve todo o seu corpo, lentamente, à frente. Quando você faz isso de forma lenta, consegue sentir até onde o corpo do outro lhe permite ir. Quando compreender isso, o corpo simplesmente lhe indicará; mas sem experiência, peça para que a pessoa com quem está interagindo lhe indique até onde deve ir — seu limite não é na "fronteira do insuportável", mas até onde ele se sente plenamente confortável, a cada ponto. Quando a amplificação do contato, via transferência de peso, alcança seu auge, o movimento se inverte: o corpo aos poucos recua, até que o peso é liberado. É interessante sintonizar a respiração com o ritmo do movimento. Inspire ou expire quando se deslocar na direção do outro, inverta a respiração quando recolher a energia, deslocando-se de volta para à posição inicial.

A cada vez que esse movimento numa região se conclui, o pé, sem perder contato com o Outro, desloca-se a um novo ponto. Ele se encaixa, dessa vez, em um ponto que se inicia na fronteira da região antes pressionada. Ou seja, a região seguinte para onde o pé irá é aquela imediatamente após a que foi pressionada.

Aos poucos, através da Ramma, seu Corpo-Ser percorrerá o Corpo do Outro, construindo um caminho, uma sequência, orgânica e harmonizante.

A seguir, um exemplo de sequência, ideal para iniciantes:

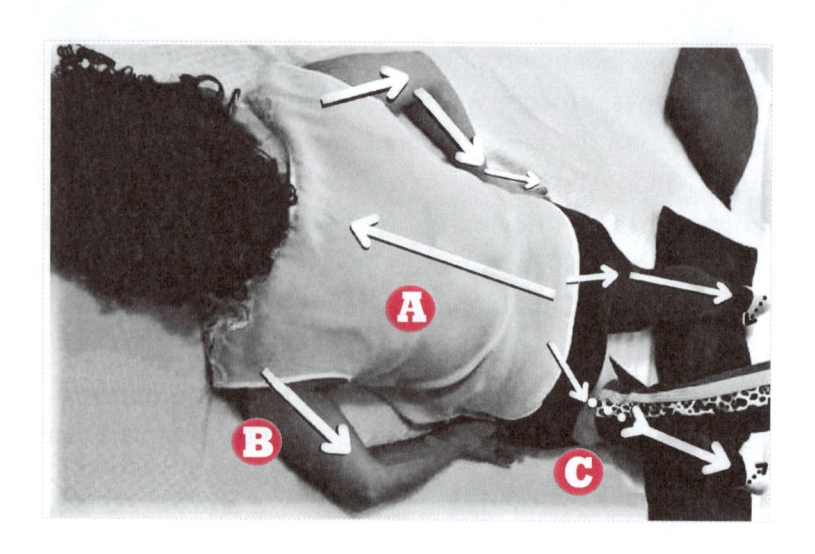

É só seguir com os pés, de forma branda, as três etapas da série!

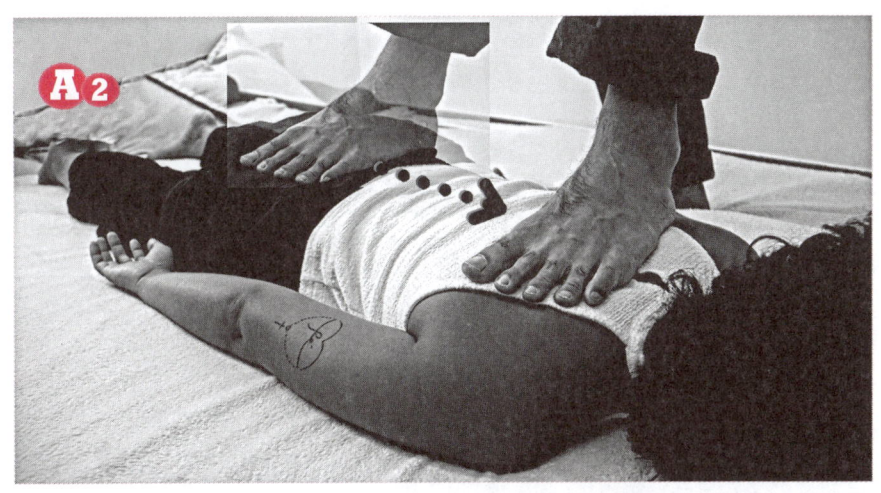

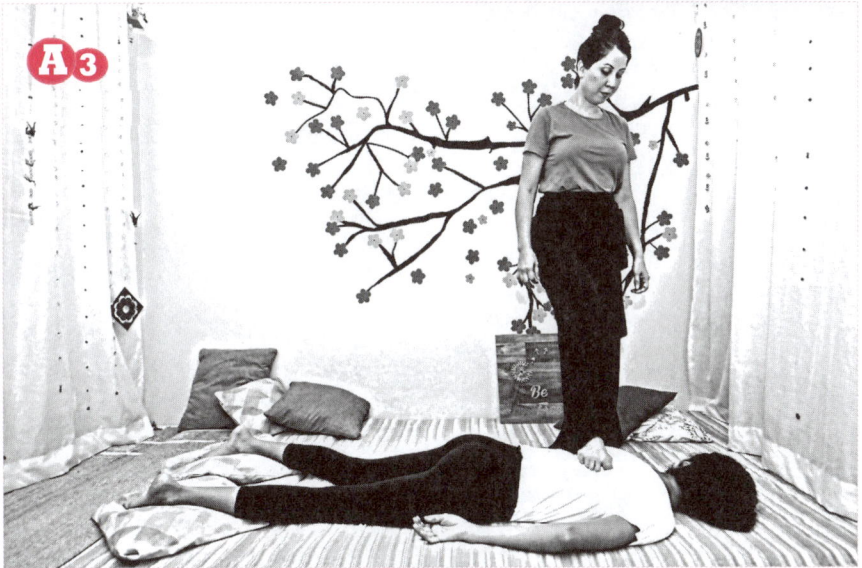

Etapa A – Movimento do pé, da região sacral à dorsal: a cada movimento, começando pela sacral (imagem A1), vá aos poucos migrando desta região na direção da região dorsal (imagem A2). Esta movimentação do pé tem o suporte do pé que está de base, e não se desloca, apenas se adapta ao progressivo movimento. Ao chegar na região dorsal (imagem A3), apenas deslize o pé de volta para a base (região sacral), e reinicie o movimento. Esse deslocamento pode ser repetido outras duas vezes. Na terceira vez, no entanto, o pé começará a se deslocar na direção do ombro da pessoa (o que está mais próximo de você). Esse é o início da Etapa B.

200

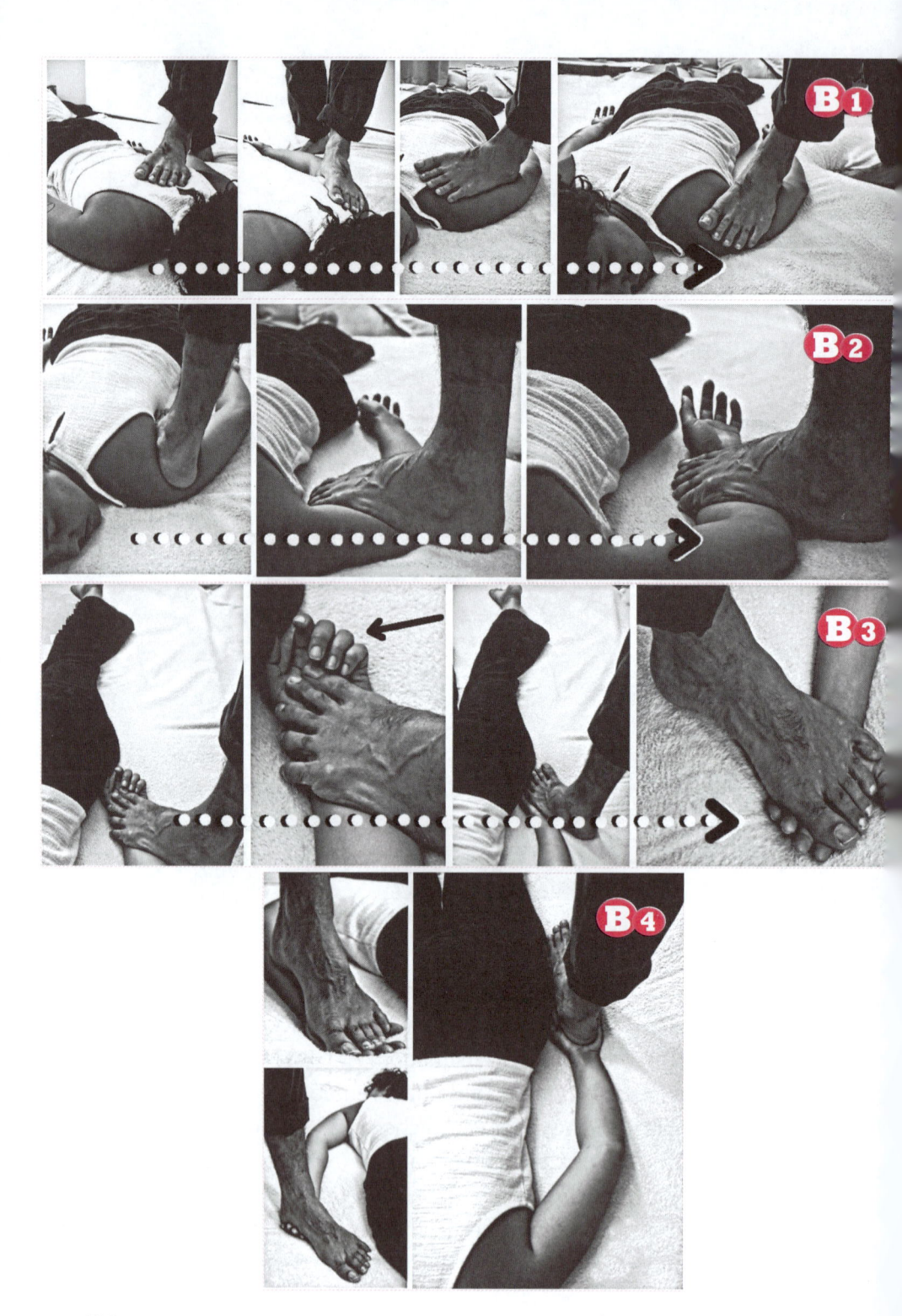

Etapa B – Do ombro à mão: Do momento em que você começa a deslocar o pé na região dorsal do outro na direção do ombro (Imagem B1), poderá interagir com a escápula da pessoa com quem está praticando Shiatsu. Você pode fazer isso de mais de uma maneira: seguindo a orientação do pé, ou modificando sua base, para interagir com aquela região, e o restante do braço, estando com o próprio corpo voltado na direção dos pés do Outro. Assim como fez na Etapa A, vá aos poucos deslocando o pé, passando por braço, antebraço, até chegar à palma das mãos e dedos (imagem B2). Atenção para não deslocar peso algum na região do cotovelo, bem como na linha que separa o pulso da mão. Ao realizar o movimento da Ramma na região que antecede os punhos da pessoa, seus tendões irão fazer com que os dedos da mão dela se fechem de forma lenta e suave (detalhe — imagem B3). Trata-se de uma estrutura delicada, e por isso, caso os dedos não se fechem, interrompa seu próprio movimento, pois isso significa que seu interagente não está totalmente entregue e receptivo ao que está acontecendo. Para trabalhar mãos e dedos, certifique-se de que eles repousam sobre uma superfície bem acolchoada, como uma almofada. Apenas aí, o movimento em torno do corpo do outro, largo, lento, baseado em contato por transferência de peso da base do seu para o pé o qual está em contato com o outro pode ser substituído por uma série mais rápida de diversas pequenas pressões (imagem B3). Respeite os contornos da palma, os espaços entre cada articulação das falanges (dedos). Finalize deslizando rapidamente seu pé, pela mão inteira, em um rápido movimento (imagem B4). Repita toda essa movimentação no outro braço da pessoa.

202

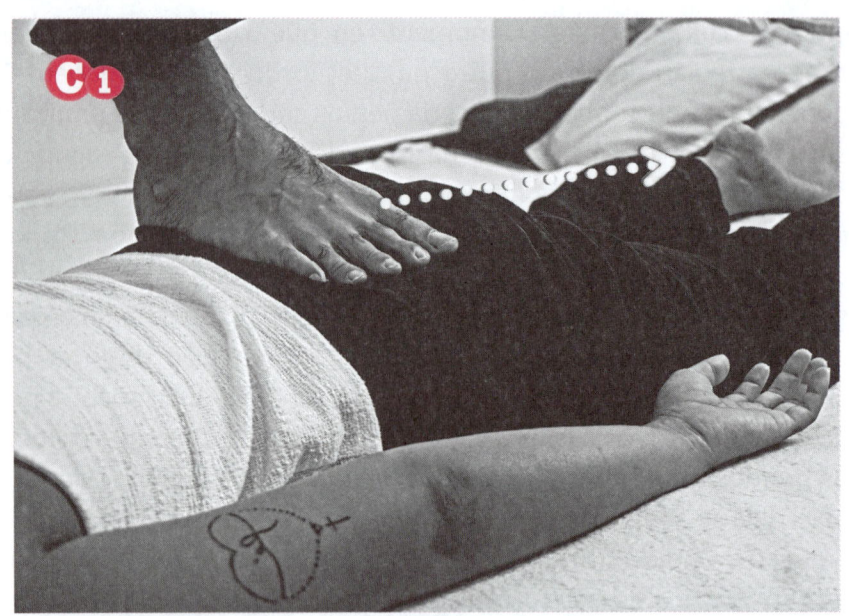

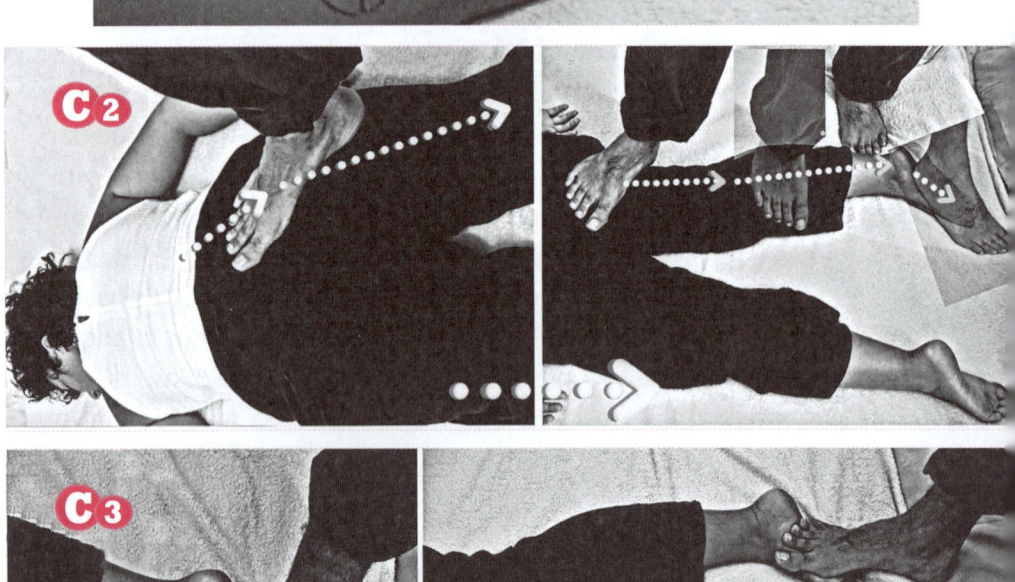

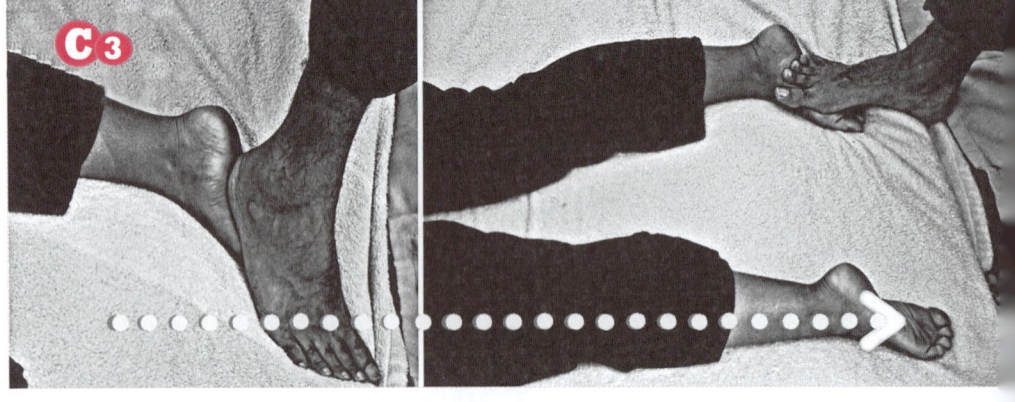

Etapa C – Da região de origem (sacral) à sola dos pés: A perna com a qual você deve fazer contato é do mesmo lado da perna da pessoa (se você estiver nesse momento em contato com o lado esquerdo dela, então seu toque será com seu pé esquerdo) (imagem C1). Para trabalhar com harmonia, reposicione sua perna de base para uma área próxima ao joelho da pessoa com quem está interagindo. Com o pé com o qual faz contato mais uma vez posicionado sobre a região sacral (como na Etapa A), movimente-se na direção dos pés, pouco a pouco (imagem C2). Na região glútea, deixe que seu movimento provoque uma leve pressão ascendente. Na região esquial (final do glúteo, início da coxa), direcione seu movimento fazendo contato com a tuberosidade esquial (você sentirá uma "ponta de osso" nessa região) através da lateral de seu pé. Dali, até próximo ao tornozelo, seu movimento ocorrerá de modo semelhante ao dos braços. A partir do tornozelo, você pode desejar modificar sua base, ficando de frente para a pessoa (figura C3). Na sola, produza uma série de pequenas pressões. Faça o mesmo na outra perna e pé.

Observações:

i) É muito útil a utilização de almofadas embaixo dos tornozelos da pessoa, especialmente quando ela não consegue descansá-los completamente no solo.

ii) Observe e corrija a posição das pernas da pessoa, caso ela tenha os pés virados para fora (há quem chame essa posição de "dez para as duas, em analogia com os ponteiros de um relógio").

iii) Assim como apenas deslizou, sem qualquer transferência de peso, na área do cotovelo, assim você também fará com a articulação dos joelhos. Imagine que ali há uma "joelheira", para demarcar a região para a qual não deve haver transferência de peso.

iv) As panturrilhas costumam ser doloridas. Desloque seu corpo-energia na direção do outro com muita lentidão e suavidade, para perceber o limite confortável à pessoa.

v) Caso a pessoa apresente qualquer dificuldade em estar de bruços, a Ramma deixa de ser recomendada.

Sei-Tai

A tensão do dia a dia provoca, com frequência, um forte impacto na coluna, reduzindo o espaço intervertebral e a passagem do sangue. Como o Ki segue o sangue e vice-versa, há tendência à circulação de energia entre os meridianos também sofrer restrições.

Sabendo que o Shiatsu será potencializado caso a coluna receba algum tratamento anterior, é útil conhecer um mínimo de Sei-Tai. Você poderá aplicá-lo após os movimentos de conexão e relaxamento do corpo. Aliás, o corpo relaxado estará bastante receptivo às manobras de Sei-Tai, que por sua vez "estenderá o tapete vermelho" para o Shiatsu acontecer de maneira fluída, com muito mais profundidade.

Recomendamos aqui uma série de cinco movimentos simples do Sei-Tai, composta especialmente por manobras suaves, feitas através de pressões realizadas com as palmas das mãos (com exceção do último movimento, como poderá verificar a seguir).

> **Sei-Tai** é uma poderosa terapia japonesa de alinhamento vertebral, por vezes considerada a "quiroprática japonesa".
>
> Terapeutas orientais frequentemente utilizam algumas de suas manobras em outros trabalhos, como é o caso do Shiatsu.

1º Movimento

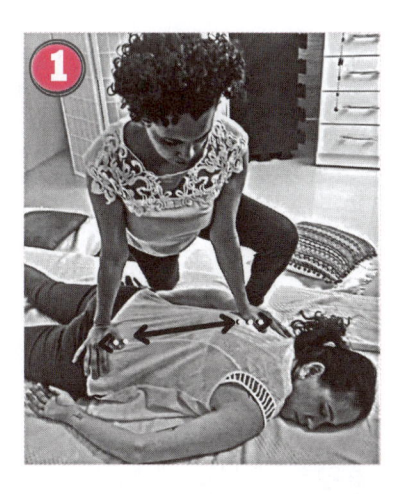

Coloque as mãos em oposição. Uma palma ficará posicionada sobre uma escápula, e no lado inverso, a outra mão ficará na região inferior da cintura (1A). Ao pressionar pelo deslocamento do peso do próprio corpo, deixe os braços descomprimirem a coluna da pessoa. Agora a mão sobre a escápula vai até a outra escápula, e a que estava em um dos lados da cintura, vai para o outro lado (1B). Então repita o movimento.

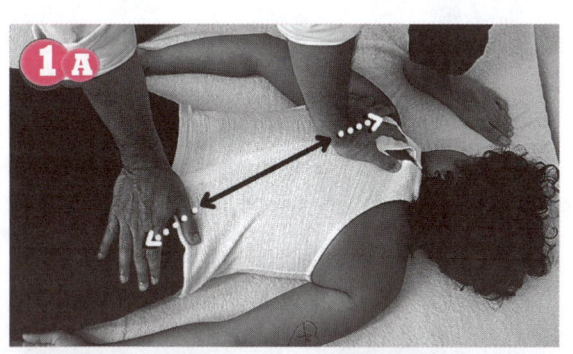

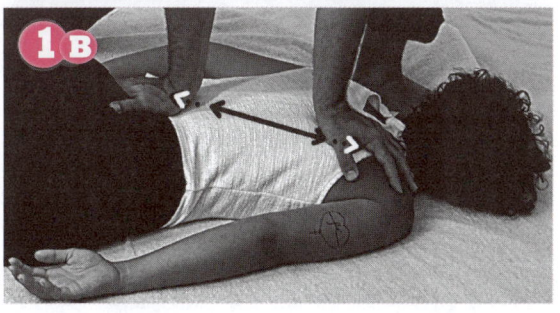

2º Movimento

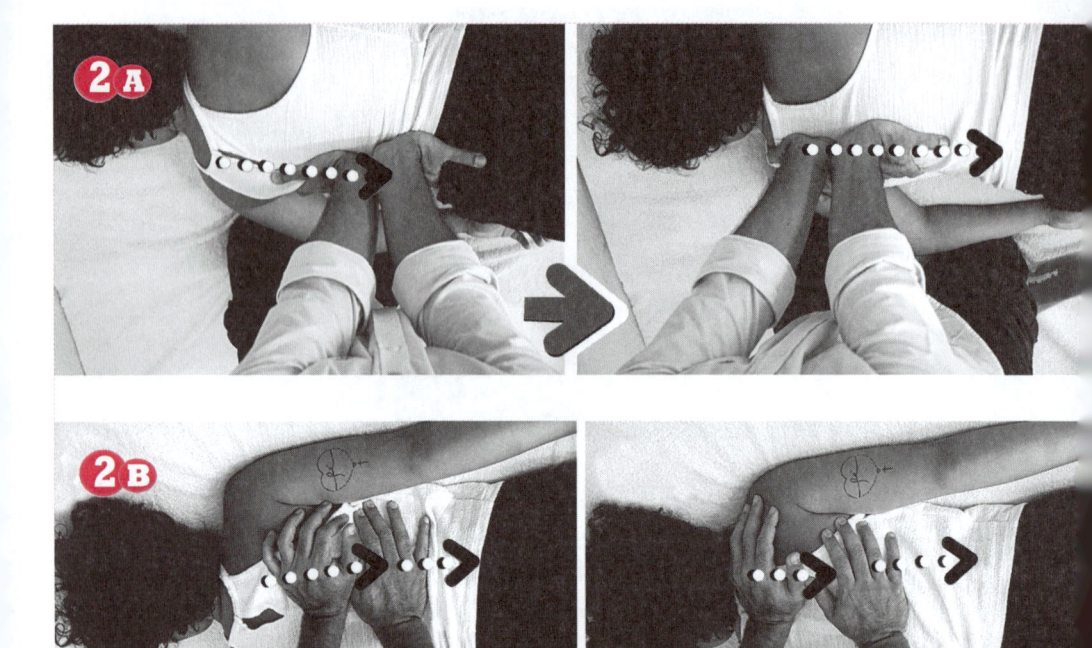

Posicione-se agora com os joelhos transversais em relação à coluna. Ajuste suas mãos na lateral da coluna mais próxima de você. Deixe que, uma a uma, as palmas das mãos "caminhem" pelo lado da coluna, do alto das costas até a cintura (2A). Vire as mãos para o lado contrário, e repita o mesmo do outro lado (2B).

3º Movimento

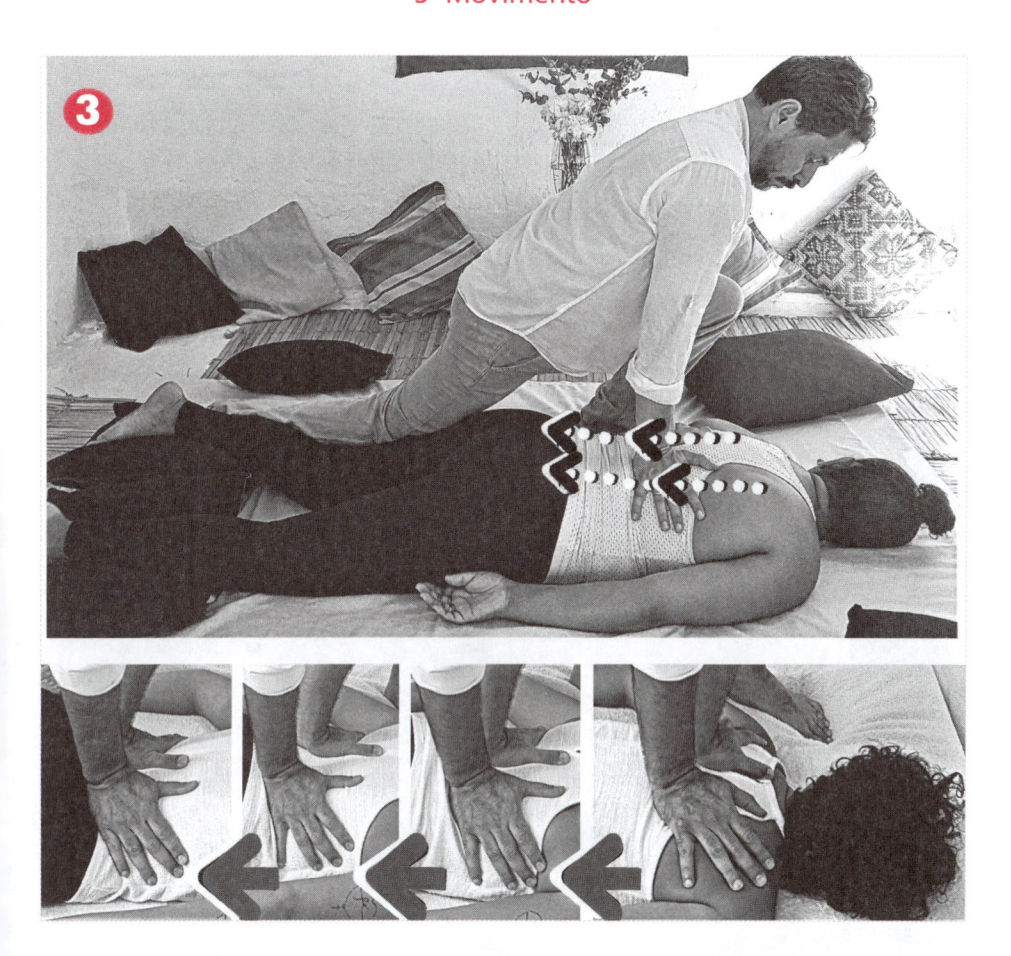

Posicione os dois pulsos próximos, e vá pressionando a coluna como um todo, de cima para baixo, de modo ritmado e tranquilo.

4º Movimento

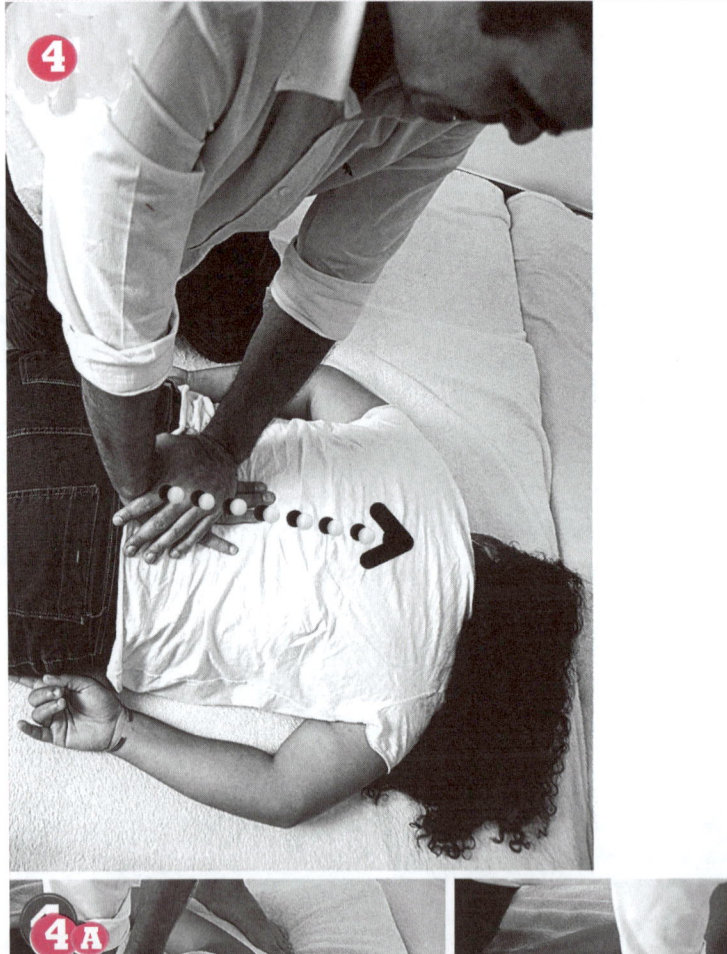

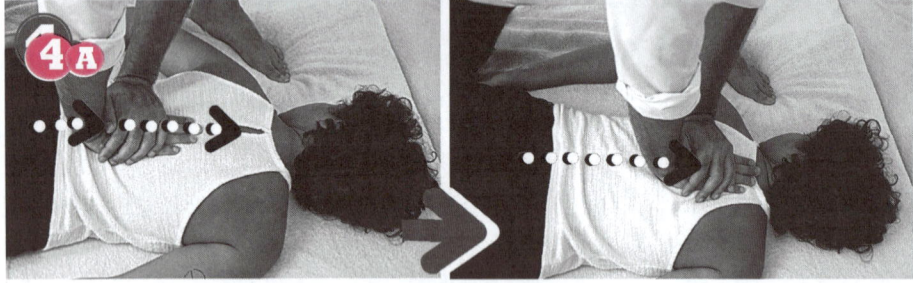

Use uma das mãos para ir pressionando ao longo da coluna, pelo centro da mesma, de baixo para cima.

5º Movimento

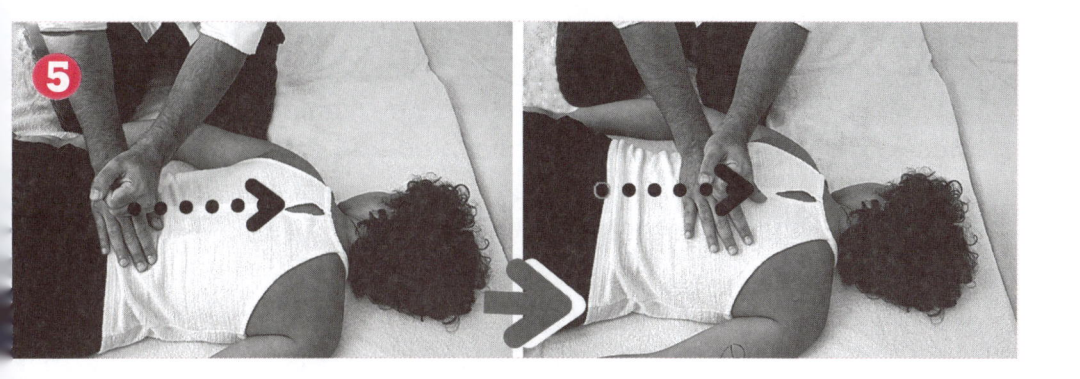

Faça uma concha com uma mão e dê uma batida muito leve com a outra mão fechada. Vá, no ritmo do coração, subindo lentamente até o alto das costas.

O Sei-Tai, além de ser mais um passo no preparo energético do Outro para o Shiatsu, também prepara quem estará no papel ativo da prática. Realizá-lo amplifica a noção espacial, o domínio do corpo no solo, o foco, a respiração, o Hara, e finalmente, exercita a projeção do Ki na direção das mãos, ampliando a percepção tátil e a capacidade de "dialogar" com o corpo da pessoa com quem está interagindo.

O Shiatsu

Agora vamos dar início aos movimentos específicos do Shiatsu. Recupere a posição de conexão (p. 195): antes de pensar em "como agir sobre o outro", pense em si mesmo, em como está vivenciando o processo. Observe sua própria postura, a posição da sua bacia, do seu abdômen. Percorra mentalmente toda a coluna vertebral, projetando-a corretamente, permitindo a energia circular.

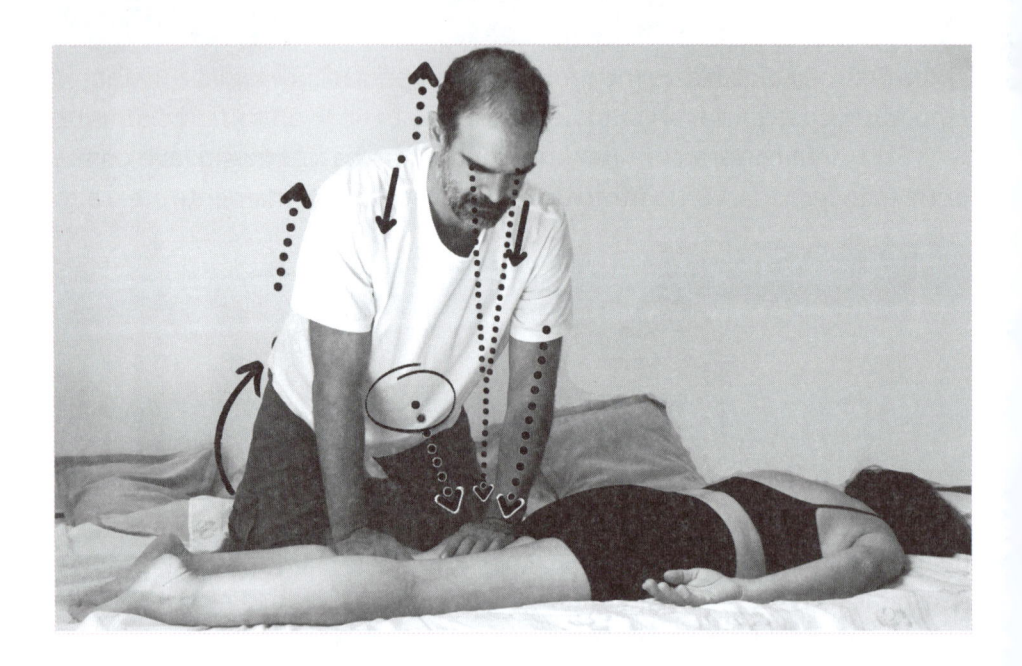

Não é seu polegar ou sua mão que faz força, como um ente isolado. Esses são apenas os pontos de contato do seu Eu com o Eu do Outro. Projete seu olhar e seu Hara, e finalmente permita que sua energia se desloque pelo braço semi-esticado, na direção da mão. Desloque seu corpo, a partir do quadril, na direção do ponto ou região com o qual se pretende contatar. Lembre-se de manter, ao longo do movimento:

a) Quadril encaixado;

b) Ombros baixos;

c) Cabeça erguida, com toda a sua estrutura agindo de forma harmônica e relaxada.

Pressione, ao longo do Meridiano que estiver em foco, utilizando a palma (A) ou o polegar (B):

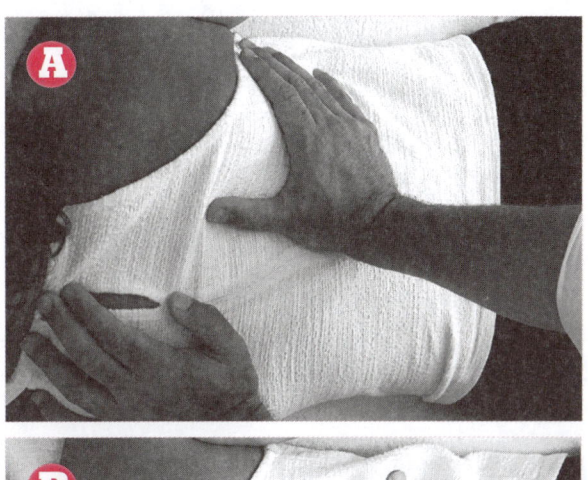

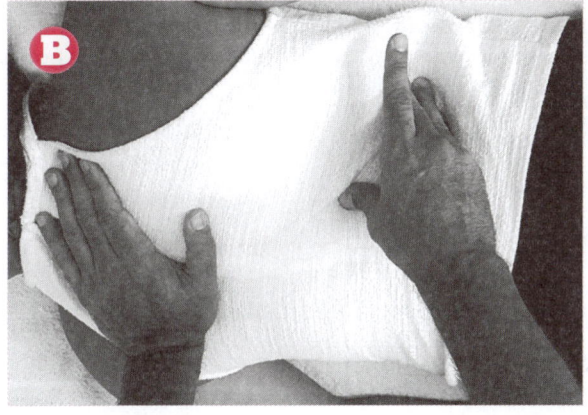

A escolha entre um e outro deve ser feita de acordo com a estrutura da pessoa que recebe, o próprio conforto do terapeuta, e o número de pressões pontuais. Ao atuar sobre o corpo como um todo, com a pressão palmar, o ritmo constante é o responsável pela mobilização da energia. Se o Shiatsu tiver o ritmo mais pausado, então a projeção do corpo na direção do polegar pode ser vantajosa, em especial mobilizando-se rapidamente o dedo na etapa final de cada toque. Por vezes, será possível fazer uma manobra com palma e depois repeti-la com o toque do polegar.

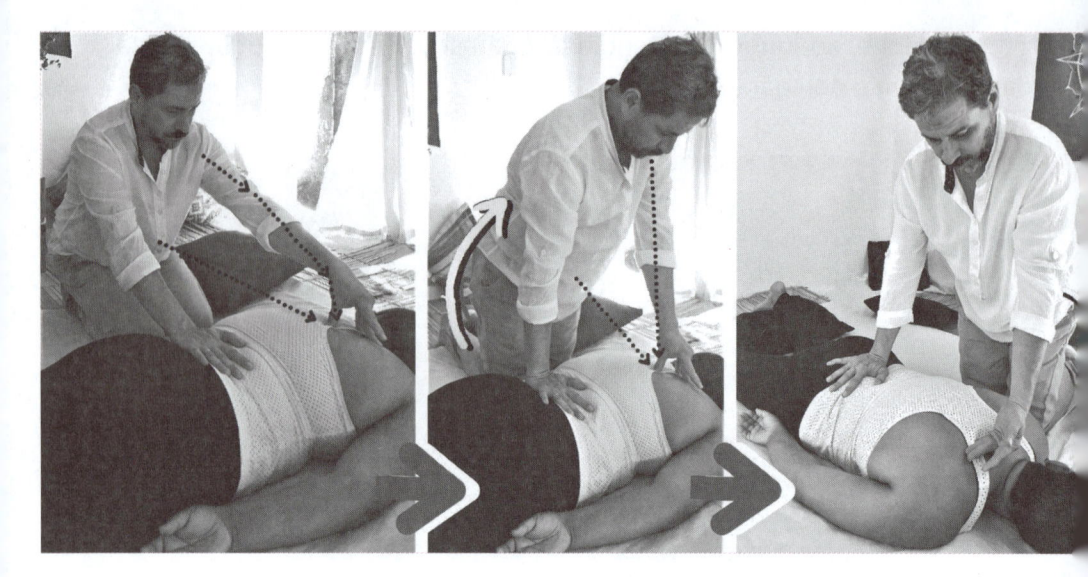

O professor Hirã, da Shiem Escola de Shiatsu, relaxadamente sente o ponto que deve pressionar. Desloca então seu corpo, aproximando o Hara do ponto, e tornando a postura do braço mais esticada — o que reduz os desvios de energia e concentra o foco todo no ponto pressionado.

O toque especial do polegar no Shiatsu

Iniciando a partir da pressão do polegar. Faça um "tripé" com os três últimos dedos (arqueiros), de modo que o polegar gire no entorno desse eixo, como um compasso.

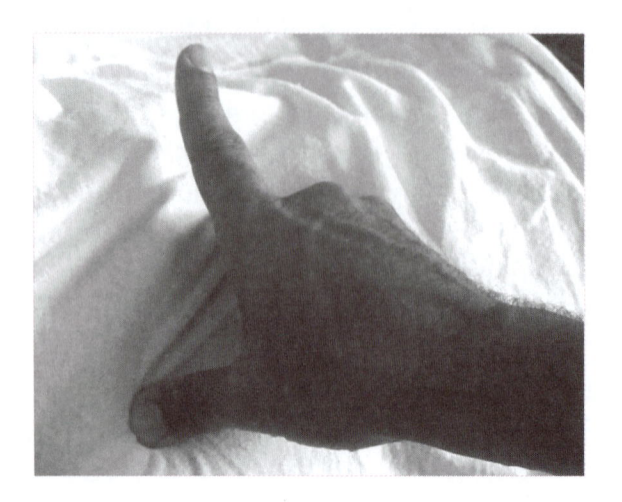

No toque supinado, o polegar gira "para fora"; os dedos arqueiros estarão para cima ao fim do movimento.

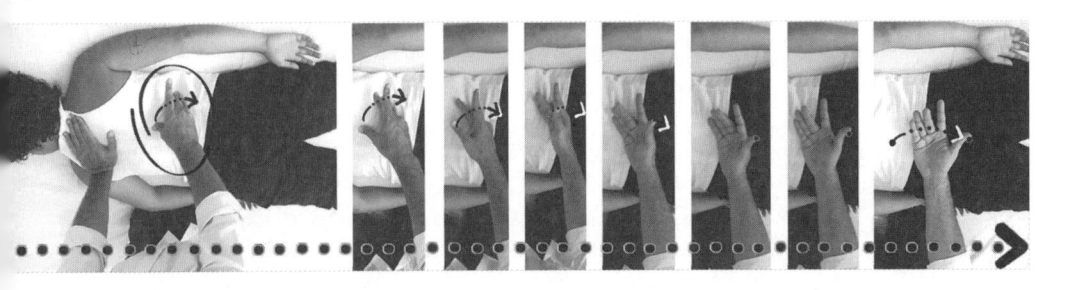

No toque pronado, o polegar gira "para dentro"; os dedos arqueiros estarão para baixo ao final do movimento.

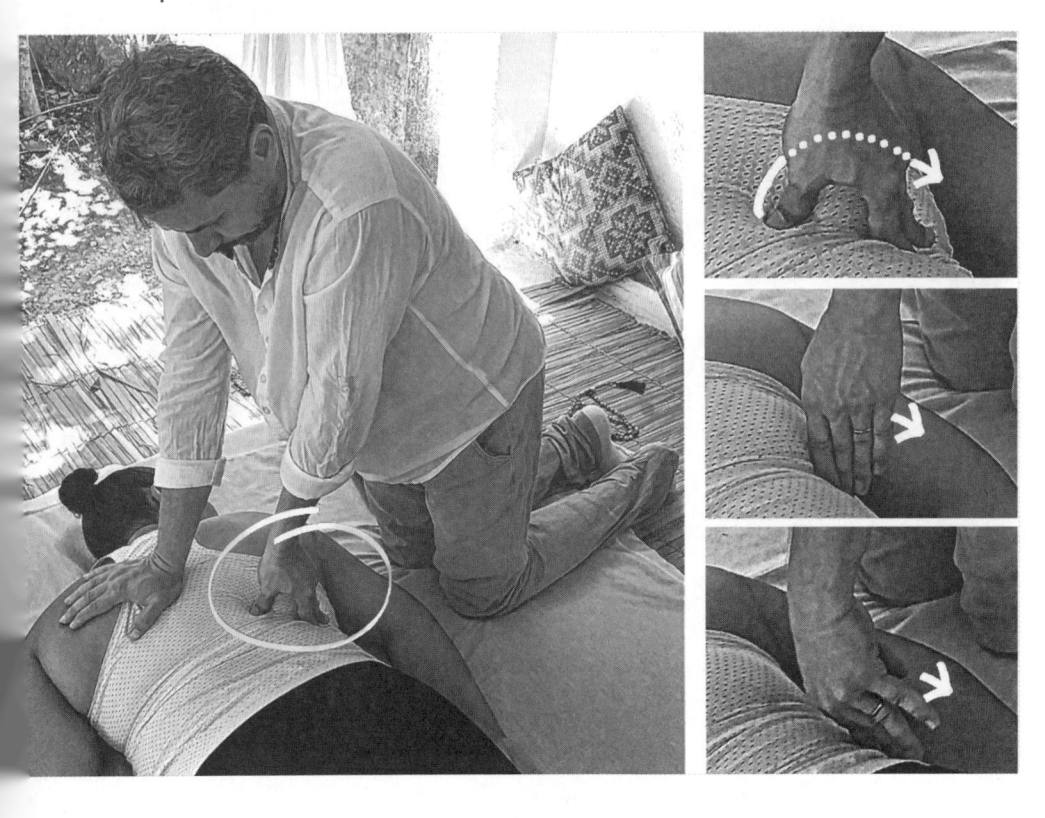

Obs.: Há ainda uma forma de toque utilizando os dedos arqueiros, que você aprenderá ao longo da sequência didática.

Costas e Cabeça

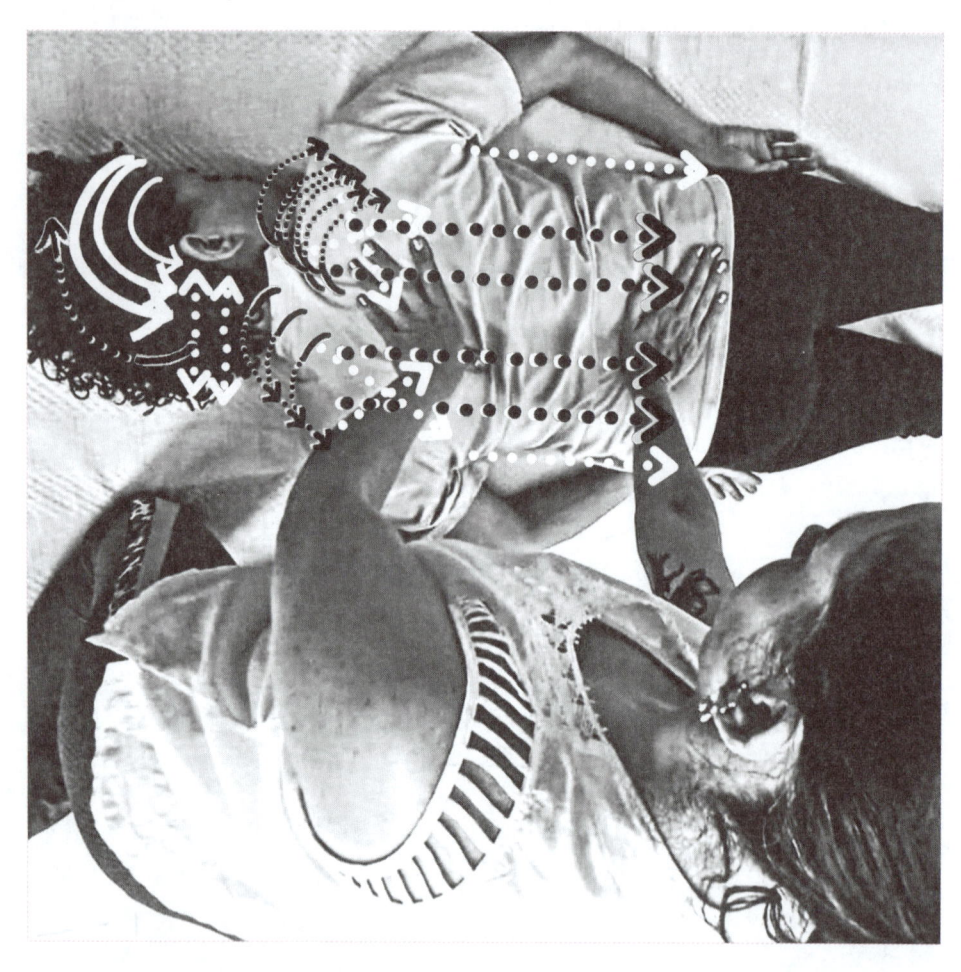

Uma grande porção do Meridiano da Bexiga atravessa as costas, margeando a coluna, seguindo na direção dos pés. Pelas laterais do corpo, segue o Meridiano da Vesícula Biliar, igualmente seguindo para os pés. No alto, na região dos ombros, diversos pontos dos meridianos Yang que se originaram nos braços agora pedem passagem para seguirem rumo à cabeça. O Shiatsu vai cuidar de cada uma dessas regiões das costas.

1. Meridiano da Bexiga

Ele se ramifica em dois ramos (ou linhas) de cada lado do corpo. Percorrer, com o toque do Shiatsu (pressão palmar ou polegar) cada uma de suas quatro linhas. As linhas internas de cada lado se situam a dois dedos de distância das vértebras. As externas, a quatro dedos de distância.

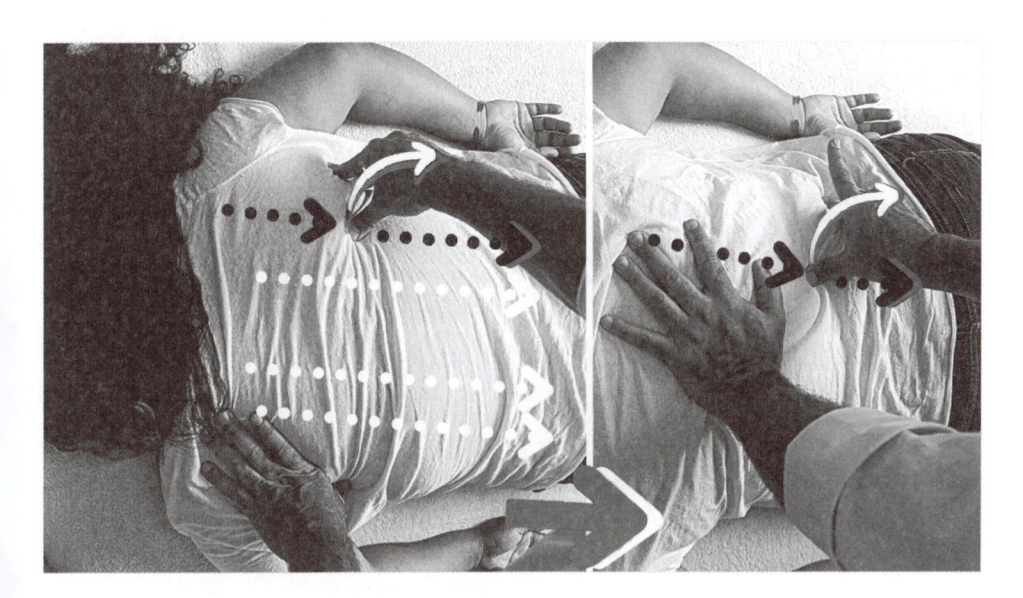

2. Meridianos Yang dos Ombros
   a. Makubo, o "X" da escápula

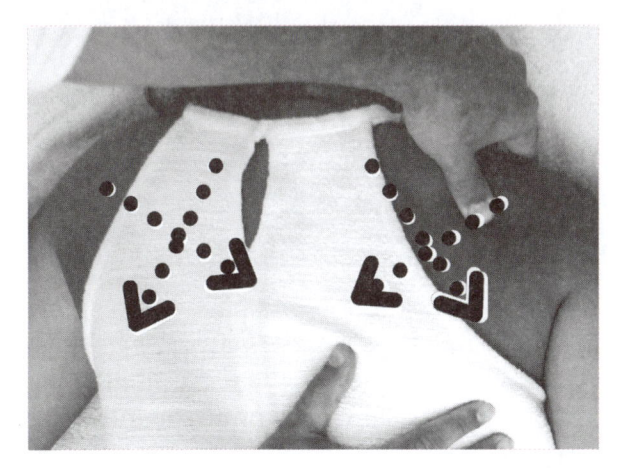

A escápula, o osso chato que protege o ombro é a região de encontro dos Meridianos Yang originados nas mãos. Makubo é uma técnica simples, que visa cobrir toda essa área com Shiatsu, permitindo que a energia flua harmoniosamente pela articulação e Meridianos que por ali passam. Basicamente, consiste em contornar, com o toque terapêutico, a borda da escápula, e em seguida executar o mesmo toque no corpo da escápula, o que constrói um "x" imaginário no ombro. À medida que o praticante aprofunda sua sensibilidade e seus conhecimentos dos Meridianos, a tendência é que o "X" dê lugar a movimentos orgânicos que encontrem cada um dos pontos e Meridianos com precisão.

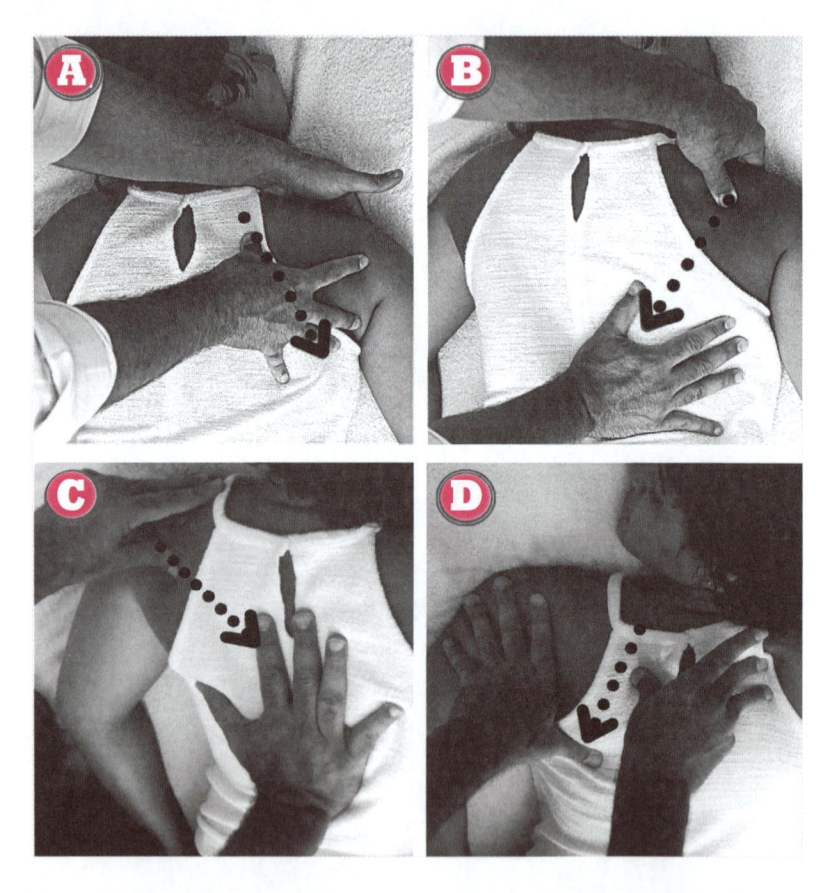

No exemplo acima, observa-se que, da mesma posição, o interagente Yang trabalha os dois ombros de seu atendido, alternando livremente as mãos pelas quais projeta seu Hara — de onde seu movimento e a pressão da região se originará.

b. Movimentos dos dedos arqueiros

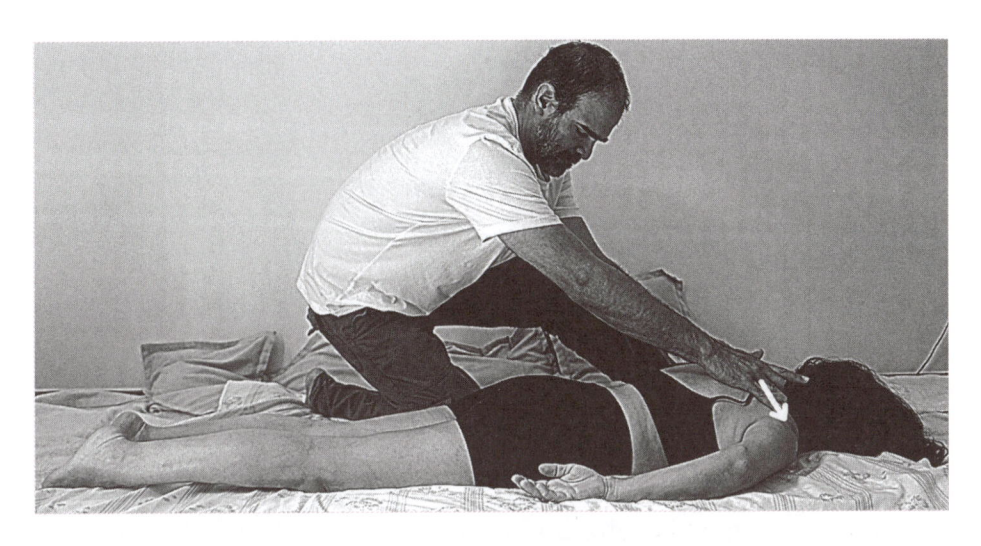

Até aqui, utilizamos os dedos arqueiros como eixo de rotação, para o movimento de retirada do polegar (pronação ou supinação). Agora veremos sua ação em substituição a palmas ou polegares, que acontecerá sempre que não houver boas condições para os outros dois métodos, em função da posição do corpo em relação aos pontos que devem ser alcançados. No caso do alto dos ombros, o movimento dos arqueiros deve ser dinâmico (não parar em pontos específicos). Comece de "dentro" mais próximo à vértebras para "fora" (na direção do braço). Imagine as três linhas no ombro, sendo a última bem no alto (a pressão sairá de cima para baixo). Assim:

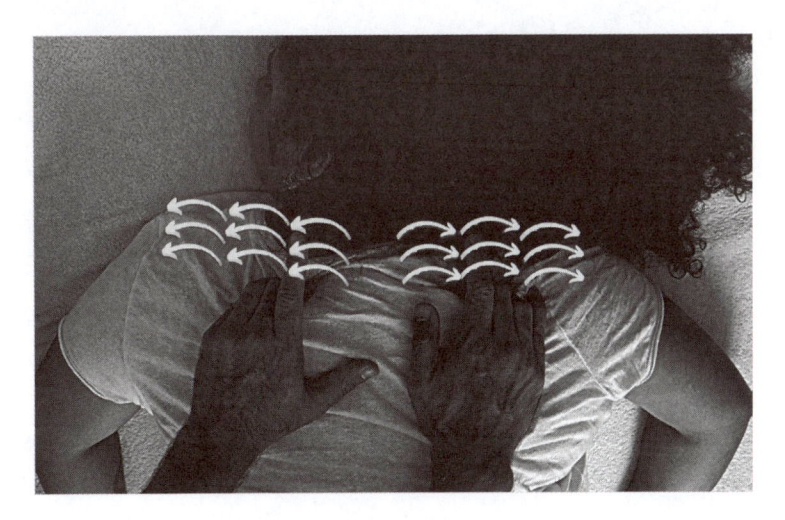

3. Cabeça

A parte de trás da cabeça é um território repleto de energia Yang, especialmente do Meridiano da Vesícula Biliar, mas também da Bexiga, do Vaso Governador em torno das orelhas, e outros meridianos como o Triplo Aquecedor.

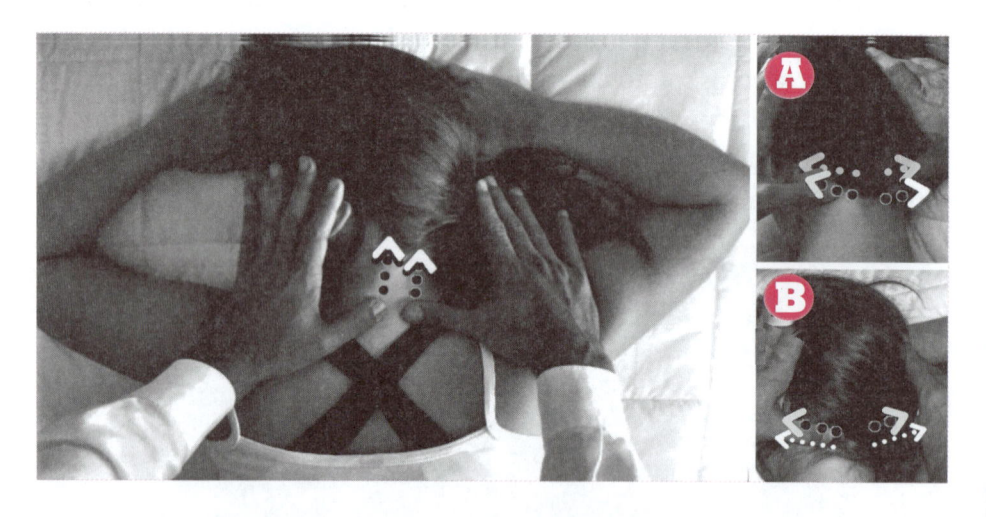

Comece deslizando os polegares pela nuca, até que encontre a resistência óssea — a base do crânio. Nessa base (A) inicie pressões seguindo o sentido horizontal. Repita, agora formando uma linha cerca de um dedo de distância acima (B). A pressão da região occipital deve ser feita nessas duas linhas, de dentro para fora (pontos da Bexiga e da Vesícula).

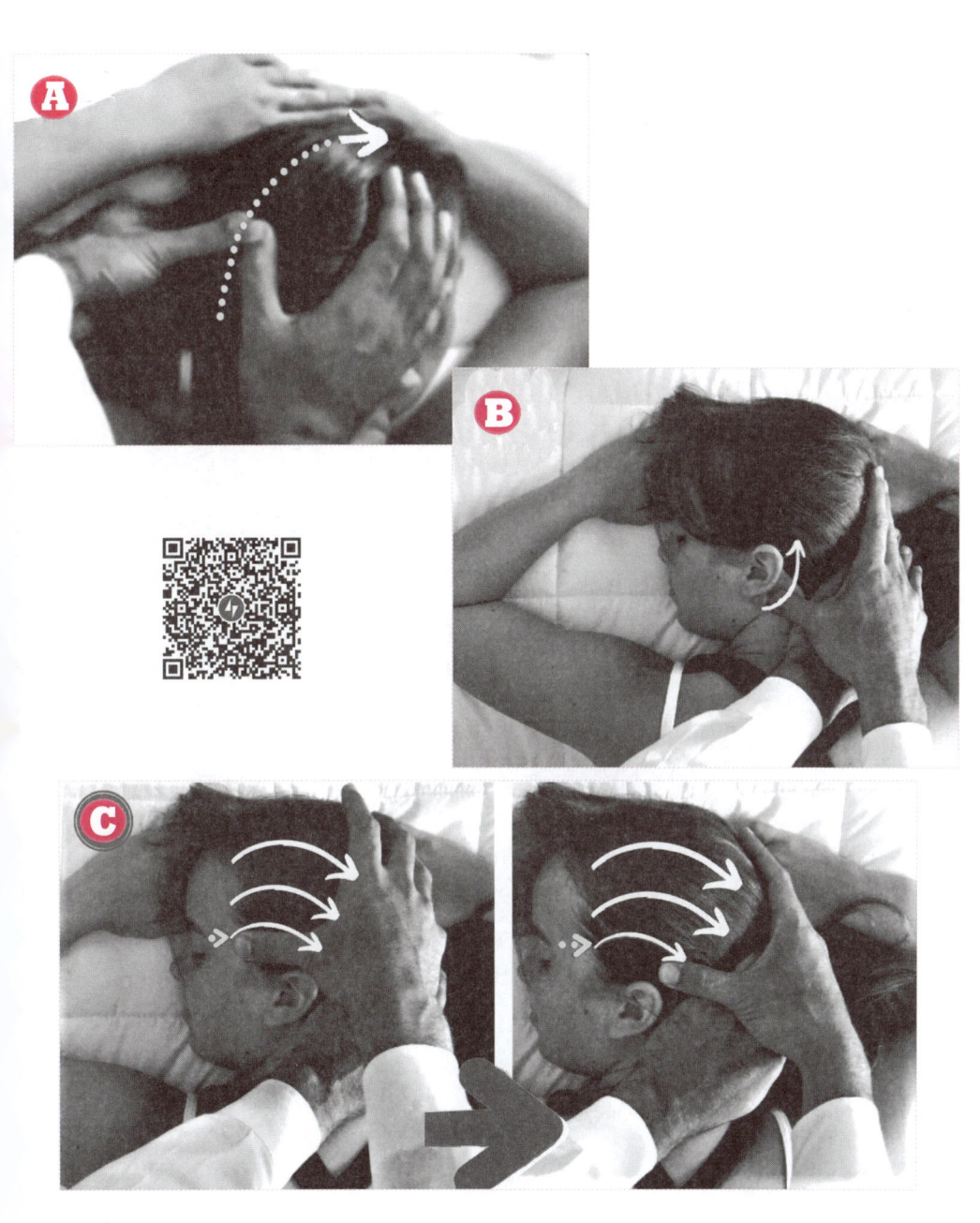

Em seguida pressione, de baixo para cima, a linha central — Vaso Governador (A); deslize sobre a parte de trás da orelha (B), e contorne-a com o polegar. Finalmente, execute pressões firmes nas laterais da cabeça (onde há linhas de energia da Vesícula Biliar), sem a tirada rápida do toque de Shiatsu (C).

4. Lateral do tronco (Meridiano da Vesícula Biliar)

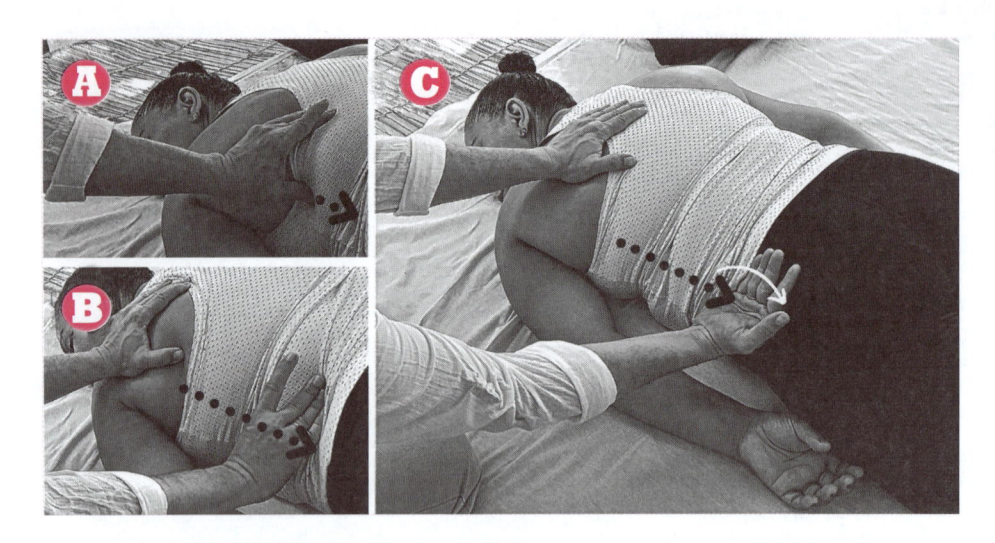

Coloque-se na perpendicular em relação à pessoa que está sendo tratada, de modo a ficar bem de frente para a lateral do seu corpo. Firme seu polegar a partir do primeiro ponto, logo abaixo da região axilar do Outro (A). Mantendo o braço estendido de forma resistente porém sem rigidez, leve seu Hara para aquele ponto, resultando em pressão. Siga formando uma linha na direção do quadril e, se precisar, mude de mão (B). Na região da cintura, onde há ausência de costelas, os pontos são melhor sentidos quando o polegar se projeta para dentro do corpo do outro, até que se perceba uma área resistente.

Lembre-se de mobilizar o Ki pela técnica de retirada rápida (C).

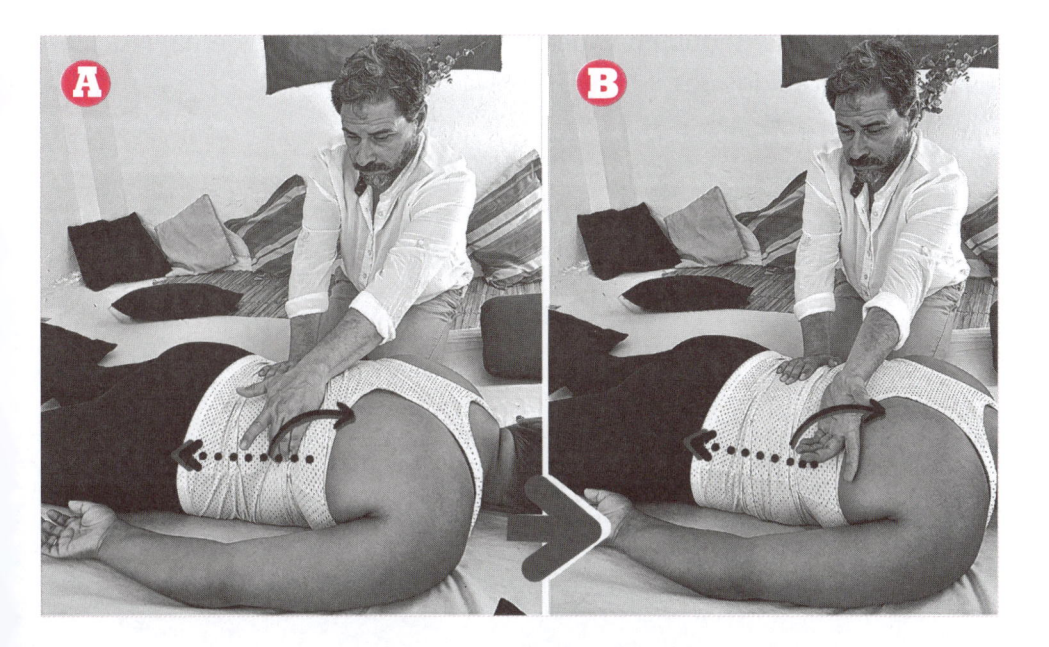

Para fazer contato com a linha de energia da lateral do corpo localizada no lado oposto ao que está posicionado, utilize os arqueiros. Nesse caso, posicione os dedos arqueiros (A) e leve o Hara na direção do ponto, projetando o tronco por sobre as costas do Outro; ao retornar à posição de descanso, solte abrindo a mão (B).

OBS: Este Meridiano, por vezes, encontra-se bem sensível. Pressione com o dedo aos poucos, de modo firme e constante. Isso evitará as cócegas e as dores acima do limite.

Região sacral, pernas e pés (posterior)

Basicamente, seguiremos pelos Meridianos da Bexiga e da Vesícula Biliar, na direção dos pés.

1. Região sacral

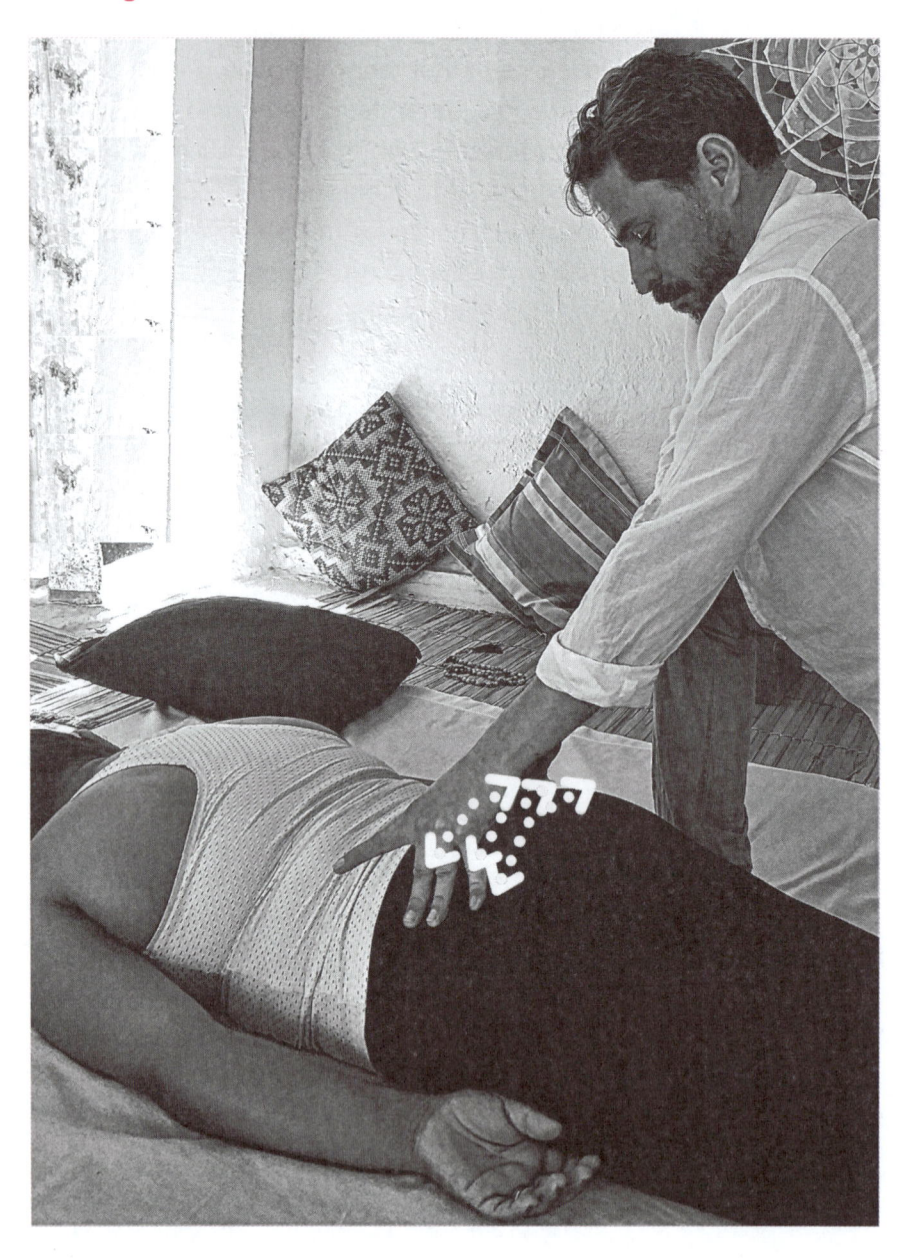

A região sacral abrange pontos da Bexiga e da Vesícula Biliar. Os pontos da Bexiga nessa região estão diretamente ligados à energia do Rim e da própria Bexiga. É, portanto, uma área ligada à vitalidade e à fertilidade.

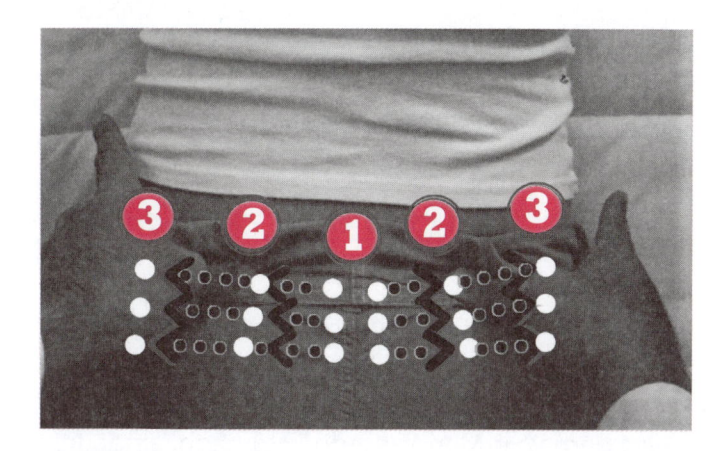

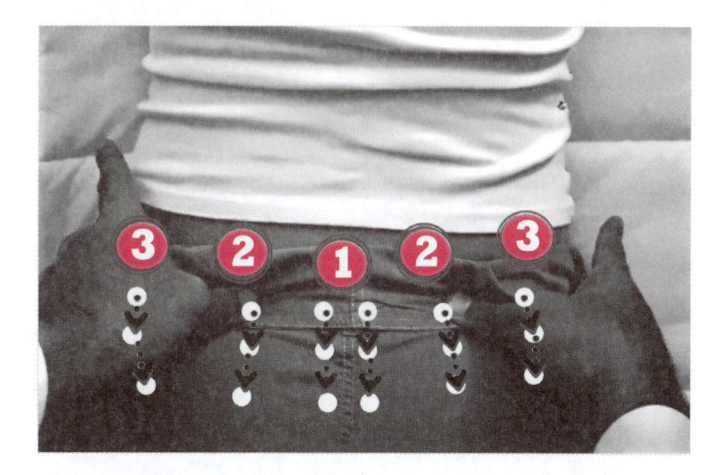

Pressione simultaneamente os pontos da região sacral com os dois polegares, produzindo "faixas horizontais" de dentro para fora; a seguir, execute as mesmas pressões, porém agora verticais, também no sentido medial-lateral.

2. Região posteior das pernas

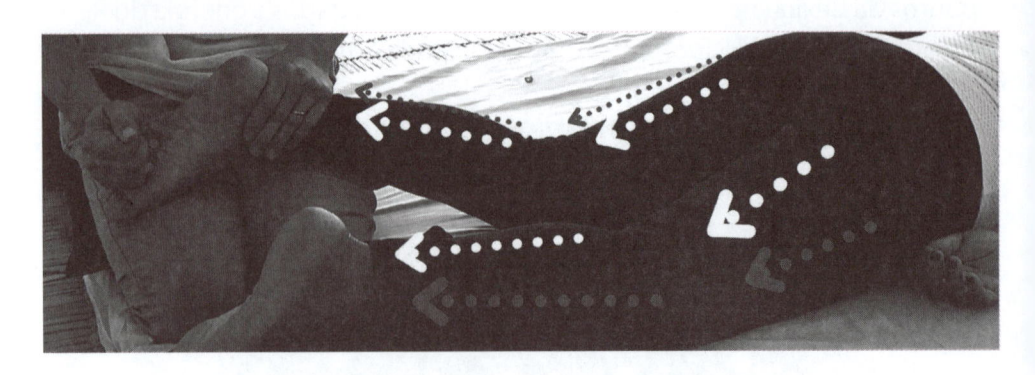

Seguimos com foco contribuindo para a circulação de energia nos Meridianos da Bexiga e Vesícula Biliar, os mais expostos desta área. No entanto, já começaremos a fazer contato com o último Meridiano Yang que passa pelas pernas: o Meridiano do Estômago, ainda invisível nesta posição.

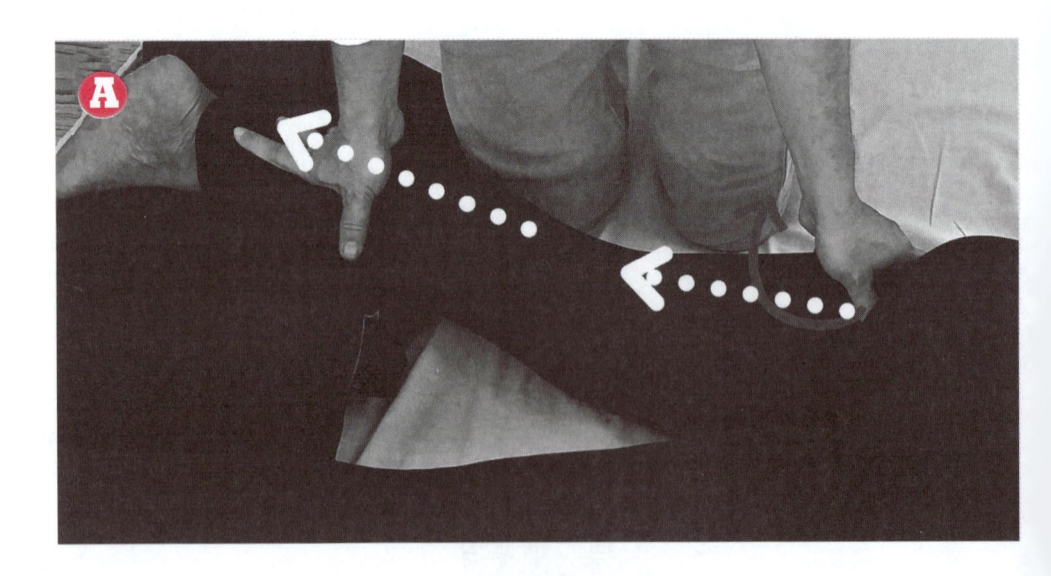

224

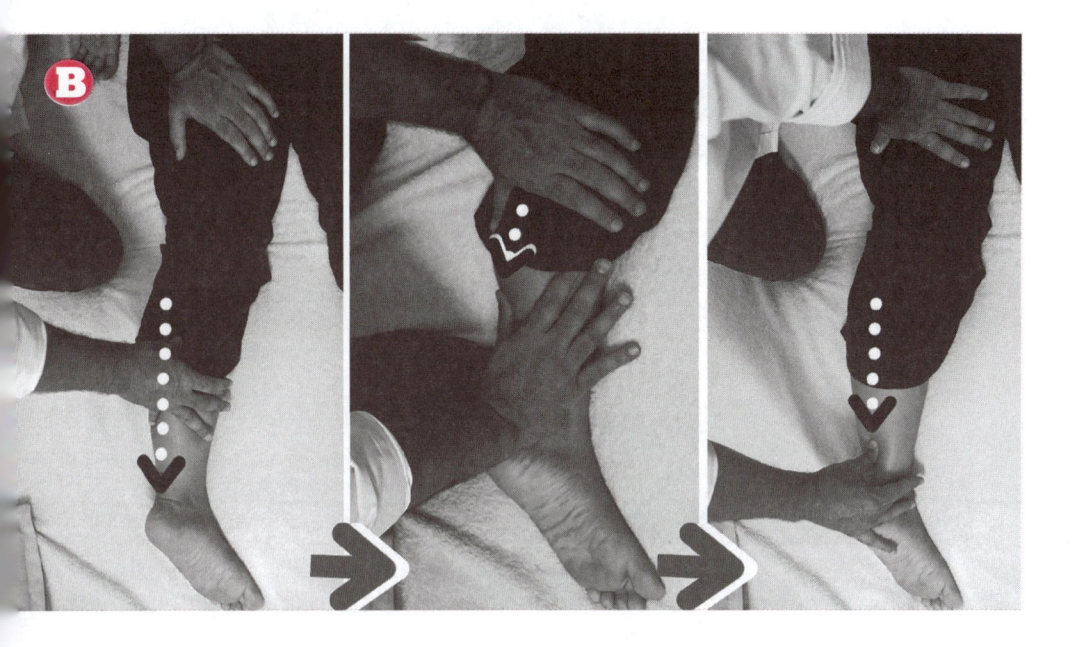

Pressione da coxa (A) aos tornozelos (B), seguindo pelo Meridiano da Bexiga (A). Faça o mesmo dos dois lados do corpo.

Observe o hiato entre as linhas tracejadas em (A) e (B): o joelho é uma região sensível e a pressão deve ser evitada. Aproveite a imagem para perceber que, na comparação entre (A) e o detalhe (B), que na região da coxa optou-se por um toque de pronação, e na região da panturrilha por um toque de supinação. Isso não é uma regra, mas demonstra a flexibilidade que se tem sobre os movimentos.

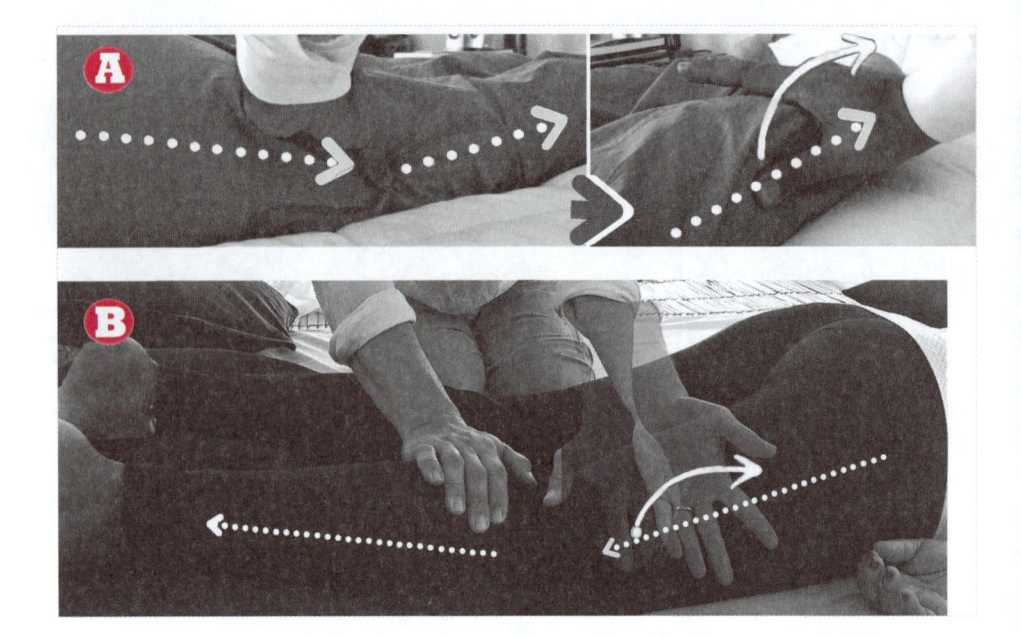

Nas pernas, o modo com que se atua em contato com o Meridiano da Vesícula é semelhante ao do tronco, tanto do lado do corpo posicionado mais próximo ao interagente yang (A), quanto do lado oposto (B).

3. **Alongamento**

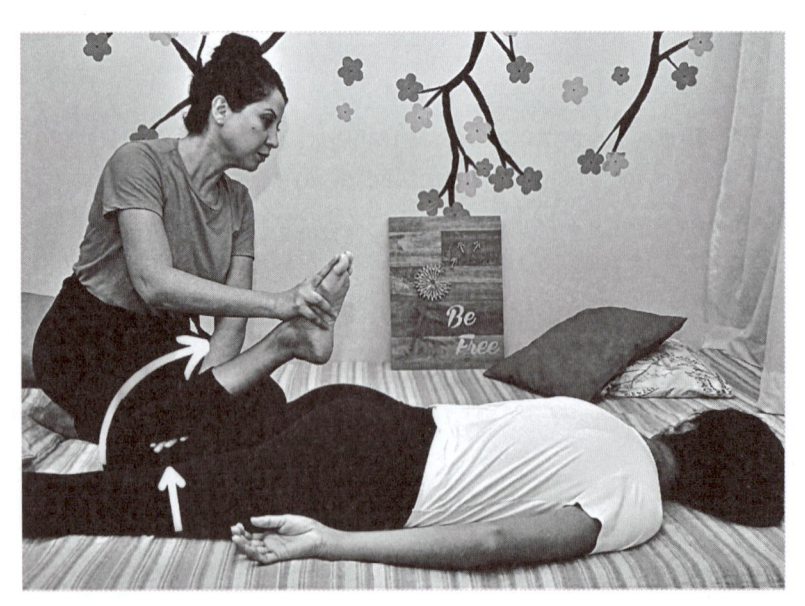

Agora será feito um alongamento com o objetivo de criar nosso primeiro contato com o Meridiano do Estômago. Ao atuar sobre o quadríceps, na parte anterior do corpo, a flexão da perna, além de favorecer a livre circulação de Ki nas articulações do quadril e do joelho, também "acorda" este Meridiano, que será diretamente trabalhado na etapa seguinte.

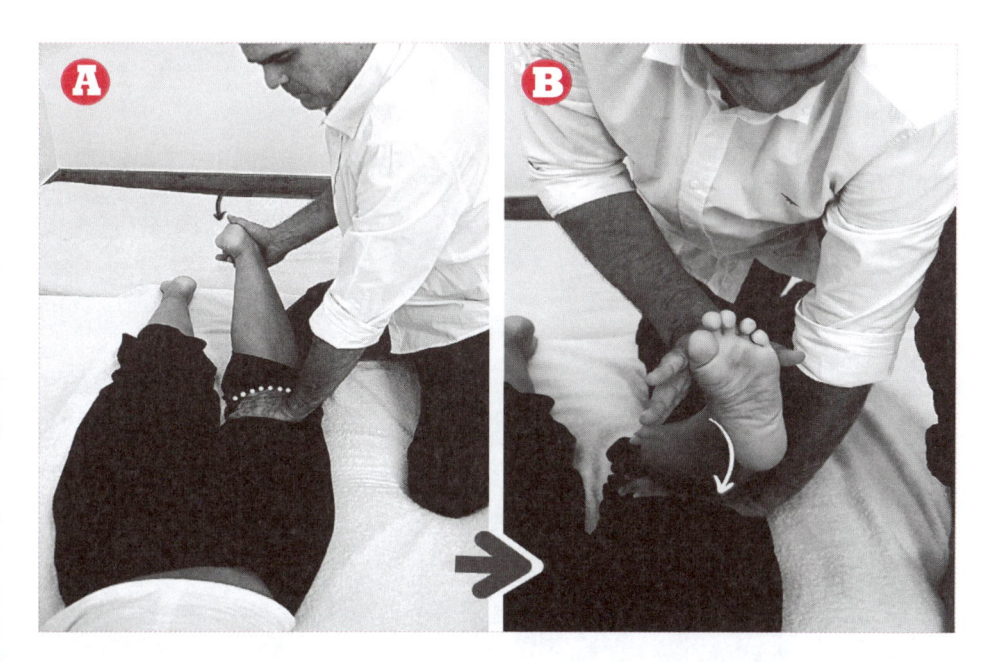

Coloque a palma de uma mão bem aberta, com seu arco contornando a articulação do joelho (A). Com a outra mão, leve a perna a uma posição de flexão e alongue suavemente por alguns segundos (B).

4. Sola dos pés

Os pés são centros energéticos importantes, essencialmente receptores de Yin e descarregadores de Yang. Começaremos o contato com os pés através da sola de cada um deles, como último movimento com a pessoa virada de bruços.

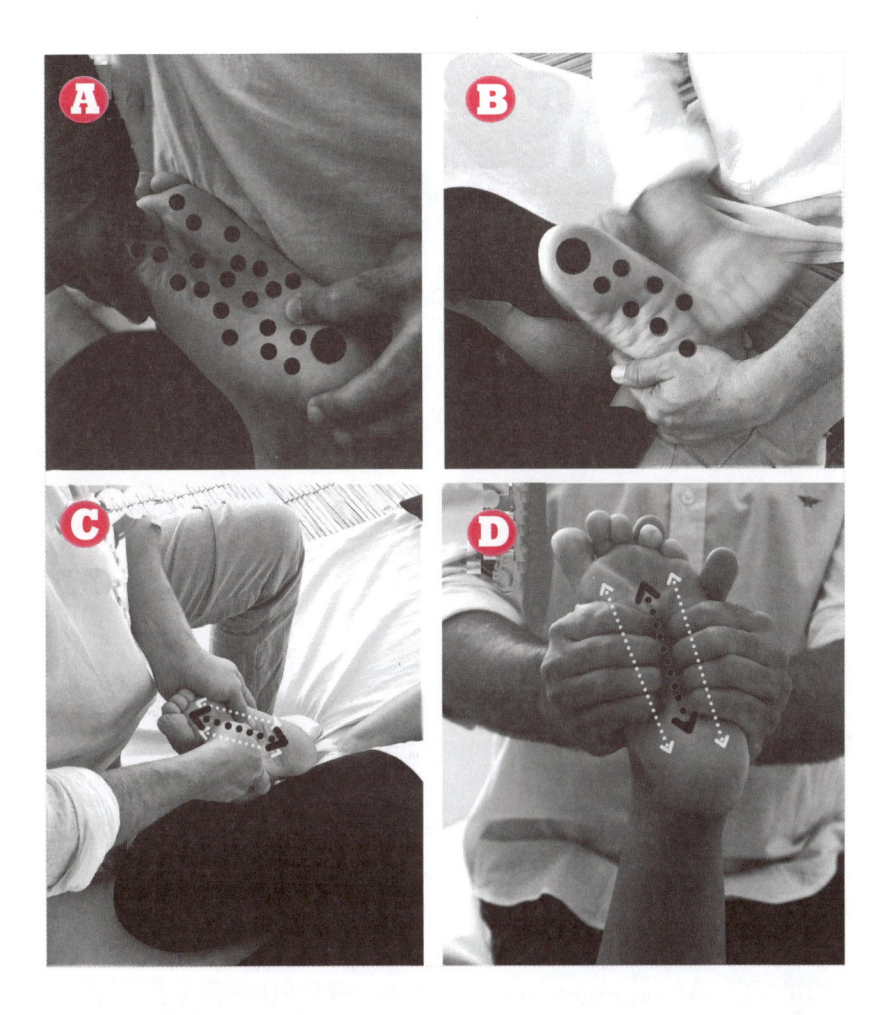

A sola dos pés, nesta sessão básica, será ativada como um todo: faça uma série de pressões aleatórias (A) ou lineares (B, C, D) com os dedos em toda a superfície plantar. Você pode utilizar polegares (A, C), os demais dedos, formando uma "pegada" (D) ou mesmo a mão fechada (produzindo "soquinhos" na sola do pé) (B). Observe que mais de uma posição e postura é possível nesse contato: os pés podem ser acomodados junto ao corpo do praticante (B); um pé pode ser erguido e trabalhado com o joelho em ângulo de 90 graus (A, C, D), entre outras possibilidades, que devem levar em conta a posição de um praticante em relação ao outro.

Após ativar a circulação e o fluxo de energia através de estimulação da sola do pé. Reinicie todos os movimentos na outra perna e, ao concluir, peça para a pessoa se virar de barriga para cima.

Com os Meridianos da Bexiga e Vesícula Biliar muito bem trabalhados, e outros Meridianos Yang já contatados, podemos dizer que o lado Yin (frente do corpo) já se apresenta de modo tranquilo, com suas defesas menos levantadas. O Shiatsu segue agora dos pés à cabeça, passando por tronco, braços etc.

Pés, tornozelos e pernas (anterior)

Os Meridianos Yin se expõem, e ajudarão a conduzir o Shiatsu na direção do corpo. Além do contato direto com os meridianos, cada articulação dos membros inferiores deve ser trabalhada para garantir o livre fluxo de energia.

1. Pés

A pessoa acaba de se virar em decúbito ventral (barriga para cima), e você está posicionada(o) literalmente a seus pés. Utilize uma das mãos para ir posicionando o pé do Outro, de modo a expor cada um dos Meridianos a ser trabalhado (ver o número 1 da sequência na p. 231, por exemplo, ou o número 6: uma mão sustenta para a outra mão aplicar as pressões do Shiatsu).

Um por um, faça contato com os Meridianos Yang dos Pés (Bexiga, Vesícula Biliar, Estômago, e também seus pares Yin (Fígado, Baço-Pâncreas, Rim). Conclua movimentando cada dedo do pé em suaves rotações (seguir sequência da p. 231).

231

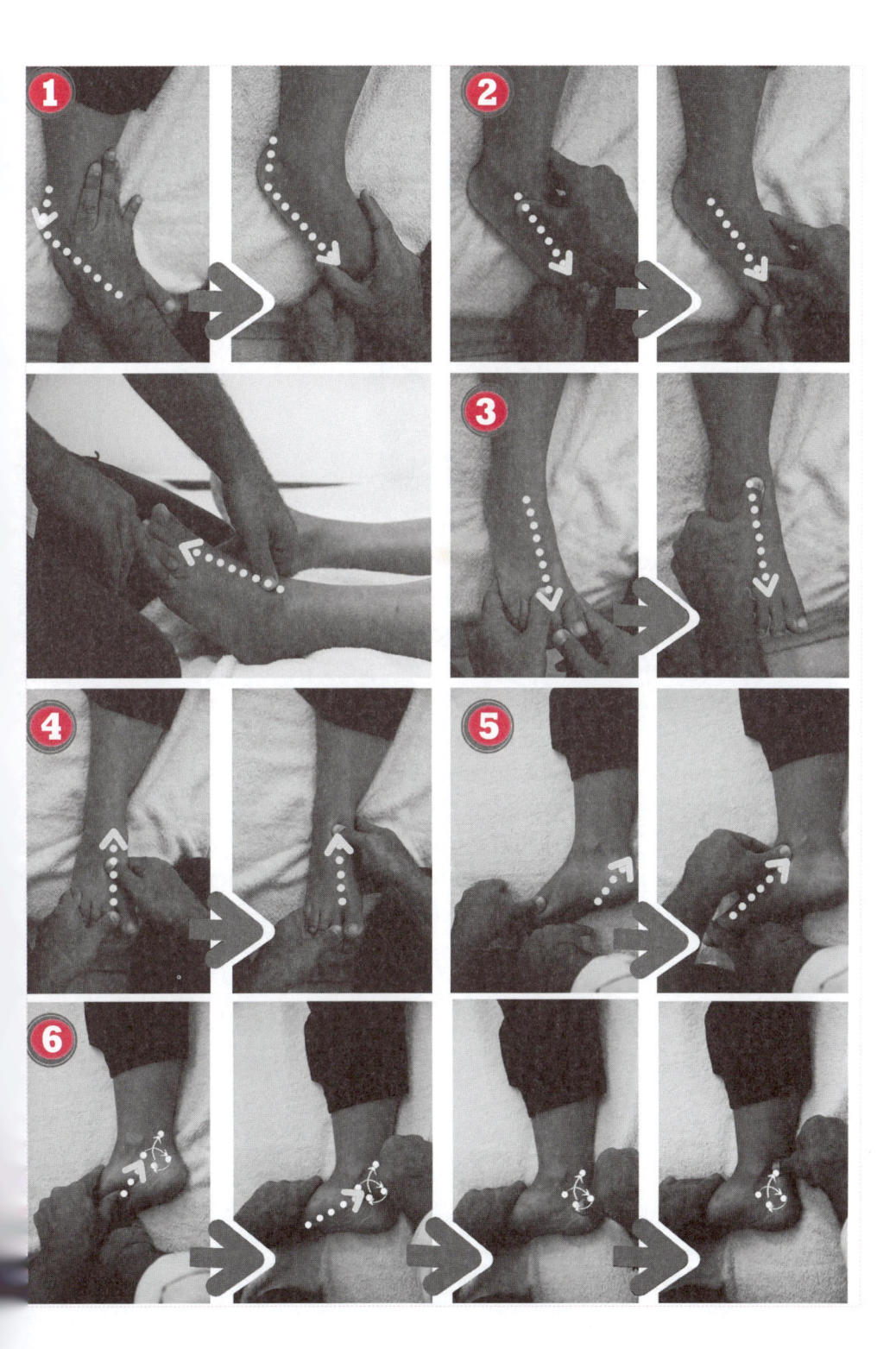

2. Tornozelos

Alongue suavemente o tornozelo com suaves rotações. É comum entre terapeutas a utilização da mão para promover essa rotação, ainda de frente para os pés. Na ilustração ao lado, a proposta é que o praticante se posicione perpendicularmente em relação à pessoa com quem faz o Shiatsu, sustentando no Hara o pé do Outro. É quase como "colocar o pé da pessoa no colo". A rotação dos tornozelos, neste caso, não é feita com as mãos, e sim com o corpo inteiro. Execute um movimento pendular, girando o tronco em torno de seu próprio centro de gravidade (cintura). Sustentando o pé junto ao seu Hara, a rotação do tornozelo acontecerá de modo eficiente e para além de efeitos articulares. Gire algumas vezes em sentido horário, e outras no anti-horário.

233

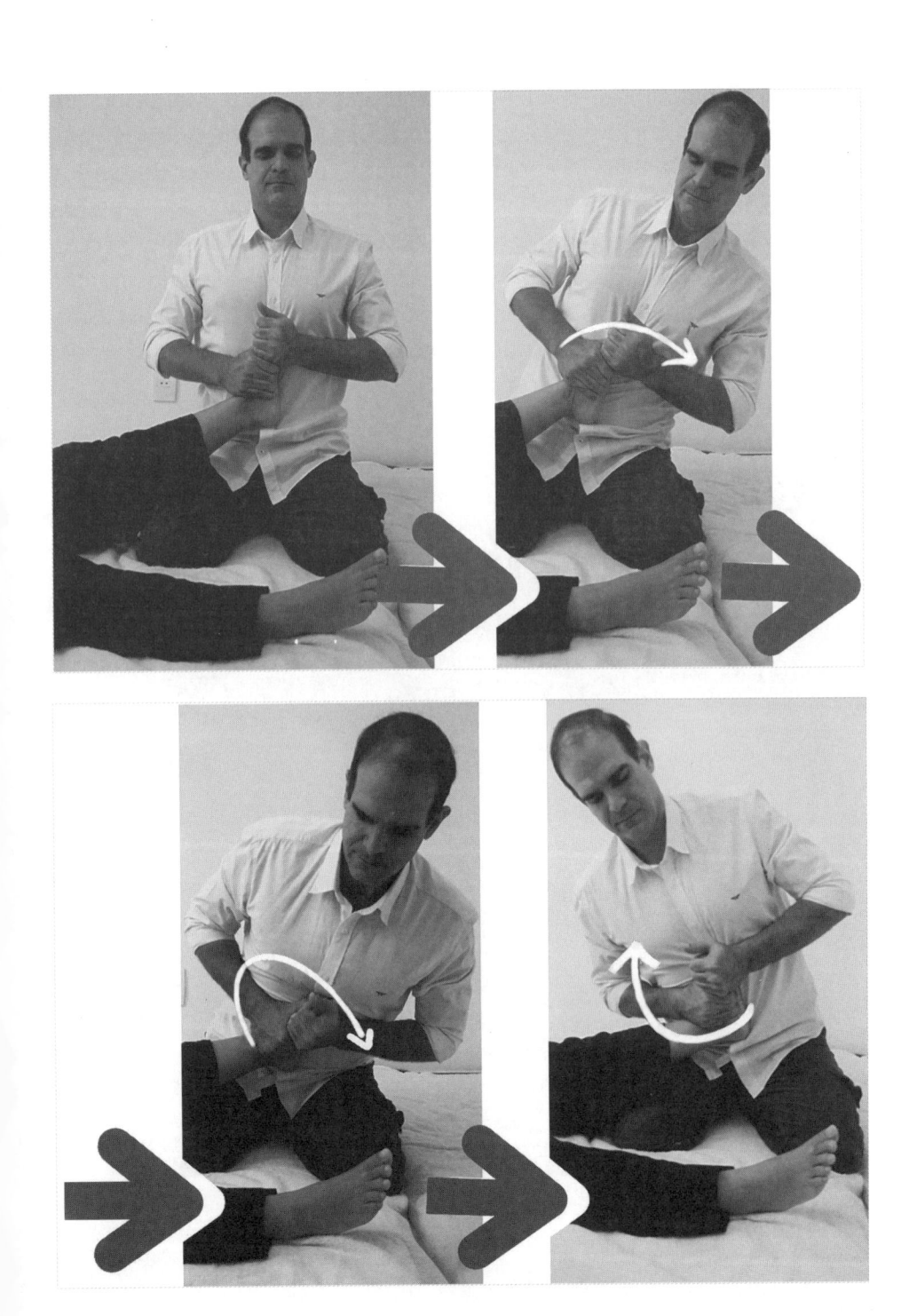

3. Meridiano do Estômago

Nas pernas, iniciaremos fazendo contato com o Meridiano do Estômago, que conclui nesta região a sequência dos meridianos Yang (Bexiga e Vesícula Biliar já foram contatados com a pessoa de barriga para baixo). Posicione-se lateralmente, na altura próxima ao joelho da pessoa. Faça contato com o Meridiano do Outro a partir do alto da coxa (1), seguindo o fluxo de energia na direção dos pés; passe pelos pontos que ladeiam a canela e se desejar, pode seguir pelo pé (2); repita o mesmo processo na perna que estiver do lado oposto ao qual está posicionado, sem que seja preciso se deslocar para isso (3).

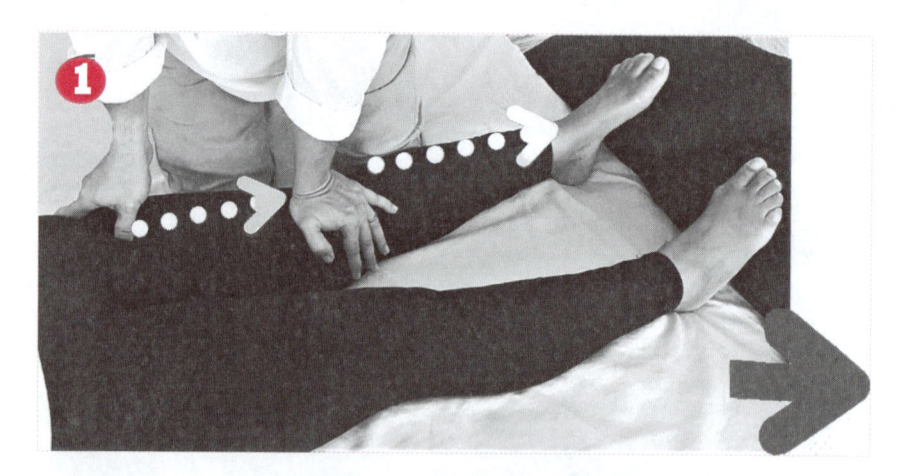

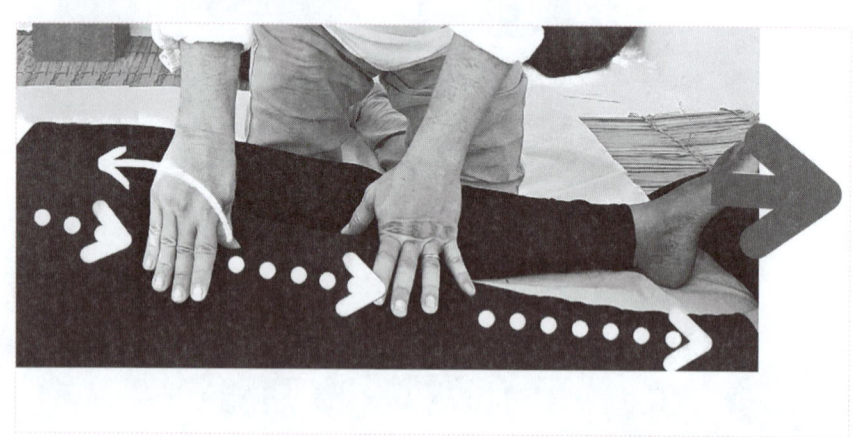

235

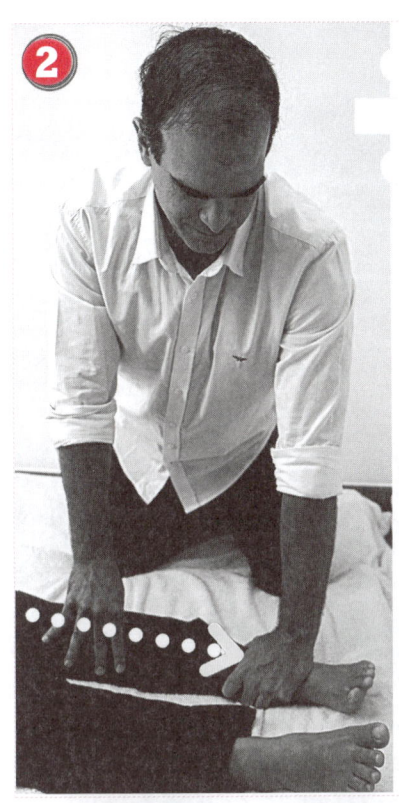

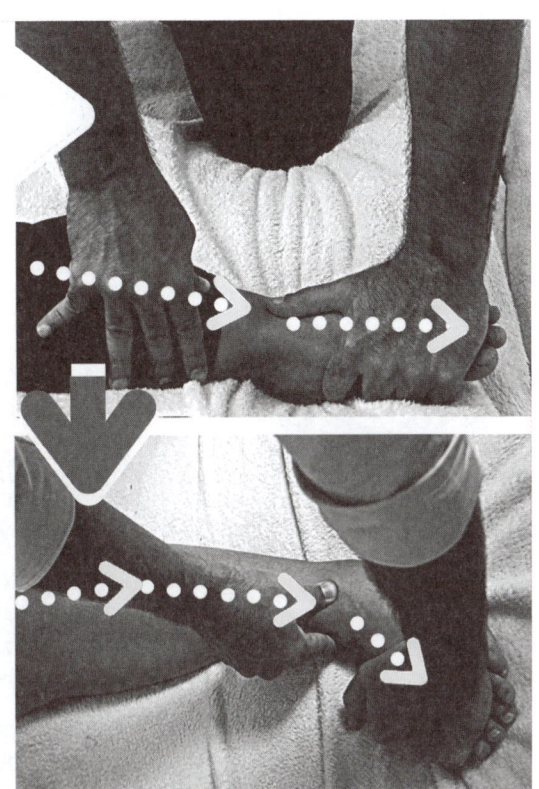

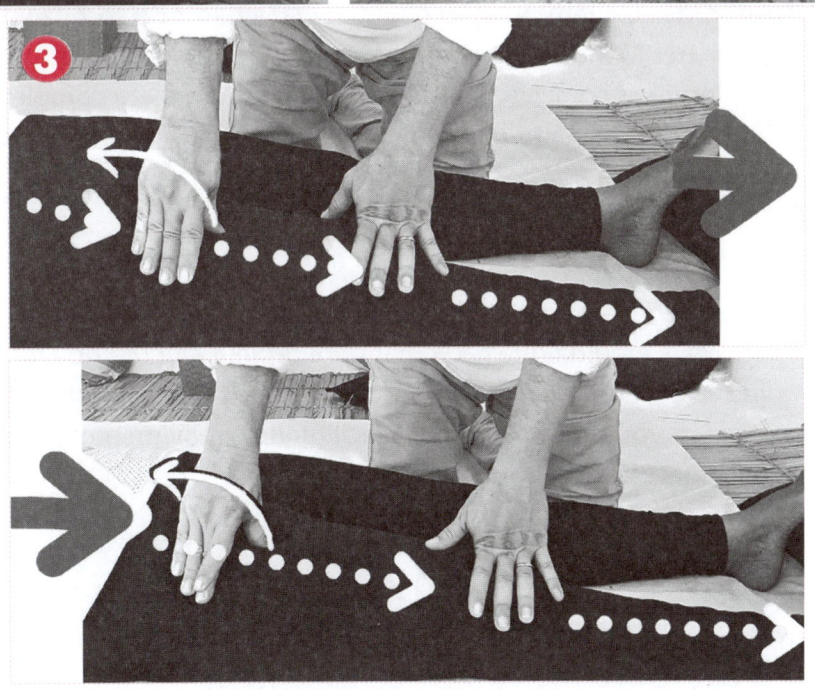

4. Meridianos Yin das Pernas

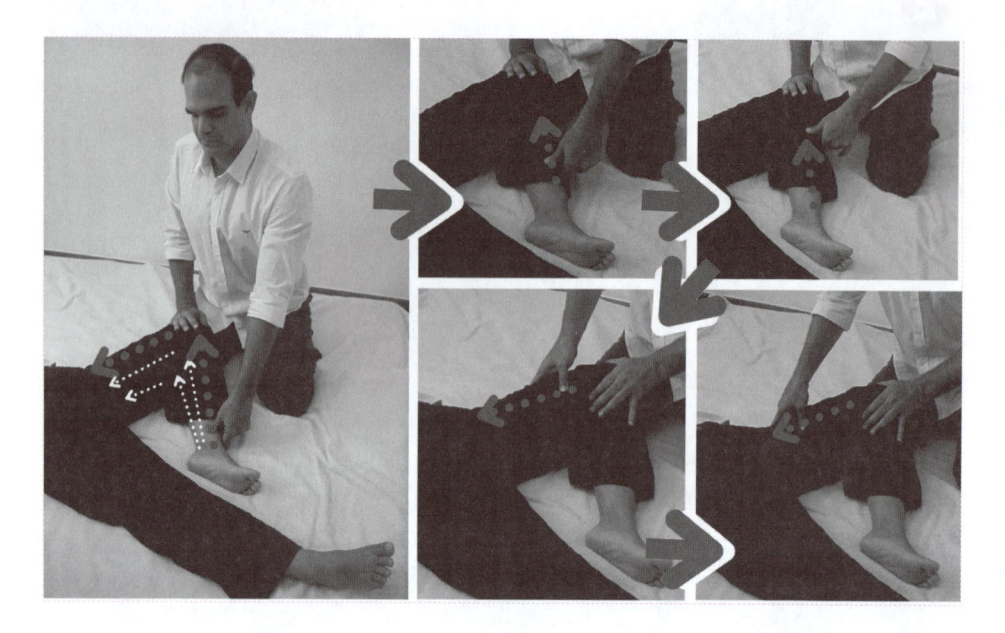

Acomode a perna do Outro de modo a expor os Meridianos Yin. Você pode utilizar uma almofada ou a própria perna como anteparo, mantendo a articulação da coxa em posição neutra. Siga, a partir do tornozelo, por cada um dos três Meridianos Yin das pernas (Fígado, Baço-Pâncreas, Rim). Você pode interagir com cada Meridiano seguindo o trajeto completo da perna (do tornozelo ao alto da coxa), ou realizar os movimentos nos três Meridianos na região inferior das pernas, e depois mais uma vez os três Meridianos na região da coxa.

Dica: o toque com a palma poderá incluir o alongamento da articulação da coxa, à medida que cada manobra projeta a perna do Outro na direção do tatame (solo). O praticante deve estar atento às limitações articulares que se apresentem e facilitando o movimento de acordo com o necessário.

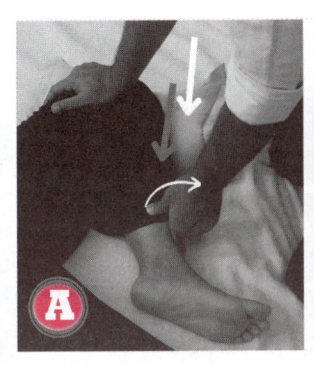

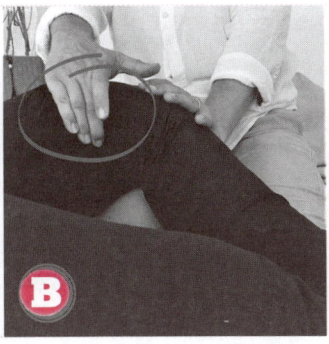

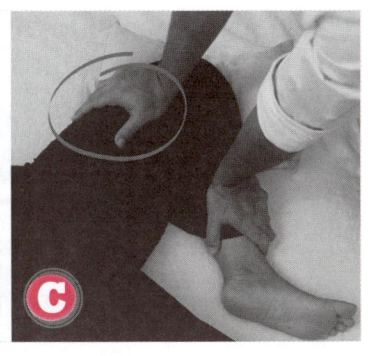

Dependendo da maneira como você se posiciona diante dos Meridianos Yin das Pernas, e acomoda a perna através da qual estará interagindo, pode sentir mais facilidade de utilizar, além da palma, o toque com supinação, pronação, ou ainda utilizando os dedos arqueiros.

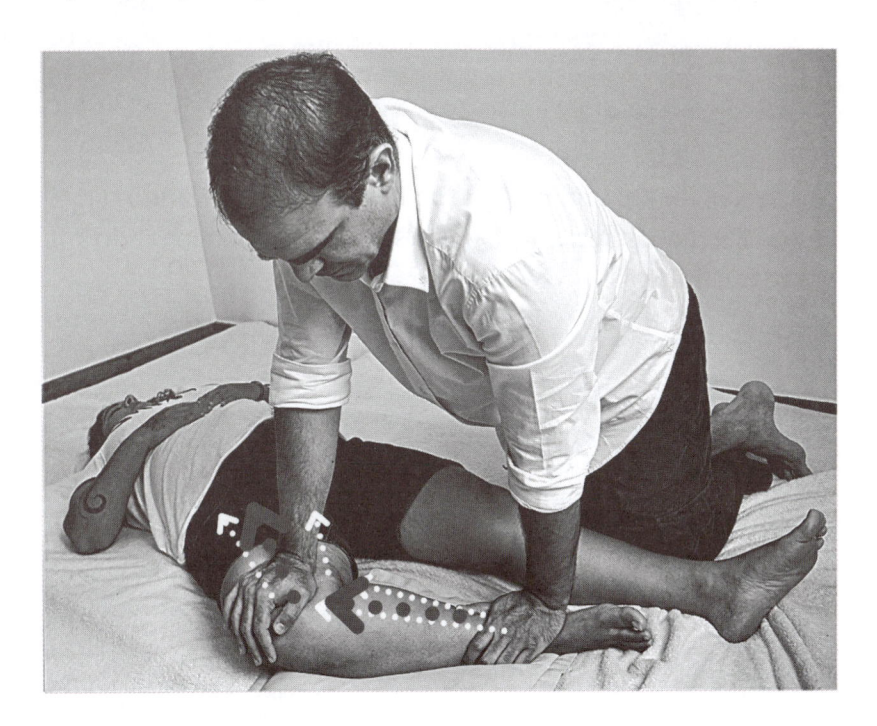

Uma vez que as linhas dos Meridianos da perna do Outro mais próxima de você estejam em harmonia, retorne-a e agora acomode a perna mais distante, colocando uma almofada sob a região do joelho. O modo de interagir é semelhante.

5. Alongamento e rotação da articulação da coxa

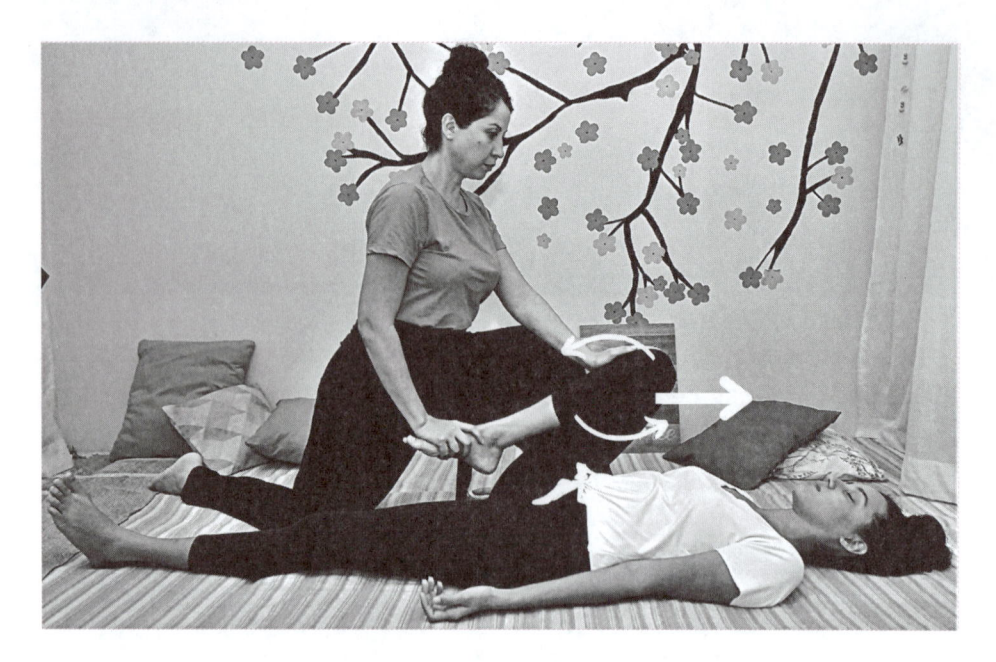

Se desejar, realize um movimento final na perna levando o joelho da pessoa na direção de seu peito, e em seguida proporcionando rotações anti-horárias e horárias.

Abdomen, Tórax

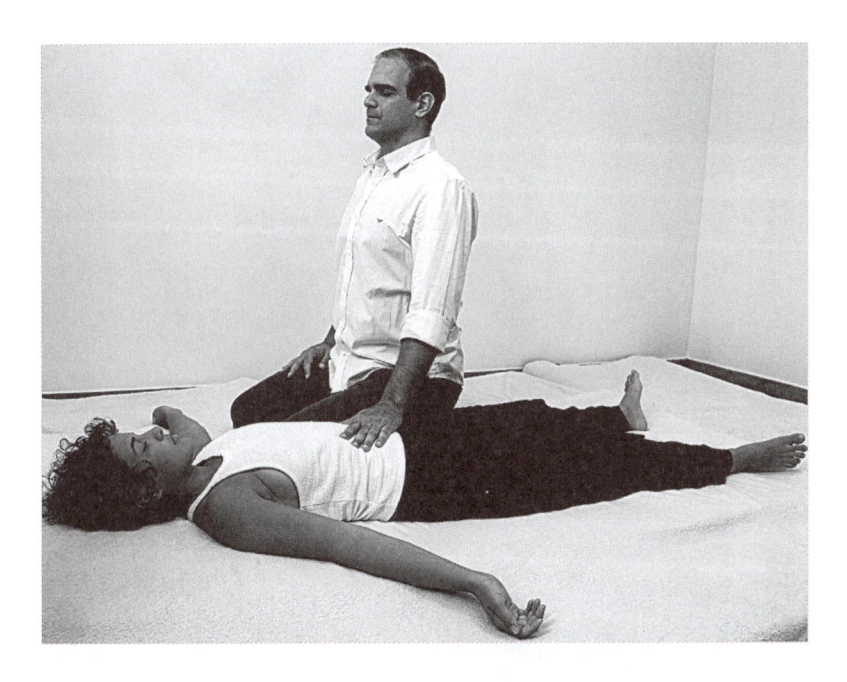

Esta é a etapa na qual qualquer toque não sutil deve ser deixado de lado. A habilidade do terapeuta, no cuidado da sensível cadeia de meridianos Yin — que se encerra na porção anterior do tronco — é fundamental. Aproveite para respirar e perceber a respiração do Outro. É possível sentir o estado de harmonia que já se manifesta com abundância neste encontro fraternal e terapêutico. Faça contato através do Hara e inicie as manobras pelo tronco.

1. Hara

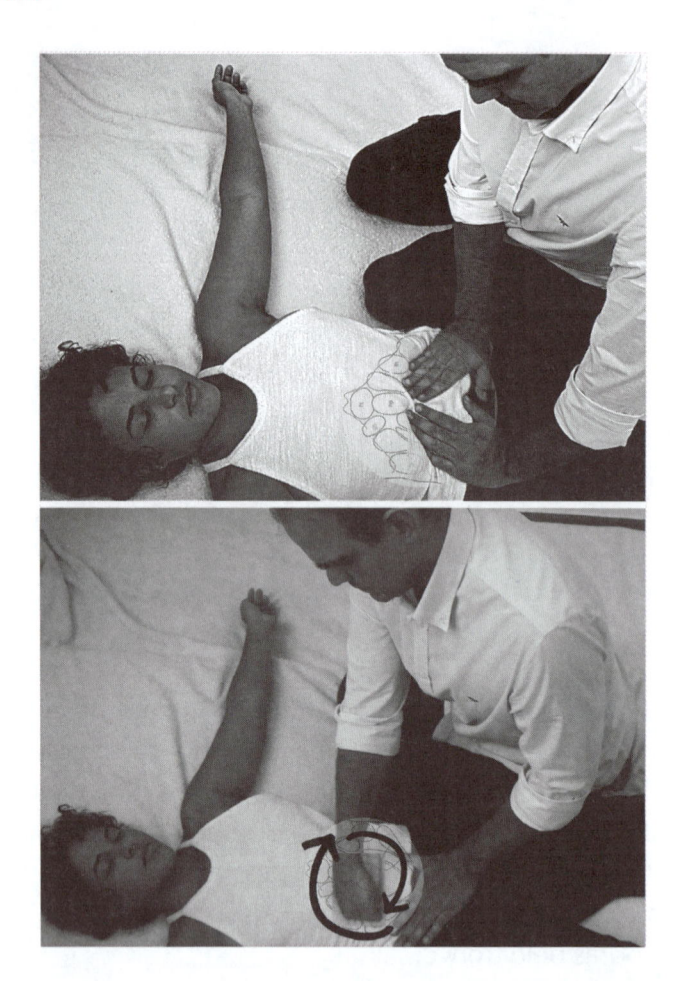

Inicie a sequência de manobras estimulando os meridianos de passagem pelas paredes abdominais (Yang estarão se dirigindo aos pés, e os Yin, de lá oriundos, agora alcançam o tronco), com movimentos suaves e circulares, no sentido do relógio. Faça em torno de três círculos, lentamente.

A cada volta é fundamental aprofundar um pouco mais o movimento na porção anterior do tronco.

Dica: Como variável, é possível executar o movimento produzindo espirais excêntricas e concêntricas.

2. Vaso da Concepção

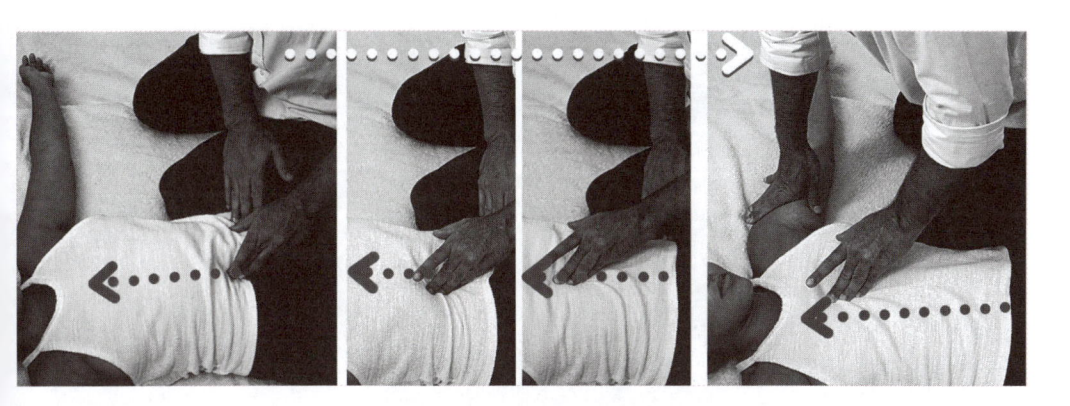

Com os dedos arqueiros, faça Shiatsu muito suave ao longo do Vaso da Concepção, seguindo seu fluxo até a altura do diafragma. Repita esse movimento duas vezes.

Finalize a subida pelo Vaso da Concepção logo acima da altura do coração, no final do osso esterno.

3. Clavícula (área infra-clavicular)

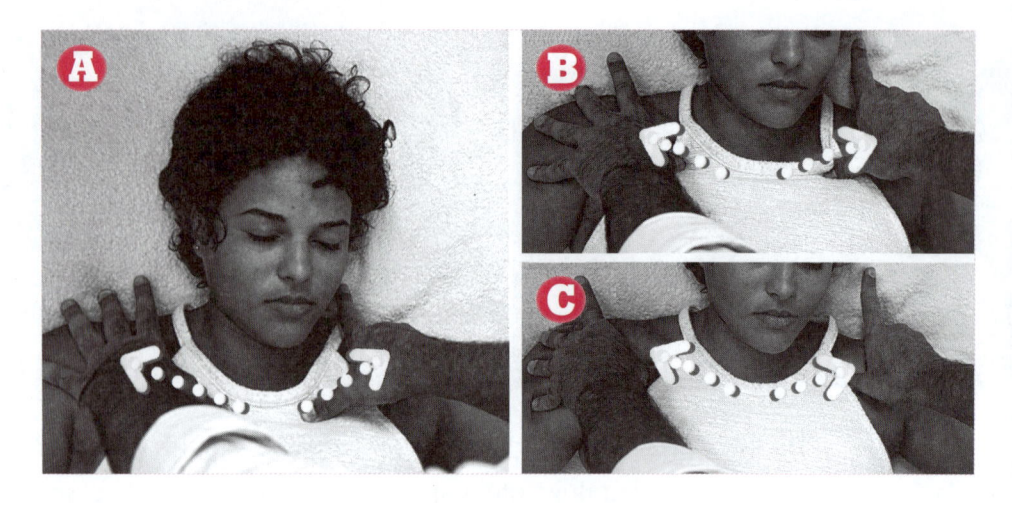

Faça contato indo ao encontro da região logo abaixo da clavícula, de dentro para fora, de forma firme e ao mesmo tempo suave. O ritmo calmo é fundamental. Você estará atuando sobre o último ponto do Meridiano do Rim (1), um ponto do Meridiano do Estômago (2) e, pela primeira vez, entrará em contato com o Meridiano do Pulmão (3), ponto de passagem para os braços.

Braços e Mãos

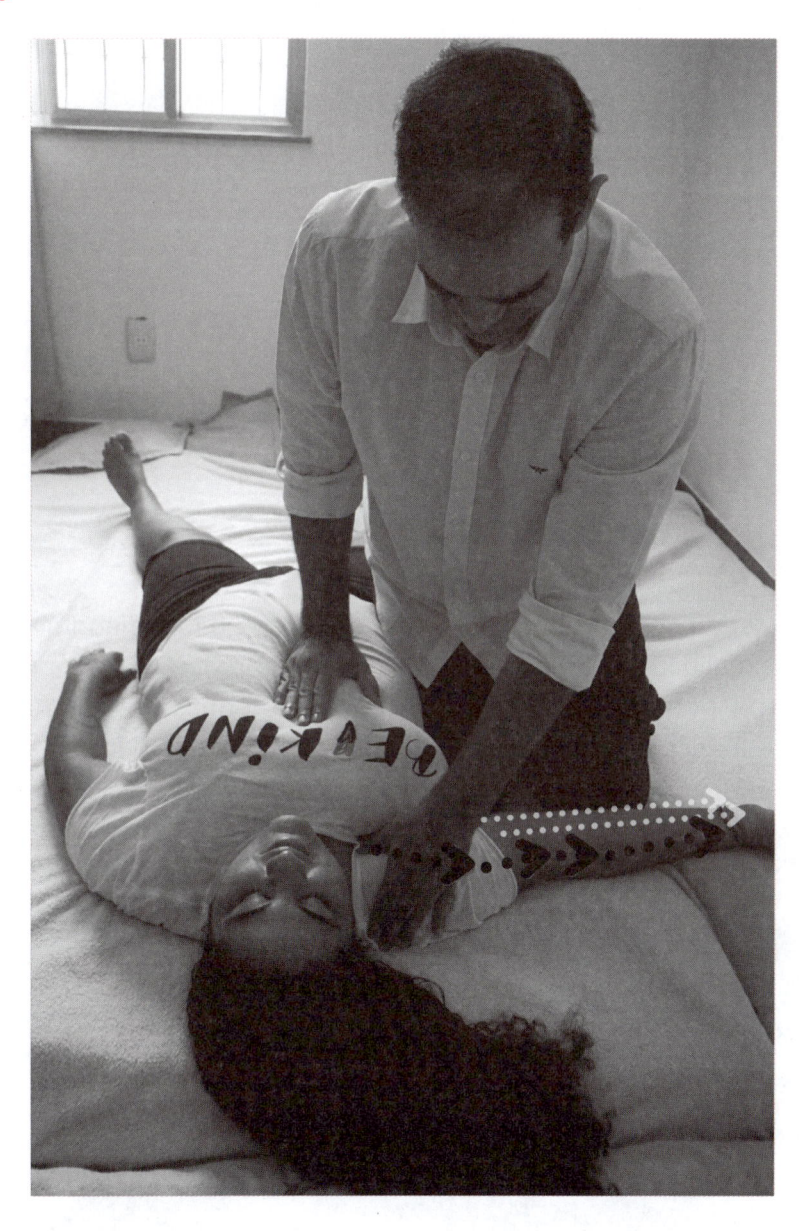

Os braços precisam ter o mesmo cuidado reservado às pernas. A distância entre os Meridianos aqui é mais estreita do que na perna, e o que pode parecer fácil — seguir as linhas Meridionais — apresenta certas minúcias.

1. Porção Yin dos Braços

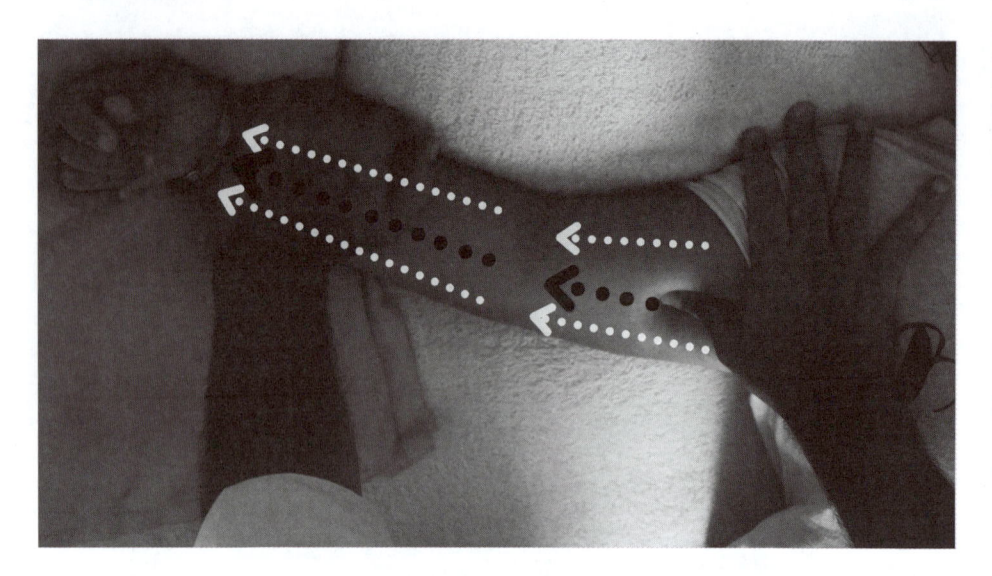

O Meridiano do Pulmão, na altura do Bíceps, o Meridiano da Circulação-Sexualidade, mais ao centro, e o Meridiano do Coração, próximo ao tríceps, podem ser contatados de muitas formas. O importante é percorrê-los seguindo seu fluxo natural (dos ombros às mãos).

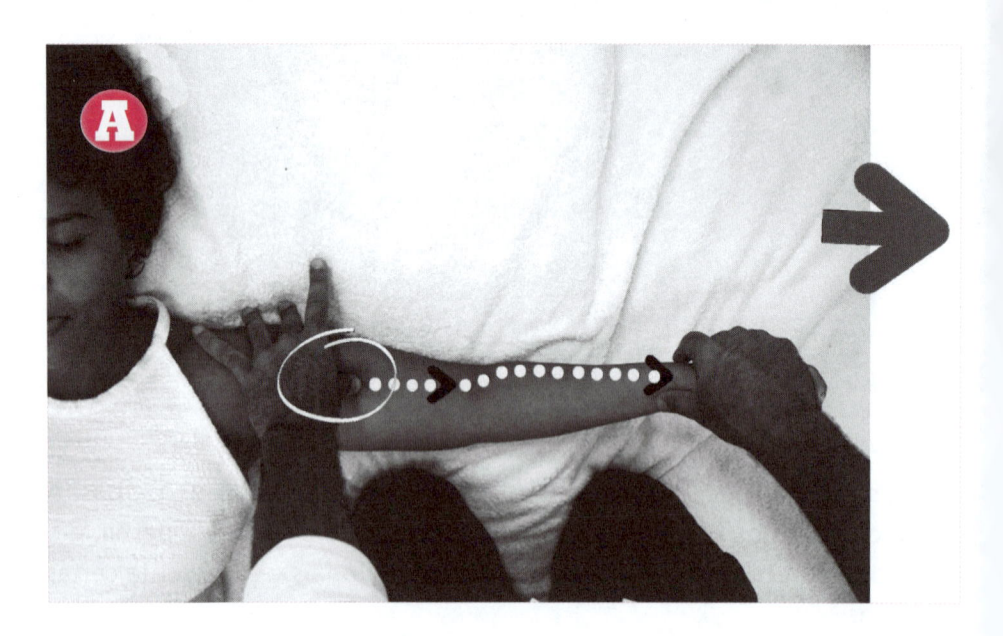

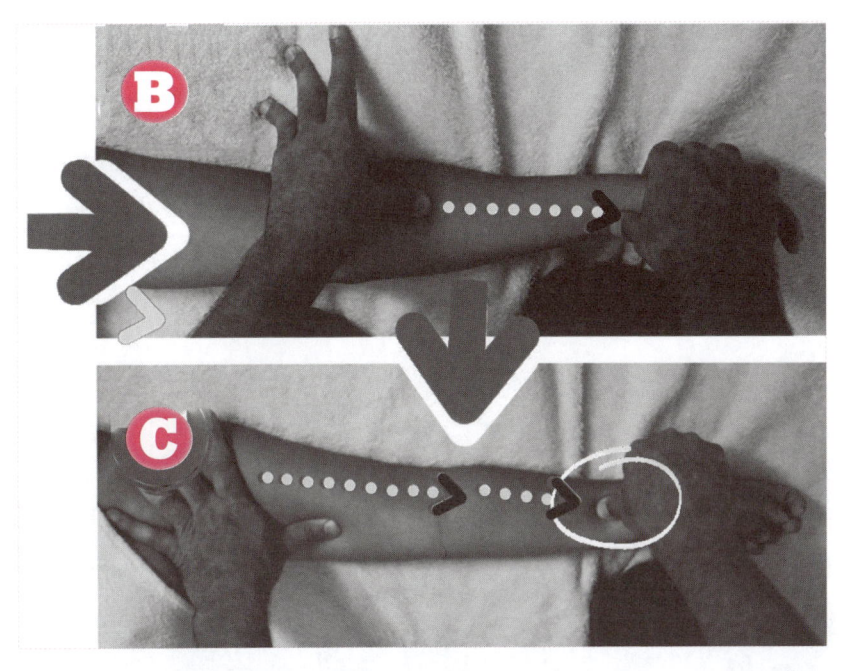

Note que no exemplo de Shiatsu na parte Yin dos braços, o toque sobre o Meridiano do Pulmão começou com a mão esquerda (A, B), e terminou com a mão direita (C)

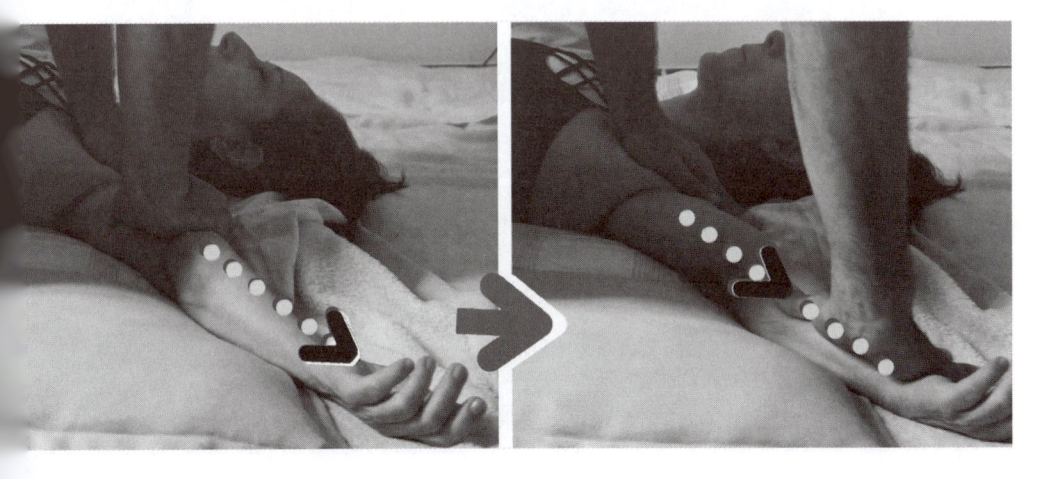

Nesta variação, é utilizada a palma para se entrar em contato com os Meridianos.

2. Mãos

Seis Meridianos concentrados em uma região plena de energia, a representar a capacidade de realização do ser humano. O prazer de fazer e a certeza de que tudo o que fazemos interfere no Universo está nas mãos. É momento de interagir com lentidão.

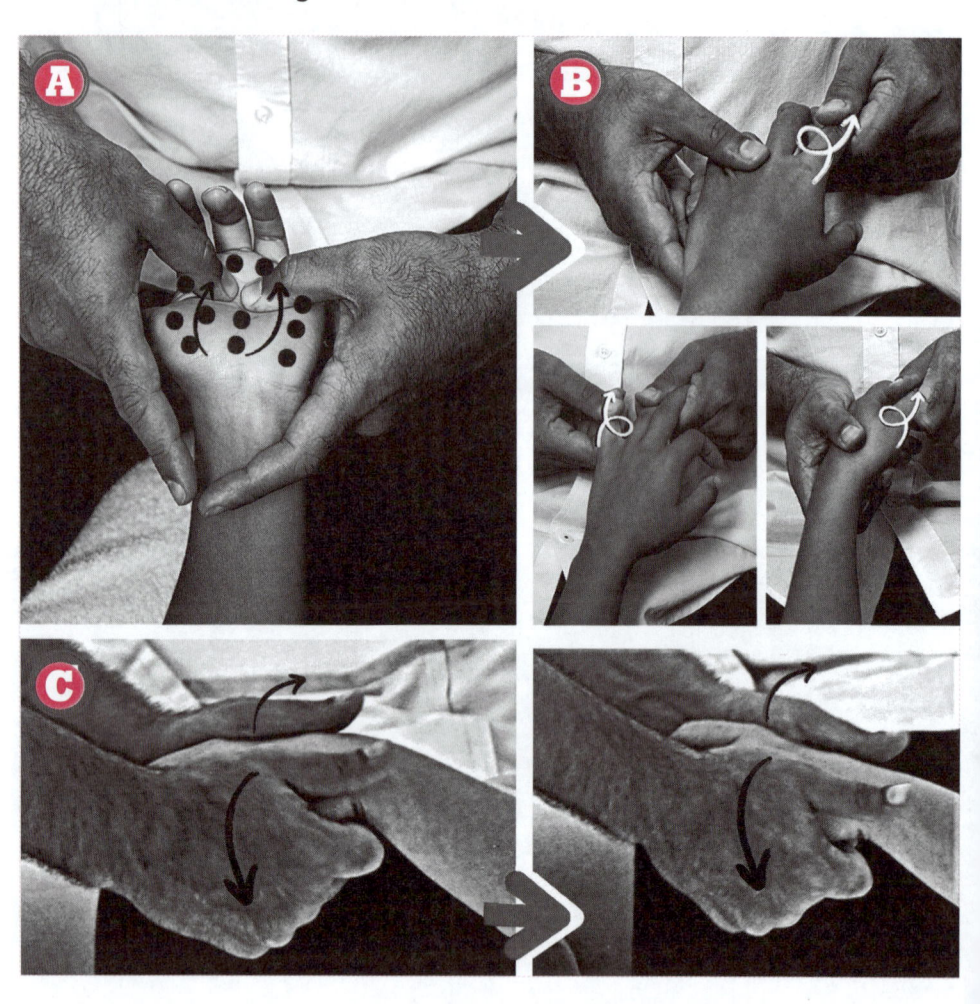

Encaixe os dedos de modo a sustentar a palma da mão da pessoa. Pressione toda a palma, de maneira aleatória ou seguindo o caminho dos Meridianos (A).

Faça movimentos giratórios em cada dedo, descomprimindo as articulações (B).

Com as tenares (a parte carnuda de cada mão, que fica logo abaixo do polegar), faça movimentos no sentido medial-lateral (C), ao mesmo tempo em que ondula a posição do pulso. Repita o movimento, de duas a três vezes.

3. Porção Yang dos Braços

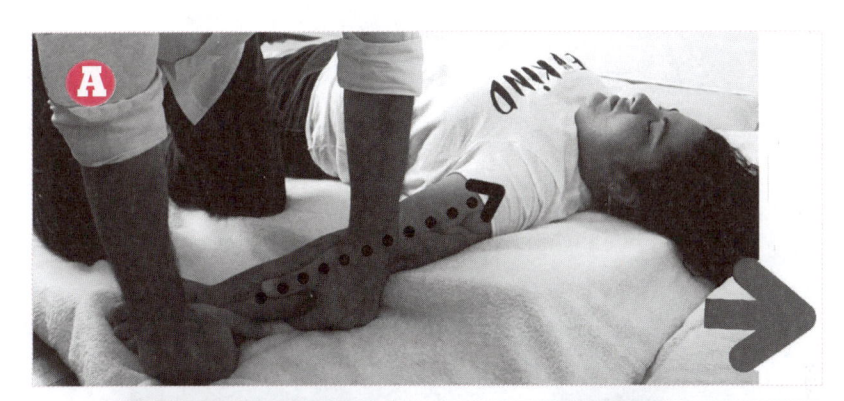

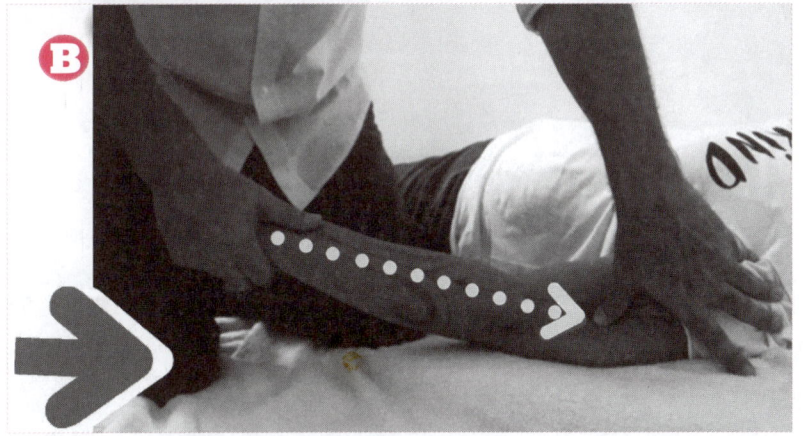

O contato agora se dará pelos Meridianos do Intestino Grosso, Triplo Aquecedor e Intestino Delgado, que se originaram nos dedos e agora seguem na direção do rosto da pessoa. Desloque-se ao encontro de cada um desses Meridianos Yang. Assim como fez na perna, você pode atuar por etapas anatômicas (primeiros os Meridianos no antebraço e depois o braço) ou seguir o trajeto completo de braço para cada um dos Meridianos.

Após repetir esta etapa no outro braço, posicione-se atrás da cabeça da pessoa com quem está praticando Shiatsu, ficando de frente para seus pés.

Pescoço e Cabeça

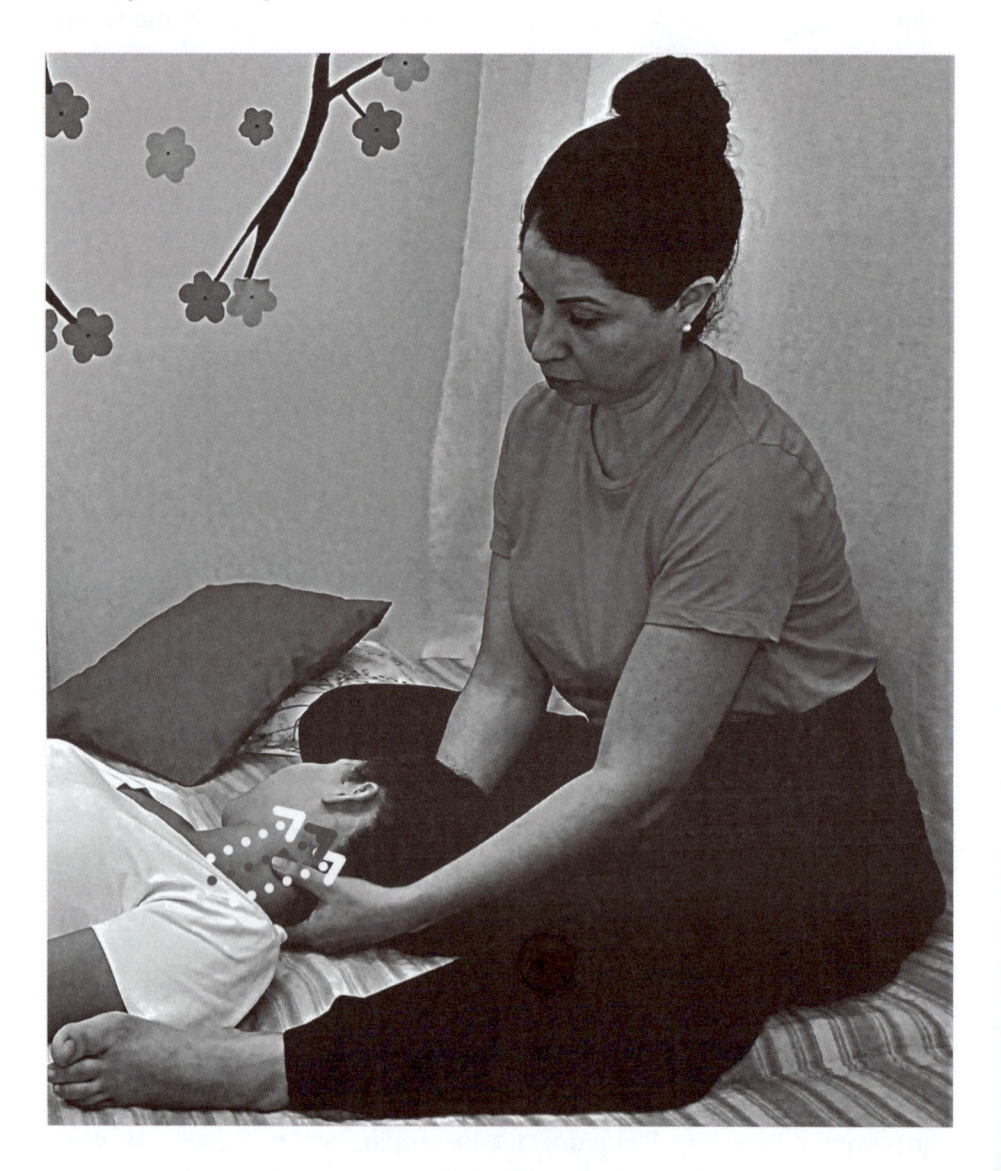

Estamos concluindo esta sequência básica de Shiatsu com uma região totalmente energizada por Meridianos Yang: pelo pescoço e pelo rosto (os seis Meridianos dessa natureza produzem nossa força de expressão ao mundo, o modo como nos comunicamos por palavras e muito além delas).

1. Pescoço

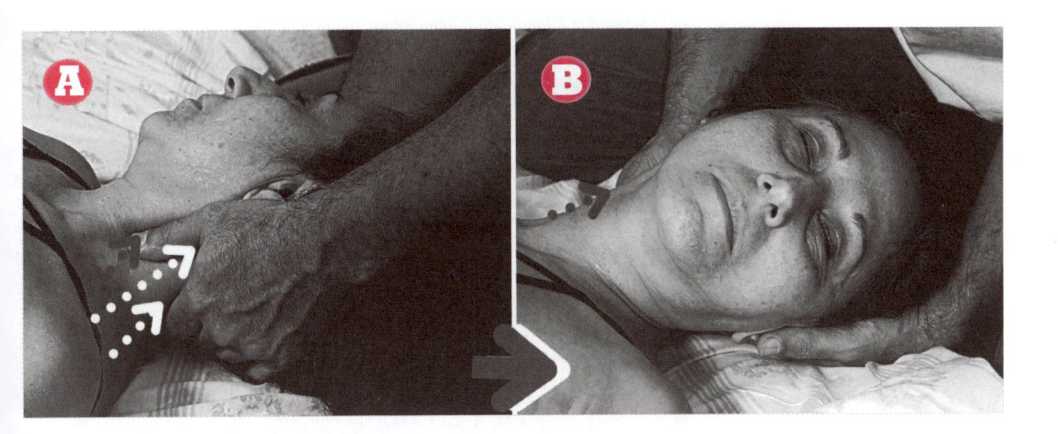

Contate a lateral do pescoço, da região do ombro em direção à face. Muito cuidado com essa área sensível. Procure sentir cada ponto tenso, com diferenças de temperatura etc. Esta é uma área com a capacidade de liberar muita energia retida. Tenha paciência e seja delicado e lento caso haja dor.

Observe que as linhas seguem o desenho dos próprios músculos do pescoço. Há uma tendência ao último toque desta etapa ser concluído próximo à linha do cabelo, na base do crânio.

2. Lateral da Cabeça (região auricular)

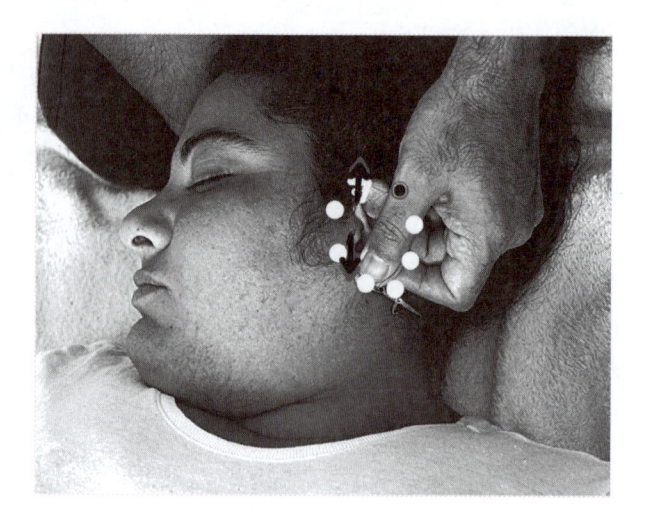

É famosa a representação de um "bebê de cabeça para baixo" na orelha, que é considerada uma importante instância reflexológica. Em seu entorno, Meridianos Yang como Vesícula Biliar, Triplo Aquecedor e Intestino Delgado energizam a área e (também) através dela participam do Todo.

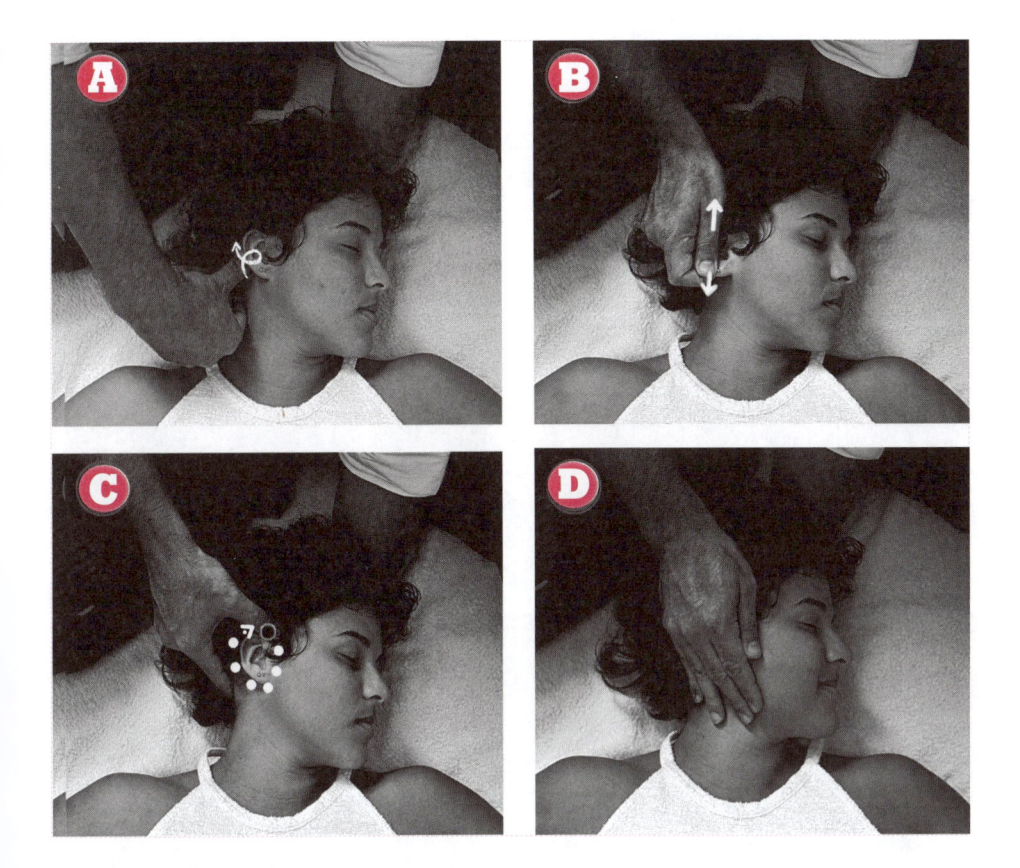

Deslize suavemente o dedo sobre a pele imediatamente atrás da orelha, do lóbulo ao ápice (A). Com os dedos em pinça, estimule o lóbulo e o ápice da orelha com pequenas e suaves "puxadinhas" (B). Faça pressões profundas ao redor da orelha (C). Massageie todo o pavilhão auricular: faça movimentos da região interna para a externa, de baixo para cima e de cima para baixo. Pouse a mão ao redor da orelha, em posição de concha (D). Uma leve dobra do ápice poderá acompanhar esta posição. A ideia é criar um sutil intervalo de repouso energético, antes de seguir para os movimentos do outro lado, ou para a região da face. Neste momento, o praticante deve respirar mentalizando tudo o que foi feito ao longo desse encontro terapêutico e, em seguida, expirar esvaziando completamente os pulmões, deixando que qualquer energia de tensão que possa ter permanecido fique no passado.

3. Face

É chegada a hora de nos prepararmos para o encerramento da sessão. O silêncio na terapia, assim como na música, é tão importante como o próprio movimento. Na face concluímos a atividade de interação e balanceamento dos Meridianos dos praticantes.

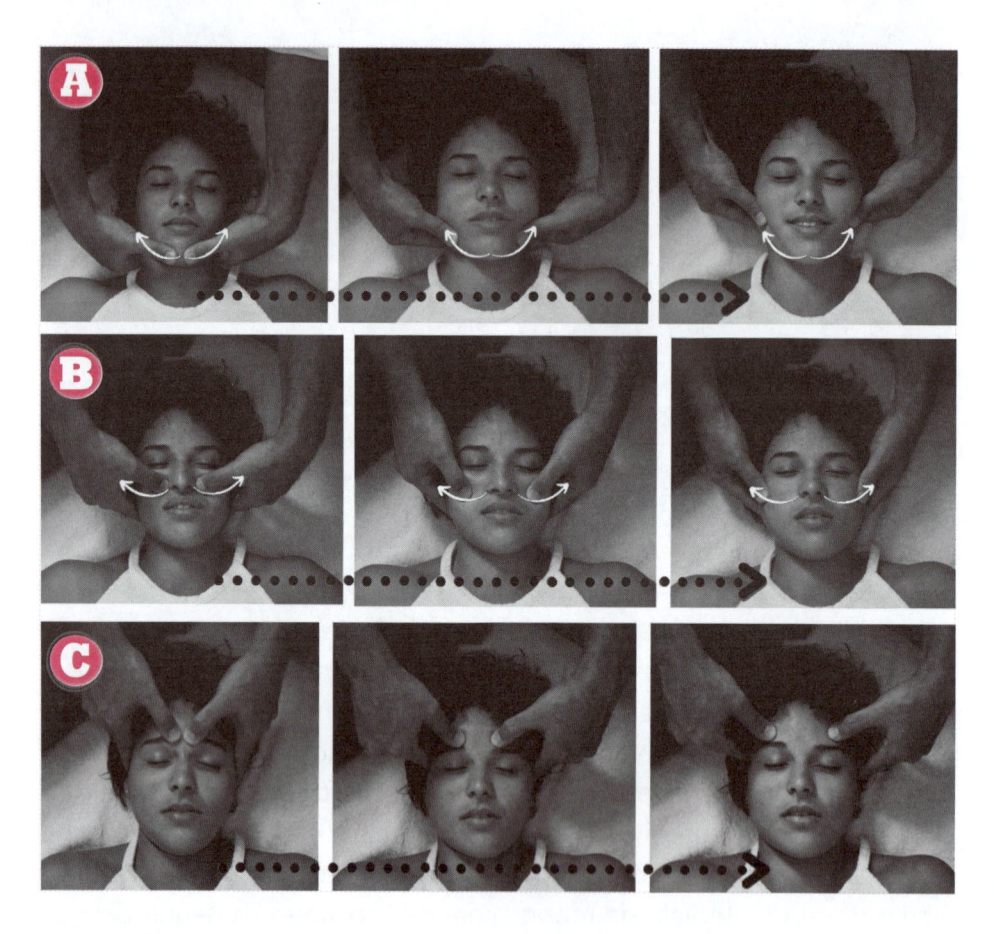

Deslize os polegares a partir do queixo, seguindo o contorno da mandíbula, região do Meridiano do Estômago (A). Deslize pelo contorno da maçã do rosto, pressionando inicialmente no ponto final do Meridiano do Intestino Grosso, e passando por outros Meridianos como Estômago e Intestino Delgado (B). Deslize pelo entorno das sombrancelhas, lidando com os Meridianos da Bexiga e Vesícula Biliar, e faça o mesmo em linhas horizontais por toda a testa (C).

4. Alto da Cabeça

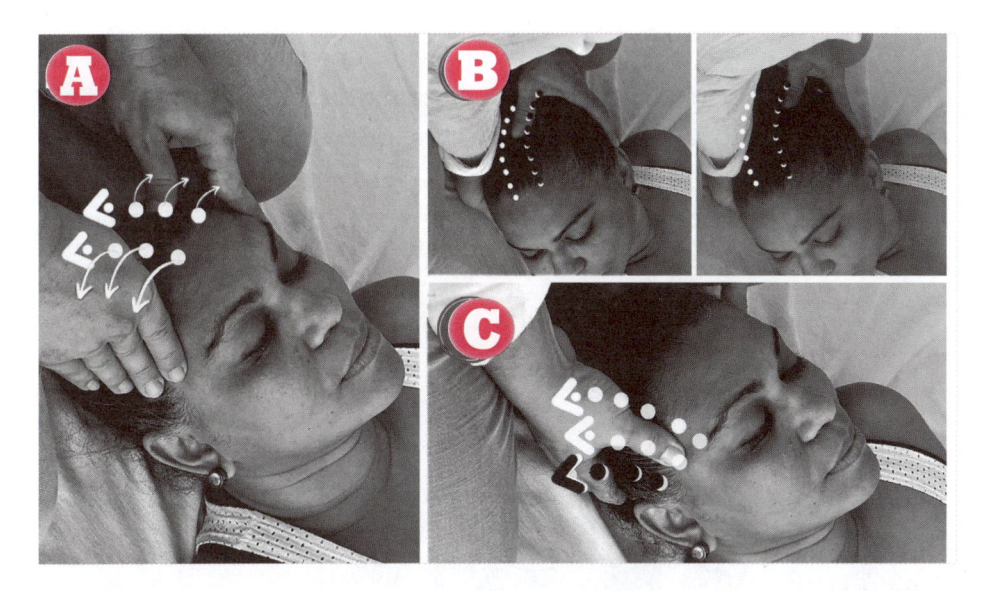

Percorra os dois ramos do Meridiano da Bexiga usando os dois dedos em simultâneo, abrindo para alcançar também pontos do Meridiano da Vesícula Biliar (A); em seguida, faça um trabalho mais lento e profundo, apenas com toque de cada vez (B). Caso não tenha realizado o contato através das linhas do Meridiano da Vesícula Biliar, quando a pessoa com quem pratica estava de bruços, faça-o agora (C).

5. Olhos

Os olhos, fonte de percepção e expressão, encontram-se sacrificados em tempos de hiperestimulação com baixa mobilidade, frequentemente associados ao uso excessivo de telas de dispositivos eletrônicos. Os Meridianos mais a ele associados (Bexiga, Estômago, Vesícula, Fígado) encontram dificuldades em harmonizar a região, que deve se desarmar, permitindo a passagem do sangue e a nutrição das céulas oculares.

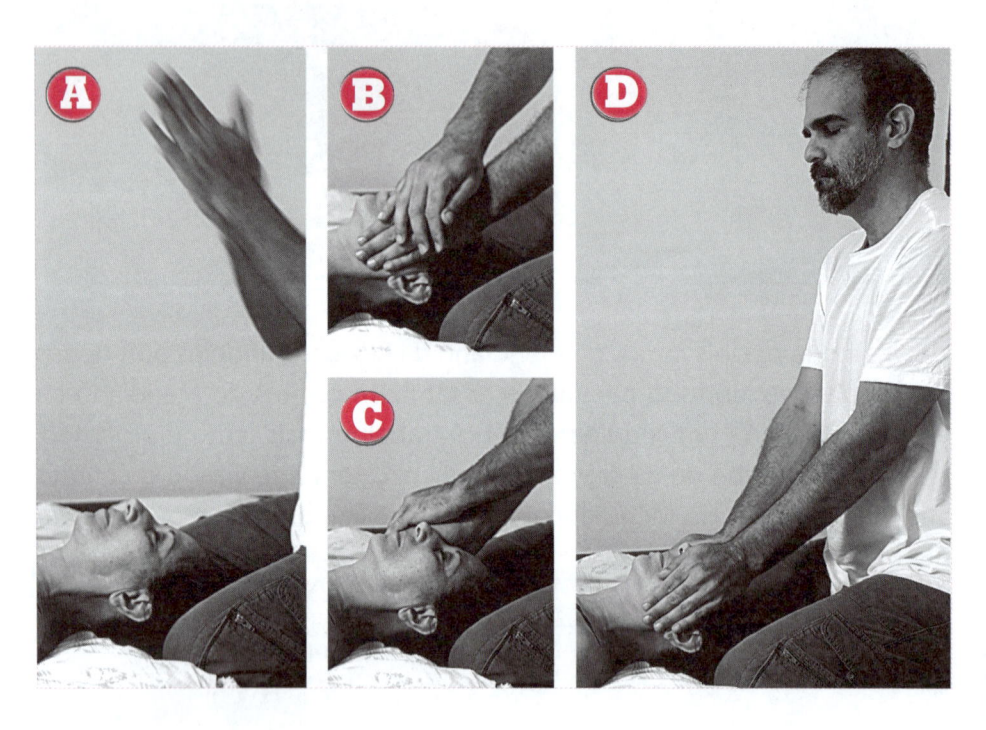

Friccione as mãos de modo a deixá-las bem quentes (A). Ofereça o calor da palma de uma mão a um dos lados do rosto (B). Respire fundo. Faça o mesmo do outro lado (C), e em seguida repita o movimento com as duas mãos, cobrindo os dois olhos (D).

Manobras de Encerramento

A sequência apresentada neste livro conclui seus movimentos tal como acabamos de descrever: o interagente yang atrás da cabeça de seu par produzindo contato através do rosto, lateral do pescoço, todo o crânio e, quando necessário, de volta às regiões diafragmáticas e cardíacas.

Após essa sequência, o praticante que realizou as manobras escolherá entre dois caminhos de encerramento. No primeiro, o objetivo será um encerramento calmo, com os espíritos ainda imersos em Transcendência. No segundo, os dois irão emergir para o mundo prático de forma gradual e animada.

Detalhes sobre os dois modos diferentes de finalizar a sessão:

1. Encerramento em Transcendência

Após as últimas manobras, o praticante se posiciona como no momento em que atuou sobre o Hara da pessoa com quem realizou o encontro terapêutico. Suas mãos podem se manter pousadas suavemente sobre o Hara do Outro.

O processo pode finalizar com uma curta sugestão de respiração profunda e mente harmoniosa, ou o cliente poderá fazer uma visualização. Por exemplo: com a pessoa ainda deitada, pode-se simplesmente pedir para ela respirar fundo mais 3 vezes e em seguida abrir os olhos. A posição assumida propicia que, ao abrir os olhos, o praticante que usufruiu dos movimentos encontre o olhar daquele que os produziu. Trata-se de uma postura de confiança, onde a mensagem passada é: "eu estou presente, estou aqui com você, aqui e agora". Após a breve troca de olhares, deve-se agradecer com *gashô* pela experiência compartilhada.

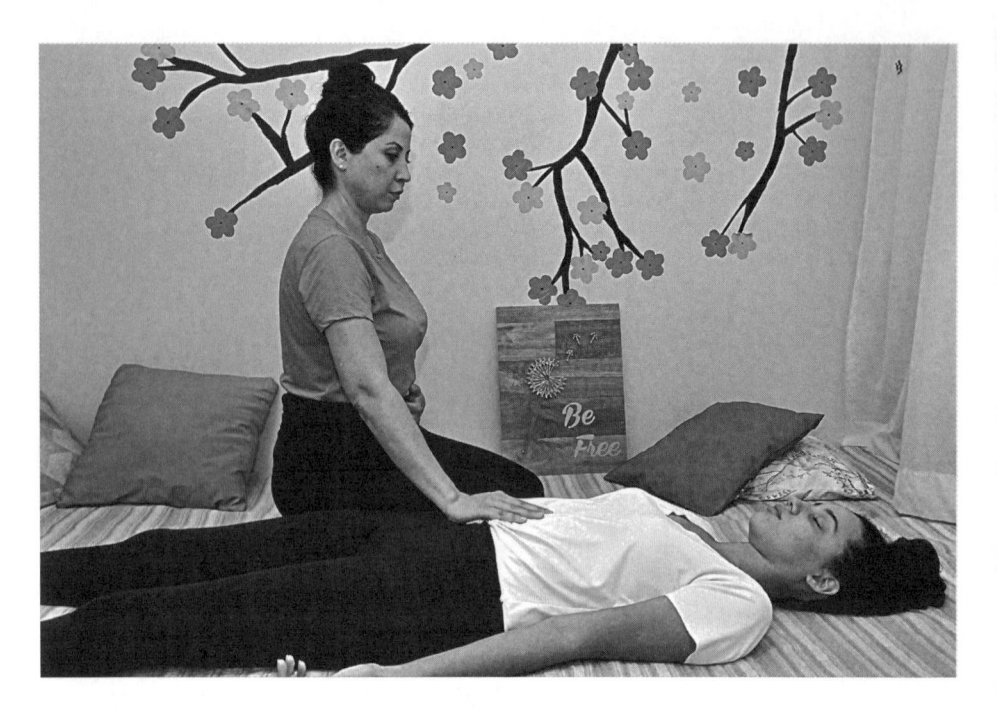

Oriente a pessoa para, se possível, permitir-se à lentidão de movimentos no momento posterior ao encontro terapêutico, ou mesmo a adormecer.

Caso a pessoa tenha compromissos, então proceda de acordo com o modo de encerramento com emersão gradual.

2. Encerramento com Emersão gradual

Neste modo de encerramento evoca-se o Vaso Governador e executam-se alongamentos finais simples, para despertar o corpo e tornar a pessoa mais ativa, pronta para o dia.

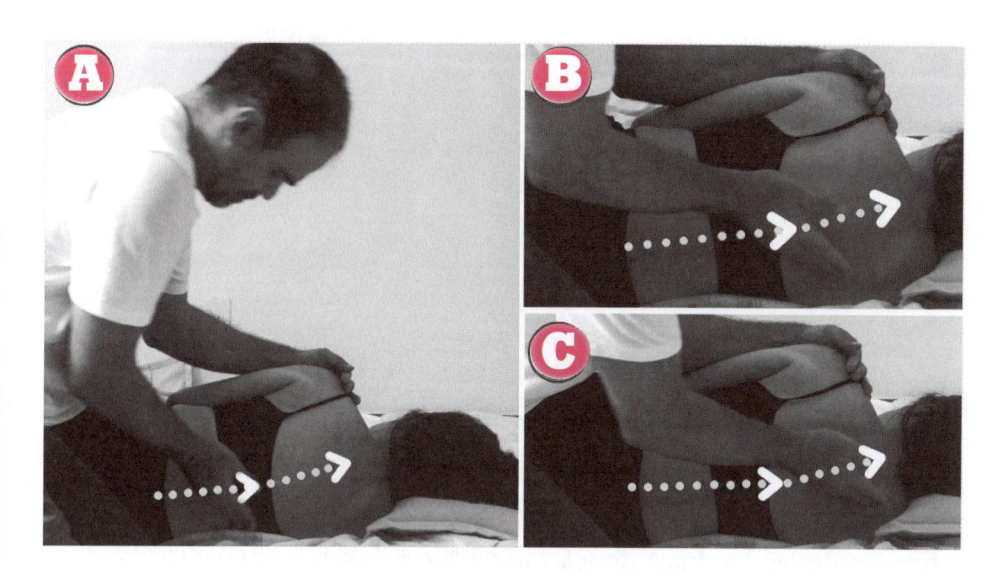

Peça para a pessoa virar de lado, e acomode-a com almofadas sob a cabeça e entre joelhos e tornozelos. Suba com batidinhas leves, para ativar o Vaso Governador.

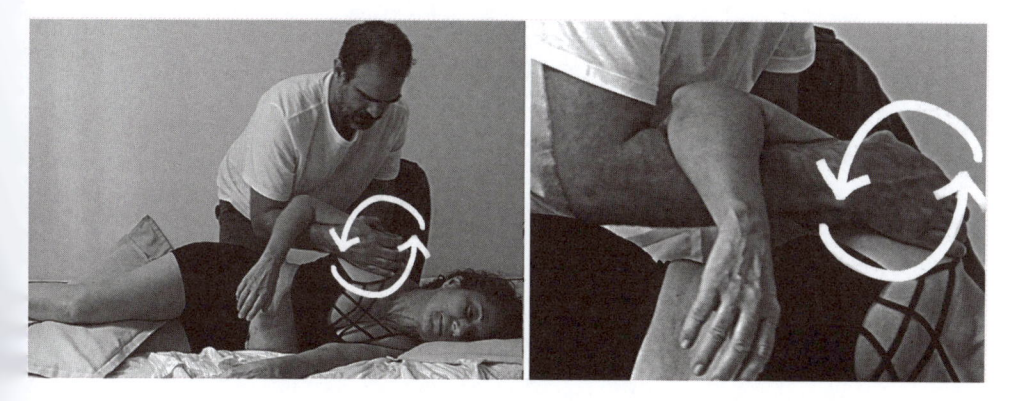

Encaixando o ombro entre as duas mãos, promova uma rotação suave em ambos os lados do corpo. Então peça para a pessoa se sentar.

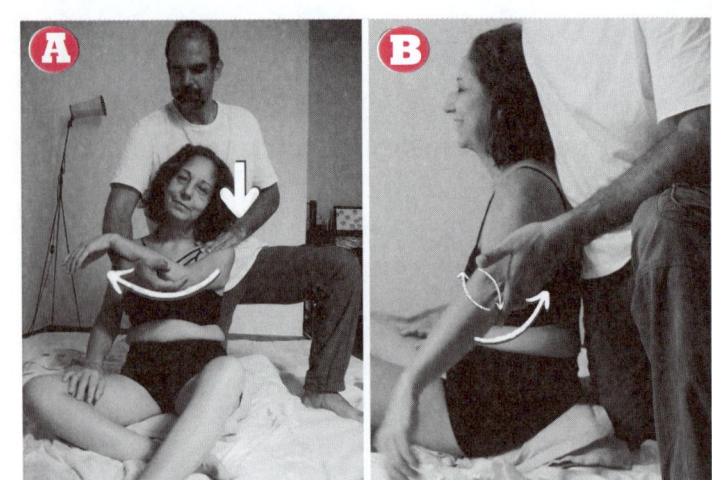

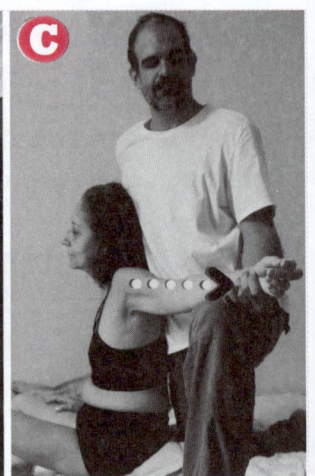

Alongue o peitoral e grupos musculares adjacentes facilitando a energia dos meridianos do elemento Fogo (por essa região passam o Coração, o Triplo Aquecedor, o Intestino Delgado e o Circulação-Sexo): segure um de seus ombros, e pegue pelo cotovelo o braço oposto ao desse ombro, trazendo-o na direção do peito (A).

Obs.: Nesse movimento, atenção ao ombro da pessoa, que você não deve permitir sair da posição inicial.

Em seguida, libere as articulações com leves "sacudidas" (B), observando se a pessoa está entregue ao movimento, sem tentar controlar o braço, apenas permitindo. Então, alongue abrindo o braço esticado, na direção das costas (C). Inverta a posição de sustentação da coluna com a perna e repita os movimentos do outro lado do corpo.

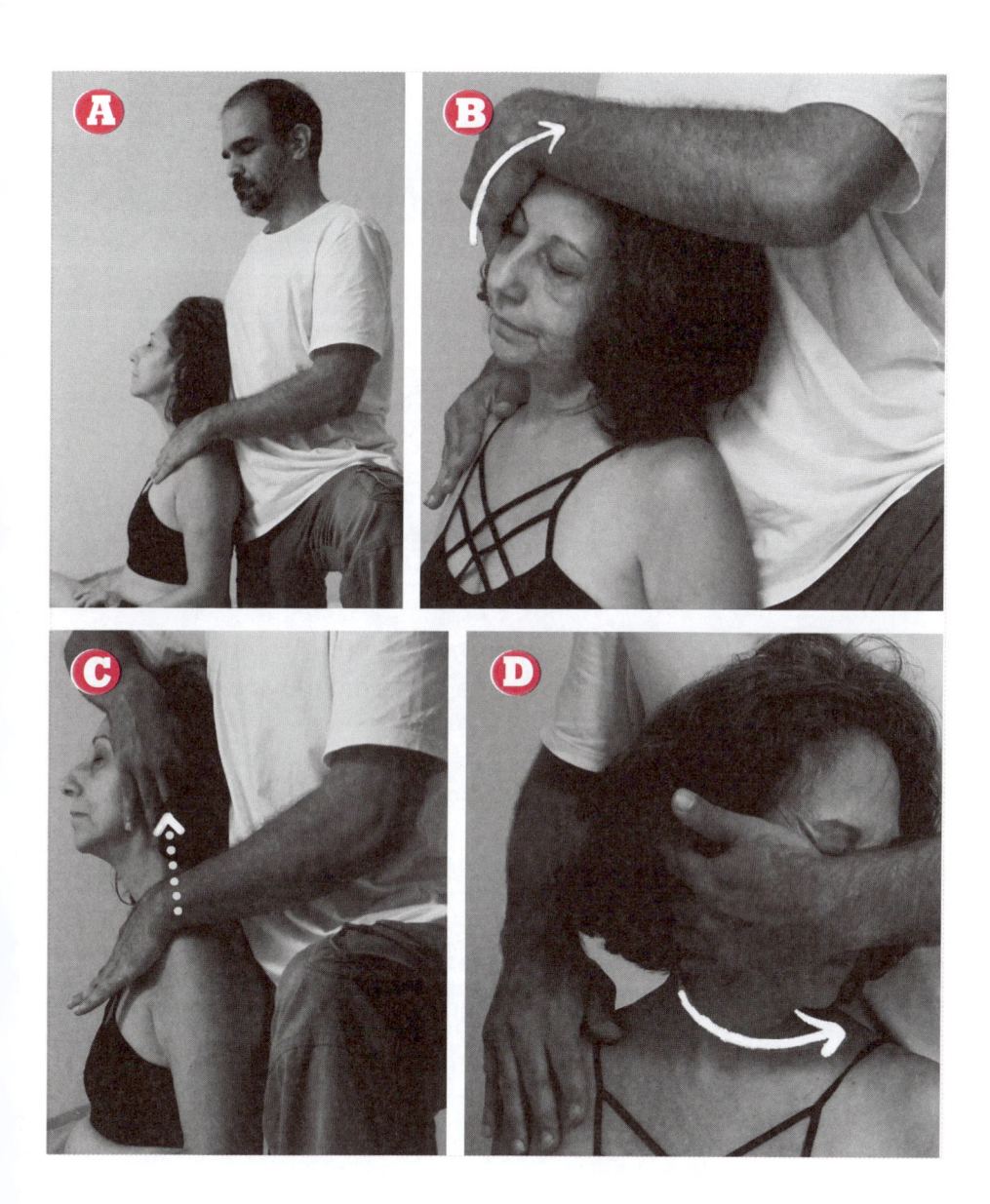

Sustente a coluna do Outro com o uso da lateral externa de uma das pernas (A). Caso ache interessante, faça leves percussões nos ombros e cabeça. Alongue suavemente o pescoço, dos dois lados (A, B), no ritmo de uma respiração profunda (alongar na inspiração, voltar à posição na expiração). Guie o rosto na direção lateral, lentamente, para que alongue o pescoço (C). Faça isso devagar sem forçar, e peça para a pessoa respirar fundo. Na expiração, o pescoço volta a posição normal.

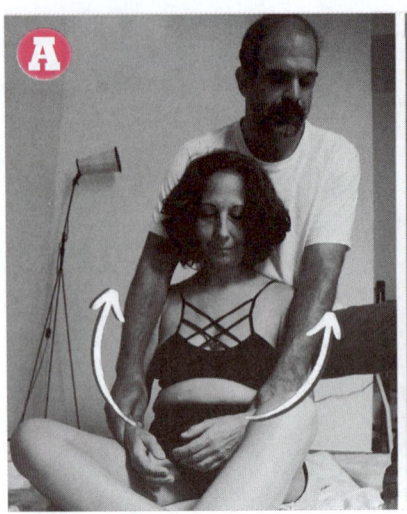

Segure os punhos do Outro, pelos dois lados (A). Erga os braços da pessoa, alongando a coluna (B). Repita o mesmo movimento, agora de pé (C).

Ajude a pessoa a se levantar, agradeça pela oportunidade e finalize com um abraço!

ALÉM DA SEQUÊNCIA DIDÁTICA

No Shiatsu tradicional é comum o tratamento iniciar pela região das costas. Isso porque quando se trabalha o Meridiano da Bexiga, já se dá início à regulagem dos demais Meridianos. Além disso, a posição de bruços e as inervações desta região, uma vez sedadas, fazem o cliente relaxar, o que constitui uma vantagem. Entretanto, outras escolas privilegiam a abertura pela energização do Hara e a movimentação de sua energia.

No Shiatsu Emocional o cliente é convidado a deitar como se sentir melhor. Acredita-se que, intuitivamente, ele buscará a posição necessária para o seu tratamento, salvo em casos onde ele já está condicionado por outras terapias e práticas. Liberdade, espontaneidade e conforto são considerados vitais ao sucesso do tratamento.

Assim, o terapeuta deve avaliar o caso, e decidir por uma das zonas de abertura do Shiatsu Emocional. Cada zona de abertura possui peculiaridades que podem ser consideradas vantajosas. As diferentes situações poderão requerer diferentes formas de iniciar a sessão.

ZONAS TÍPICAS DE ABERTURA, DE ACORDO COM AS SUAS PARTICULARIDADES:

COSTAS: Iniciando pelo Meridiano da Bexiga. Começar pelas costas sempre pode ser uma boa opção. A área externa é a mais exposta no plano energético, a menos associada a fatores culturais de inibição, o que pode ajudar o Outro a ficar mais à vontade em ser tocado, ampliando a receptividade ao Shiatsu.

ABDÔMEN: Iniciando pelo Hara. É como entrar na casa pela porta da frente. Aqui se transmite grande amorosidade para o cliente. As manipulações no abdômen são extremamente tranquilas e relaxam de dentro para fora, liberando desde o início as emoções profundas. É uma boa área para se começar em pessoas mais abertas e conscientes que tenham a mente mais espiritualizada.

MÃOS

Iniciando pelo centro de energia palmar e Meridianos do Pulmão e do Coração. A palma da mão é um centro energético admirável e que oferece sensações maravilhosas através de suas milhares de terminações nervosas. Por ser uma das poucas áreas descobertas na maior parte do tempo, é a parte do corpo com que as pessoas estão mais familiarizadas em termos de contato físico (através do aperto de mão, um cumprimento corriqueiro em muitas culturas). Por isso, é bom para usar no início em pessoas muito formais, que estão começando a conhecer o Shiatsu Emocional, o terapeuta, o ambiente etc.

PESCOÇO, CABEÇA, FACE

A estratégia neste caso é iniciar pela harmonização da energia Yang localizada de forma bastante concentrada nessa região. Há pessoas cuja maneira de "desarmar" as cadeias articulares e as emoções (tornando a energia disponível), se dá pela mobilização coletiva dos meridianos Yang, em especial os das pernas — estômago, vesícula biliar e bexiga. É particularmente útil em pessoas com grande ansiedade, muito mentais, com enrijecimento cervical e bruxismo.

PÉS

Iniciando pela tonificação da energia Yin: os pés. É a área preferida para se iniciar na visão das práticas corporais da Tailândia. Certos métodos de drenagem linfática manual também iniciam pelos pés: centros energéticos por onde se desmancham as agruras do corpo e por onde colhemos a energia da terra que nos vitaliza para que dela possamos cuidar. Os pés são uma boa opção para se introduzir qualquer massagem. Trazem relaxamento, reduzem a negatividade e proveem o corpo de energia primal ao mobilizar, em especial, as energias dos rins, fígado e baço-pâncreas. Pessoas muito falantes podem tentar manter conversas e com isso ter a percepção da energia prejudicada durante o tratamento. Para estas, prefira deixar os pés para um momento onde a pessoa já tenha conseguido relaxar mais, através das costas, por exemplo. O início pelos pés mostra-se particularmente útil nos casos em que se percebe grande deficiência de energia.

Pés, costas e cabeça podem ser utilizados como manobras gerais de relaxamento, como simples massagens a anteceder a prática do Shiatsu em si. Essas manobras irão facilitar o reequilíbrio energético ao provocarem descontração, e também receptividade em relação ao toque do interagente Yang (aquele que age de forma ativa, "aplicando" as pressões do Shiatsu).

SHIATSU EMOCIONAL APLICADO A PROBLEMAS EMOCIONAIS

🔔 Um Shiatsu para cada caso

Temos certeza de que há um só modo de tratar alguém num dado momento e num certo local. Cada pessoa é única, e vive o tempo todo um momento único; portanto, merece um tratamento único, de acordo com a situação que se apresenta.

Os apontamentos a seguir não substituem o olhar terapêutico especializado — capaz de personalizar cada tratamento*, estabelecer as relações energéticas atuais com o passado (e a construção de esquemas e padrões), e projetar possíveis quadros futuros, permitindo a elaboração e execução de estratégias sólidas de trabalho a curto, médio e longo prazo. São, porém, dicas e sugestões gerais para os diversos problemas emocionais que podem ser desfeitos com o Shiatsu Emocional.

🔔 Shiatsu para angustiados

A angústia tem muitas origens, e essas devem ser identificadas em primeiro lugar. Seus sintomas clássicos, que incluem a sensação física de "frio" ou "nó" no estômago, podem ser trabalhados a partir do trabalho combinado do Meridiano do Estômago com o quarto segmento somatopsíquico, que inclui o trabalho respiratório, como veremos a seguir.

---

* Inclusive, os óleos apontados deverão ser preparados conforme orientação aromatológica. Consulte o anexo correspondente ao assunto no livro, e busque saber mais sobre o tema.

Sequência recomendada

Básica com ênfase na respiração, no diafragma e com pressões abertas e firmes nas grandes regiões, que costumam ficar muito tensas nesta área.

Sinergia de óleos recomendados

Gerânio, Rosa, Limão, Hortelã, Eucalipto, Cipreste, Olíbano (com muita prudência), capim limão, tangerina, *litsea cubeba* com tomilho.

Música

New Age.

🔔 Shiatsu para quem tem pressa / ansiedade

Os Meridianos mais afetados costumam ser Bexiga e Estômago. Pressa e ansiedade possuem uma natureza de tendência Yang, motivo pelo qual recomendamos um Shiatsu envolvendo muita respiração e sedação.

Proposições terapêuticas

É necessário um trabalho progressivo. O ideal é que a primeira sessão dure entre 30 e 40 minutos, aumentando de 10 em 10 minutos até o tempo regular do terapeuta. Mesmo que o cliente relaxe durante a sessão a ponto de adormecer, ocasionalmente retornará ao padrão de pressa quando perceber que os minutos se passaram. Ofereça-lhe um copo de água, e deixe que ele perceba a não-necessidade da pressa. Assim, ele aprenderá, com a continuidade das sessões, a sincronizar seu ritmo com o ritmo do mundo.

Para esse tipo de personalidade dê atenção especial à região abdominal e ao Meridiano da Bexiga (inteiro), pés, mãos, baço-pâncreas.

Sinergia de óleos recomendados

Tangerina com gerânio, limão e lavanda, camomila, *ylangue* e rosas, hortelã, pau rosa e néroli ou *petitgrain*.

Música

No início com agitação moderada, depois se tornando mais lenta.

🔔 Shiatsu para quem não se sente vivo / desanimado

A letargia é frequentemente associada ao Fígado (falta de movimento), Baço (distribuição e circulação de energia) ou Rim (sede da Essência). Os Meridianos, chakras e couraças de fundo, no entanto, precisam ser investigados. Enquanto isso, para o sintoma geral, deve-se recorrer à reenergização do corpo e reconexão com a força ancestral, manancial imenso de vitalidade.

Proposições terapêuticas

Tonificar bastante o Meridiano do Rim. Produzir uma massagem vibrante, contagiante, com ritmo de dança. Escutar bem as regiões da pessoa. Alternar o toque Shiatsu com curtas mini-massagens nas articulações retesadas. Podem ser propostos exercícios e desafios que estimulem o movimento.

Orientar para a reconexão com a ancestralidade através da simples visita às memórias ou mesmo à visitação de um local, ou contato com uma imagem ou objeto que se remeta a essa força, pode ser positivo.

Sinergia de óleos recomendados

Alecrim com laranja; alecrim com canela; tomilho, tangerina e pomelo; lavanda com verbena; *Tea-tree*, tomilho e limão. Combinações cítricas também são ótimas.

Músicas

Mais alegres do que o gênero new age. Jazz suave, Mozart ou MPB (músicas calmas que o cliente goste muito).

🔔 Shiatsu para quem se sente perdido

Os estados de angústia, quando a pessoa não encontra saídas que reduzam a dor e mostrem o caminho, podem ser relacionados aos plexos centrais do tronco e aos Meridianos do Fogo. É preciso "reunir os reis", ou seja, integrar a força dos diferentes Meridianos para que a pessoa possa se reencontrar.

Sequência recomendada

Básica, com manobras de ligação entre partes do corpo e Meridianos ao término de cada etapa.

Sinergia de óleos recomendados

Limão com manjericão; patchouli com gengibre.

Música

Barroca, em geral, alegre.

🔔 Shiatsu para raivosos

Geralmente, a pessoa que passa por uma fase de impaciência e irritabilidade, ou é "pavio curto" crônico, precisa com urgência resgatar o contato com a natureza a fim de equilibrar sua natureza interna.

Sequência recomendada

Básica, com ênfase nos trajetos do Fígado e da Vesícula Biliar (provavelmente doerá muito). A respiração é fundamental, assim como o antes e o depois. O olhar terapêutico deve ser prolongado. A utilização de fontes de água, ambiente com iluminação cromoterápica, ilustrações, pedras e demais elementos ligados à natureza são muito úteis. Pode-se ainda utilizar pedras no tratamento para pressionar os pontos ou para fixar em pontos de acupuntura. Os Meridianos do Estômago, Baço-Pâncreas e Bexiga também devem ser valorizados.

Sinergia de óleos recomendados

Manjericão, orégano, lavanda, *lavandin*, manjerona, *petitgrain*, *ylang*.

Música

Suave, com elementos da natureza (sons de pássaros, água, golfinhos etc).

Shiatsu para quem tem medo

A insegurança paralisa e compromete que a pessoa se movimente livremente pela Vida — dar um passo libertador, pedir ajuda, fazer um investimento no futuro, assumir uma relação, crescer... Por vezes deixamos de ganhar ou melhorar por antigos registros dessa condição primária. O Shiatsu é libertador para a insegurança, trabalha a autoconfiança e liberta as estruturas inibitórias, até mesmo as antigas.

Proposições terapêuticas

É recomendável um trabalho a longo prazo, em várias sessões.

Pode ser interessante o uso de lençóis para o trabalho com o medo. Neste caso, é ideal que a pessoa que recebe Shiatsu esteja sempre envolvida, pelo menos parcialmente, em lençóis. O conforto é muito importante.

O ambiente pode variar do arejado e com excelente iluminação natural, à penumbra. Deve-se usar a sensibilidade no momento de acolher o medo, e de encará-lo, desafiá-lo. Há espaço para os dois movimentos no Shiatsu Emocional.

Sinergia de óleos recomendados

Olíbano (com prudência); tomilho com olíbano; lavanda, vetiver, gerânio, alecrim, canela, sândalo, palmarosa. Todos juntos, aos pares, trios ou separados.

Música

Suave e calma. Pode ser new age ou romântica.

🔔 Shiatsu para quem tem problemas (projetados dos pais ou não) em sua sexualidade

Dificuldade de relacionamentos duradouros, em obter relações plenamente satisfatórias, opção sexual, infertilidade etc.

Proposições terapêuticas

Sequência básica, com trabalho profundo na região da pelve, pescoço, e Meridiano do Rim. Do-In em pontos da Circulação-Sexualidade. Trabalhar lentamente o Vaso da Concepção.

Sinergia de óleos recomendados

Sálvia; rosa; lavanda, ylangue com gerânio; eucalipto com cravo e gerânio, eucalipto com sálvia e laranja.

Obs.: Para esse problema gosto de trabalhar com apenas um óleo de cada vez. Óleos essenciais despertam sentidos distintos. Prefiro trabalhar as sensações a serem despertadas uma a uma.

Música

Iniciar e encerrar com música bem harmoniosa. Música energizante ao manipular regiões-chave.

🔔 Shiatsu para quem tem baixa autoestima / se sente derrotado

Este estado de espírito é frequentemente associado ao Baço-Pâncreas, Plexo solar e Segmento diafragmático. Diferentemente da dificuldade de encontrar caminhos ou da paralisia do medo, a baixa autoestima não impede que a pessoa prossiga no seu dia a dia, mas o faz com desalento, de forma resignada e sem brilho. A sensação interna é de inferioridade, ou que falhou no seu "plano de voo" pela vida, que está à deriva. Diferentes graus de apatia se manifestam.

Proposições terapêuticas

É importante que você consiga produzir bastante calor com as mãos ao longo da sessão.

Sequência básica, com passagem rápida pelos Meridianos Yang do plano posterior (preferir na região lombossacral o trabalho com a mão inteira, não com os dedos). Detenha-se em toda a sequência na parte da frente. Atenção ao vaso da concepção, ao triplo aquecedor e ao coração. Trabalhar com calor e toque de grandes regiões ao mesmo tempo. Utilizar bastante alongamento e "pegadas de afirmação" (sustentar membros, regiões do tronco e pescoço levemente, de modo que a pessoa solte aquela parte na mão do terapeuta após sentir que o segmento está bem sustentado).

Sinergia de óleos recomendados

Alecrim e lavanda; limão, hortelã e cravo; hortelã limão e noz-moscada. Alecrim com hortelã; Alecrim com gerânio. Sândalo com alecrim e tangerina.

Música

Mozart, Bach (música barroca alegre), ou músicas new age não muito introspectivas.

Shiatsu para indecisos

Quando a pessoa tem mais de um caminho a percorrer mas não consegue escolher. Pode manifestar-se com frequência em situações sem importância (como, por exemplo, levar sempre um tempo exagerado na escolha da refeição ou ao consultar o cardápio de um restaurante), mas também na dificuldade de escolhas mais complexas (resolver o dilema entre casar e constituir uma nova família ou aceitar um promissor trabalho em outro país, deixando o relacionamento anterior para trás).

Proposições terapêuticas

A ênfase é para os Meridianos do Pulmão e do Coração. Sequência básica normal, priorizando a área da cabeça e braços. Respirar muito antes, durante e depois de todo o processo. Após a conclusão da sequência é interessante promover um tipo de visualização que traga limpeza, organização e/ou abertura mental.

Sinergia de óleos recomendados

Manjericão com noz moscada e menta; rosa, sândalo e alecrim.

Música

Mozart.

Shiatsu para apoiar o sentimento de liderança ou atacar a auto anulação

Para pessoas cujas relações se baseiam em apoiar os outros, deixando de executar suas próprias tarefas; para aquelas que formulam várias perguntas e reflexões durante uma aula mas nunca as manifestam, e para as que fogem de um cargo de liderança, apenas para passarem desapercebidos e não parecerem arrogantes ou mais importantes do que outras pessoas que amam mas não alcançaram os mesmos êxitos.

Sequência recomendada

Básica. Ênfase na nuca e no trabalho facial. Utilizar terapias expressivas, de grito e outras que promovam a regulagem da energia expressiva (chakra da garganta ou anel de couraça oral).

Sinergia de óleos recomendados

Todos os refrescantes que promovem "abertura", como alecrim, cânfora, menta e eucalipto, combinados aos óleos florais, especialmente a lavanda. Pode-se utilizar óleos quentes, como o gengibre e a canela, em pontos-chave. Alecrim com gengibre formam uma ótima sinergia para quem se anula, pois promovem iniciativa e sensação de sucesso. Lavanda no chakra cardíaco e Meridiano do Coração também produz resultados excepcionais.

Música

Relaxamento, new age.

Shiatsu para pessoas irrequietas (com pressa interna)

Quando uma pessoa diz: "não consigo fazer yoga porque é muito parado", ou algo similar, isso indica que tem um pensamento acelerado. Por vezes, isso se manifesta no corpo de tal forma que a pessoa se prejudica, não conseguindo aproveitar momentos contemplativos, ou mesmo relaxar e fazer as coisas sem pressa. Em geral, são pessoas com grande insegurança e/ou controladoras, reconhecidas como altamente produtivas e, por vezes, impacientes e intolerantes com o ritmo do mundo.

Proposições terapêuticas

Cria-se um roteiro de conexão e redução progressiva da frequência cerebral. Recomendo começar o trabalho pelo olhar terapêutico prolongado. A este podem ser seguidos exercícios oro-faciais expressivos, e depois, Shiatsu sentado. Caso haja o relaxamento necessário, pode-se seguir com a sequência deitado.

Sinergia de óleos recomendados

Os mesmos recomendados para medo e pressa (utilize duas combinações no Yin e coloque uma para medo, no Yang, para pressa).

Música

Música alegre e animada, com ritmo não muito lento nem muito curto. Ao final da sessão, você poderá fazer 2 a 10 minutos de respiração e visualização, com música new age, que leve à introspecção, estado hipnótico ou meditativo.

Palavras finais

"O conhecimento mais amplo não o conhece [o Tao] necessariamente; o raciocínio não tornará os homens mais sábios. Os sábios decidiram-se contra estes dois métodos".

CHUANG TSE

Estudar, estudar, estudar. É hora de voltar a decorar de verdade, ou seja, de fazer entrar no coração. Vivencie o processo de tratamento aqui descrito, e vá além. Aprender é o desdobramento pessoal do que já existe e se renova à medida que você aprende. Somos os perpetuadores de um saber mutável, e cada vez que entramos nessa sintonia, aproximamo-nos do Todo.

Aprenda com o coração. Preste atenção em você. Tudo o que foi escrito aqui se desdobra em você, já é você. Não é preciso mais nada.

Amor
ARNALDO

Contato com o autor:
www.arnaldovcarvalho.com.br
profarnaldovcarvalho@gmail.com

Apêndice A:

FUNÇÃO TERAPÊUTICA DOS ÓLEOS ESSENCIAIS

Alecrim *(Rosmarinus officinalis)*

O alecrim possui um aroma quente, estimulante e refrescante. Atua principalmente sobre o psiquismo do indivíduo, como estimulante da concentração mental. É um poderoso hipertensor. Tônico para o estresse, apatia e ansiedade. Também para eeumatismo, artrite, gota, retenção de líquidos, cólicas menstruais, resfriados, catarro, bronquite, asma, sinusite, dor de cabeça (causada por fadiga). Antisséptico, bom contra lesões, queimaduras, diurético, sarna e pediculose.

Sinergia: Mistura-se bem com bergamota, hortelã-pimenta, eucalipto, limão.

Canela *(Cinnamomum zeylanicum)*

Quem não conhece o cheiro da canela? Árvore de grande porte e de folhas verde-escuras, duras e brilhantes, a canela possui propriedades carminativas, estomáquicas, antiespasmódicas, antissépticas, parasiticidas e sudoríferas. Possui ação psicológica sobre a libido, atribuindo propriedades afrodisíacas à planta. Serve para astenia, fraqueza, vômito, infecções intestinais, inflamações de dentes, pediculose, impotência, asma e bronquite.

Sinergia: Laranja, ylang-ylang, cravo, vetiver.

Citronela *(Cymbopogon nardus)*

Óleo que vem ganhando popularidade por suas propriedades repelentes. Antisséptico, desodorante, sudorífero, fungicida, bactericida. É usado como repelente e serve também para dor de cabeça, sinusite, cansaço e doenças infecciosas.

ATENÇÃO: Na Amazônia chamam a *citronela* de *patchouli*, mas não é o patchouli verdadeiro. É conhecida ainda como capim-cheiroso.

Sinergia: Eucalipto, funcho, erva-cidreira (lemongrass), e cítricos diversos.

Cipreste *(Cupressus sempervirens)*

Óleo fresco e aromático, amarelo clarinho, que provoca sensações de entusiasmo e de autoconfiança, restaura os nervos, é sedativo, antisséptico, expectorante. É usado também para acne, bronquite, catarro, doenças de pele, enurese, suor e cansaço nos pés.

Sinergia: Combina bem com bergamota, alfazema, rosa, sálvia, limão.

Cravo *(Eugenia caryophyllata)*

Alivia dores musculares e articulares. É um analgésico tradicional nas dores de dentes. Dá vigor físico, prosperidade e coragem, proporciona bom relacionamento social.

Sinergia: Citronela, lavanda, canela, zimbro.

Erva-cidreira ou Lemongrass *(Cymbopogum citratus)*

Muito conhecido também como capim-limão, a planta é muito utilizada como chá. Possui propriedades antissépticas, febrífugas, adstringentes, bactericidas, diuréticas. Regula o sistema parassimpático, conferindo-lhe propriedades calmantes. Indicado para enxaqueca, nervosismo, letargia, negativismo, gripe, resfriado, acne, problemas digestivos.

NOTA: Em várias partes do país chamam a melissa *(Melissa officinalis)* de erva-cidreira, e o capim-limão de Capim cheiroso, como a citronela; cuidado para não confundir.

Sinergia: Com alecrim, rosa, alfazema e sândalo.

Eucalipto *(Eucalyptus globulus)*

Possui efeito descongestionante e é um antisséptico poderoso. Para se ter uma ideia, o Eucalipto possui a capacidade de aniquilar, quando empregado num difusor, 70% dos estafilococos presentes no ar de uma sala. Elimina até mesmo o bacilo da tuberculose. Este tipo de emprego mostra-se excelente em hospitais no combate a infecções. É analgésico, antirreumático e descongestionante; equilibra a energia, e é útil nas dores musculares, catarro, sinusite, picadas de insetos e inflamações cutâneas. Serve ainda para: herpes labial, artrite, distensões.

Sinergia: Alfazema, mangerona, limão, alecrim, hortelã, tea tree, citronela e laranja.

Gerânio *(Pelargonium odorantissimum)*

O gerânio tem um aroma leve de rosa, embora este seja mais perceptível em alguns tipos de óleo de gerânio do que em outros. Alivia as sensações de depressão e ansiedade ligadas à menopausa. Diminui a produção de oleosidade pelas glândulas sebáceas podendo assim ser empregado em casos de acne ou caspa. É adstringente, cicatrizante, sedativo, e usado em queimaduras, dermatite, diabetes, tensão nervosa e nevralgia da face. Melhora a circulação e diminui a retenção de líquidos.

Sinergia: Mistura-se bem com rosa, manjericão, erva cidreira, camomila, mirra, limão.

Laranja *(Citrus cinensis)*

Um óleo com aroma alegre e quente, fácil de reconhecer. É amplamente usado na indústria alimentícia. Refrescante, ajuda a combater a insônia e alivia a tensão nervosa. É bom para cólicas e gases, laxante, e indicado para febre, palpitações, dores de cabeça, gripes, resfriados, calafrios, constipação, estresse, tensão, revitalização da cútis. Antiinflamatório local.

Sinergia: Gerânio, petitgrain, vetiver.

Lavanda ou **Alfazema** *(Lavandula officinalis)*

Ninguém se engana em relação ao cheiro da lavanda com seu aroma fragrante, fresco e floral. Sendo o mais versátil dos óleos, tem sido usado para fins terapêuticos durante milênios. Possui tantas e tão boas utilidades que realmente pode ser misturado com quaisquer outros óleos. Você poderá comprovar na prática a sua enorme variedade de propriedades terapêuticas. Tem efeito antidepressivo e é muito usado na tensão pré-menstrual. Equilibra a energia e trata de: gripe, asma, bronquite, queimaduras e doenças de pele, dores de cabeça, choque, insônia, acne, alergias, eczemas, picadas de insetos, pele inflamada, gripe, infecções da garganta, cólicas menstruais, distensões, reumatismo, artrite, flatulência, cólicas. É excelente para trazer tranquilidade ao relacionamento, e eficiente para expandir o pensamento na atividade comercial.

Evaporação: Rápida.

Sinergia: Gerânio, manjericão, bergamota, limão, erva-cidreira.

Limão *(Citrus limonum* ou *Citrus medica)*

No resfriado e na gripe, minora o incômodo físico de certos sintomas. Estimulante do apetite. Você sabia que o mais importante no limão, quando utilizado como chá para tratar gripes, não é a vitamina C (que é destruída ao ser fervida), mas sim o limoneno, um composto químico com efeitos antiviróticos, capaz de neutralizar o vírus da gripe em nosso corpo? É tido como estimulante da concentração, além de ser calmante e ter efeitos antidepressivos. No corpo, atua como antisséptico, carminativo, laxante, hipotensor, antiescorbútico, hemostático, febrífugo, anticelulítico, bactericida, imunoestimulante da leucocitose, repelente de insetos. É eficaz para tratar da afonia, reumatismo, gota, gengivite, amidalite, halitose, tártaro, adenite, escorbuto, hipertensão, icterícia, litíase biliar, sarnas, picadas de insetos, furúnculo, verruga, torcicolo, astenia, ansiedade, nervosismo, meteorismo, inflamação das veias, pele gordurosa, unha quebradiça, hemorragia nasal, vômito, gripe, resfriado, sinusite.

ATENÇÃO: É um óleo essencial que se degrada rápido, mesmo sendo bem armazenado. Convém utilizá-lo no período máximo de um ano.

Sinergia: Combina bem com alecrim, bergamota, camomila, erva-cidreira, gerânio, hortelã, ilangue, manjericão, patchouli, verbena, rosa.

Manjericão *(Ocimum basilicum)*

Popular por seu uso como tempero, o óleo essencial do manjericão preserva suas conhecidas propriedades digestivas, mas é indicado também para dor de garganta, tosse e rouquidão, amidalite e afta, agalactia, prisão de ventre, ansiedade, insônia, verruga, placa dentária, enxaqueca, picada de insetos.

Sinergia: Bergamota, gerânio, alecrim, cipreste, cedro, limão, tomilho, tea-tree.

Menta "Hortelã-pimenta" *(Mentha piperita)*

Facilmente reconhecível, é agradável, fresco e animador. É tão popular que a maioria dos fabricantes de pasta de dente usa esta hortelã para aromatizar seu produto. Muitas pessoas pensam neste óleo como um auxiliar da digestão, mas ele tem muitas outras utilidades, uma das quais é o clarear da mente. Alternado com eucalipto, é excelente para sinusite. Outras utilidades: revigorante, vômitos, cólicas, enjoos, vertigens e mau hálito; bronquite, catarro, febre, resfriados, flatulência, náuseas. Alivia nos resfriados, nas dores de cabeça (relacionados a problemas digestivos e/ou hepáticos). Refrescante, libera energias retidas por inibição, provoca alegria e desprendimento. Não utilizar com homeopatia ou na gravidez.

Sinergia: Alecrim, eucalipto, lavanda, bergamota e tea-tree.

Palma-rosa *(Cymbopogon martini)*

Um óleo bom para ansiedade, que lembra o odor de rosas por ambos possuírem o geraniol como princípio ativo. A própria farmacopeia brasileira aceita este óleo como substituto do de rosas, ainda mais pelo elevado custo desta última. É utilizado como antisséptico, regenerador celular, cicatrizante, citofilático, emoliente, vermífugo e antiviral.

Sinergia: Associa-se ao gerânio, alfazema, benjoim, petitgrain, lemongrass e à rosa.

Patchouli *(Pogostemon cablin)*

Possui um cheiro picante e prolongado. Usado na profilaxia da pele. É cicatrizante, antisséptico e antifúngico. Ansiolítico; regenera tecidos (peles envelhecidas e ressecadas). Descongestionante e antisséptico.

Sinergia: Mistura bem com óleo essencial de bergamota, gerânio, mirra, rosa, lavanda, verbena, jasmim, vetiver, ylang-ylang, limão, canela, cravo.

Petitgrain *(Citrus aurantium)*

Da casca da laranja temos o óleo essencial de laranja. Das folhas da laranjeira, o petitgrain é usado na ansiedade e na estafa, onde tem efeito calmante e revigorante, atuando em todas as formas de estresse. Lembra um pouco a ação da conhecida água de flor de laranjeira (o óleo específico da flor até existe, mas é caríssimo e por isso muito pouco comercializável).

Sinergia: Com Rosa, benjoim, alfazema, gerânio, limão, patrchouli, alecrim.

Rosa *(Rosa centifolia)*

Quem traz a lembrança da suave e aveludada pétala da rosa branca, bem como seu perfume e sua associação com a paz e com o amor, já começa a imaginar o que ela representa em termos de uso para tratamento de males emocionais. O óleo essencial de rosa branca é um excelente antidepressivo, sendo especial para perdas. Como suaviza as inibições, pode acabar atuando como afrodisíaco. Também facilita a concentração. No corpo físico, trata-se através de suas propriedades antissépticas, adstringentes, tônicas, laxativas, vulnerárias, bactericidas e anti-histamínicas.

Sinergia: Potencializa-se unido à rosa, à bergamota e também: patchouli, benjoim, gerânio, camomila, alfazema, petitgrain, vetiver, ylang-ylang, manjericão, tangerina.

Tangerina *(Citrus reticulata)*

Alivia tensões nervosas e sensações de depressão. É um óleo de natureza muito Yin, e o único indicado para uso em bebês e gestantes desde o início da gravidez. É excelente contra problemas digestivos e até vômitos de crianças, uma vez que possui um efeito calmante sobre os intestinos. Estimula a circulação, é sedativo e animador. Bom ainda para tratar de retenção de líquidos, inapetência e para a pele oleosa.

Sinergia: Com óleo essencial de limão, petitgrain, gerânio, rosa, ylang-ylang, lavanda e patchouli.

Tea Tree ou Melaleuca *(Melaleuca alternifolia)*

De aroma quente e picante. Com efeitos bactericidas e antiviróticos tão fortes que podem substituir com grande facilidade os mais potentes antibióticos e sem que os vírus ou bactérias consigam tornar-se imunes a ele, como acontece ao contrário, com os antibióticos sintéticos, que também causarão efeitos colaterais. Cicatrizante, fungicida e anticaspa. Antisséptico e estimulante do sistema respiratório. Expectorante. Para asma e bronquite. Antiinfeccioso, para lesões e machucados. Fortalece o sistema imune, sendo muito indicado em todo o tipo de virose e seus sintomas.

Sinergia: Vai bem com mirra, tomilho, alfazema, eucalipto, hortelã, manjericão, bergamota, limão, gerânio, petitgrain.

Tomilho *(Thymus vulgaris)*

Este óleo tem um aroma quente e levemente picante. É um dos mais recentes nos meus tratamentos mas entre minhas práticas terapêuticas tem sido um dos que mais me surpreendem, não só pela variedade de indicações como por sua eficiência. É antisséptico, antiespasmódico, anti-helmíntico, antitussígeno, cicatrizante, diaforético, anticatarral, imunoestimulante, rubefaciente, bactericida, fungicida, antivirótico, parasiticida, antiqueda. Suas indicações terapêuticas incluem: estresse, fadiga, bronquite, dor de cabeça, amigdalite, tosse persistente, laringite, halitose, sinusite, cistite, vaginite, afecções renais, gastrite, reumatismo, gota, lumbago, oxiúros, dermatite, verruga.

Sinergia: Observa-se efeito sinérgico com óleo essencial de tea tree, alfazema, eucalipto, bergamota, gerânio, limão, palma-rosa, grapefruit, cipreste, alecrim.

Vetiver *(Vetiveria zizanoides)*

Espécie nativa da Indonésia e da Índia, possui um aroma de fumaça que lembra uma fogueira feita de ramos frescos, cheirada durante uma caminhada pela floresta. Este aroma lhe dá uma sensação de força particularmente útil em casos de perda recente ou outros traumas. Dores musculares, artrite, reumatismo, insônia, depressão, estresse, falta de autoconfiança.

Sinergia: Mistura-se com limão, patchouli, mirra, tangerina, eucalipto, gerânio, ylang-ylang, alfazema, lemongrass, cedro, canela, rosa.

Ylang-ylang *(Cananga odorata)*

Um aroma muito doce e floral. Como é muito doce, convém misturar com lavanda ou usar em pequenas quantidades, para não causar dores de cabeça ou enjoo. Ligeiramente euforizante e afrodisíaco. Ylang Ylang pode ser empregado para diminuir a liberação de adrenalina no sangue diminuindo assim a pressão sanguínea. Também para diminuir movimentos peristálticos das mulheres no momento do parto. Popular nos anos 20, quando era importado sob o nome de Kananga do Japão, normaliza a pele, poros abertos, mordidas de insetos, respiração acelerada, tensão nervosa. Acalma a raiva e o medo.

Sinergia: Rosa, bergamota, patchouli, canela, cravo, laranja, gerânio.

Óleo de Massagem

Para fazer um óleo de massagem é necessário que o óleo essencial seja diluído em um óleo neutro, também de origem vegetal, que servirá de base. Para o Shiatsu Emocional vamos utilizar o óleo essencial sempre diluído a no máximo 3,5% para adultos, 2% para crianças de 6 a 10 anos e 1% para criancinhas. Óleos neutros (bases) recomendados: girassol, canola, maracujá, semente de uva, babaçu, milho, gergelim.

Apêndice B:

RESUMO DA SEQUÊNCIA DIDÁTICA DE MANOBRAS E SHIATSU
(detalhada entre as páginas 183-260)

Assim, nessa sequência, o novo praticante irá percorrer o corpo do Outro, seguindo por seus Meridianos da seguinte maneira:

a) O atendido, em sua interação Yin, irá começar deitado, em decúbito ventral (com a barriga para baixo). Serão executados, após o trabalho de sintonização, os movimentos da Ramma (sugestão de método de relaxamento por contato) e Seitai (sugestão de técnica de alinhamento vertebral).

b) O toque do Shiatsu então começa, com o terapeuta se posicionando preferencialmente do lado esquerdo do Outro, na altura de seu tronco (simbolicamente, isso demonstra que o interagente que executará as manobras está oferecendo seu lado Yang (direito) com maior proximidade, e quem recebe as manobras está com o lado Yin (esquerdo, mais receptivo) mais próximo a este.

c) São trabalhados os Meridianos que passam pelo tronco (posterior):

   a. Costas (Meridiano da Bexiga);

   b. Ombros (Meridianos Yang dos braços);

   c. Região cervical, cabeça (Meridianos da Bexiga, Vesícula Biliar e Vaso Governador);

   d. Lateral das costas (Meridiano da Vesícula Biliar)

   e. Região Sacral (Meridianos da Bexiga e da Vesícula Biliar).

d) Meridianos que passam pelos membros inferiores — porção posterior (Meridianos da Bexiga e Vesícula), e começam a ser preparados os Meridianos anteriores (Meridiano do Estômago e os 3 Yin das Pernas).

e) Os Meridianos dos membros inferiores são trabalhados agora com a pessoa já em decúbito dorsal (barriga para cima):

   a. São trabalhados os 6 Meridianos que passam pelas pernas nos pés e dedos dos pés.

- b. Os meridianos do Estômago, do Rim, do Fígado e do Baço-Pâncreas são trabalhados em toda a extensão das pernas.

f) No tronco:
- a. A energia do Hara é mobilizada no abdômen por um movimento especial de rotação, assim como o Vaso da Concepção recebe um toque suave e permite a ascenção do contato energético na direção do tórax.
- b. São trabalhados os Meridianos do Rim, Estômago e Pulmão na re-região sub-clavicular.

g) Realiza-se o contato com Meridianos que passam pelos membros superiores:
- a. Meridianos Yin (Pulmão, Círculação-Sexo e Coração), dos ombros até as mãos.
- b. Ainda nas mãos, são contatados os Meridianos Yang dos braços: Intestino Grosso, Triplo Aquecedor e Intestino Delgado.
- c. Finalmente, os Meridianos Yang dos braços alcançam o pescoço e a face, onde a prática das pressões chega a seu termo.

Apêndice C:

PARA SEGUIR APRENDENDO

Duas listas: uma com teorias orientais para a saúde; outra com terapias diversas. Ambas indicam possibilidades de exploração posterior ao livro. Quanto mais se aprende sobre como a vida funciona, inclusive por meio de diferentes pontos de vista, mais estaremos prontos para o Encontro com o Outro. Aprenda com calma, com o tempo e com cautela.

Teorias e técnicas orientais
- Equilíbrio Yin-Yang: Desequilíbrios relativos
- Cinco elementos ou Cinco Movimentos: Lei de geração, dominância, contra-dominância e outros
- Trajeto interno dos meridianos
- Meridianos Extraordinários (Vasos Maravilhosos)
- Meridianos tendino-musculares
- Os cinco sabores
- As cinco estações
- Fatores etiológicos externos
- Síndromes
- Diagnóstico do Pulso
- Diagnóstico da Língua
- Reflexologia auricular, palmar, cranial e outras

Terapias diversas
- Terapia Reichiana
- Psicoterapia de J. A. Gaiarsa
- Core Energetics
- Biossíntese
- Renascimento
- Biodanza
- Terapia Tradicional Ayurvédica
- Terapia Tradicional Tibetana
- Terapia Tradicional Tailandesa
- Ventosa Terapia, Guasha e Moxabustão

- Terapia Craniossacral
- Iridologia
- Gestalt
- Análise Transacional
- Psicoterapia Reichiana
- Psicoterapia Positiva (Nossrat Peseschkian)
- Somatic Experience

"Deixe seu corpo estar a serviço de seu próprio íntimo.
Deixe seu gesto, seu olhar, serem também a reflexão de sua alma".

João Paulo II

Apêndice D:

LISTA AMPLIADA DE FENÔMENOS E ESTRUTURAS RELATIVAS "YIN-YANG"

YIN	YANG
Grave	Agudo
Inverno	Verão
Mole	Duro
Úmido	Seco
Lento	Rápido
Subjetivo	Objetivo
Lógico	Emocional
Natural	Artificial
Desenvolver	Crescer
Coletivo	Indivíduo
Agrega	Espalha
Fuga	Luta
Pés	Mãos
Par	Ímpar
Esquerda	Direita
Lua	Sol
Inverno	Verão
Outono	Primavera
Som / falar	Silêncio / calar

Saiba mais

A lista a seguir reúne uma relação de livros úteis e complementares aos conhecimentos deste livro e não é uma bibliografia no sentido padrão — mas suas agradáveis leituras certamente influenciaram minha formação e, por conseguinte, esta obra. Pessoalmente também considero que o título de um livro é mais sugestivo do que o nome do autor, e por isso o precedo na minha lista.

Além dos livros, indicarei também locais a percorrer, lugares a conhecer etc.

LIVROS PARA CONSULTA

Medicina Tradicional Oriental

ACUPUNTURA, *Felix Mann* – Ed. Hêmus, Rio de Janeiro, 1971.
DO-IN: A MILENAR ARTE CHINESA DE ACUPUNTURA COM OS DEDOS, *Juracy Cançado* – Ed. Ground, São Paulo, 2017.
O LIVRO DE OURO DA MEDICINA CHINESA, *Nei Ching* – Ed. Objetiva, 1995
O LIVRO DO DO-IN: EXERCÍCIOS PARA O DESENVOLVIMENTO FÍSICO E ESPIRITUAL, *Michio Kushi* – Ed. Ground, São Paulo, 1985.
O QUE É ACUPUNTURA?, *David S. Sussmann* – Ed. Record, 1972-1973.
RESPIRAÇÃO ORIENTAL – TÉCNICA E TERAPIA, *Takashi Nakamura* – Pensamento, 1981.

Shiatsu

READING THE BODY, *Wataru Ohashi* – Penguin Publishing Group, 1991
SHIATSU – THE COMPLETE GUIDE, *Chris Jarmey* e *Gabriel Mojay* – Thorsons, 1991.
SHIATSU DOS PÉS DESCALÇOS, *Shizuko Yamamoto* – Ed. Ground, 1983.
TAO SHIATSU, *Mario JaHara Pradipto* – Summus Editorial, 1991.
ZEN – EXERCÍCIOS IMAGÉTICOS, *Shizuto Masunaga* – Siciliano, 1990.
ZEN SHIATSU, *Mário JaHara-Pradipto* – Summus Editorial, 1986.
ZEN-SHIATSU – COMO HARMONIZAR O YIN/YANG PARA UMA SAÚDE MELHOR, *Shizuto Mazunaga* e *Wataru Ohashi* – Editora Pensamento, 1977.

Anatomia, Fisiologia

ALONGUE-SE, *Bob Anderson* – Summus Editorial, 1983.

ANATOMIA PARA A EDUCAÇÃO FÍSICA, *Eurys Maia* e *Dallalana* – Núcleo Editorial UERJ, 1978.

O CAMPONÊS E A PARTEIRA, *Michel Odent* – Editora Ground, 2003.

A CIENTIFICAÇÃO DO AMOR, *Michel Odent* – Ed. Terceira Margem. 2000.

FISIOLOGIA HUMANA E MECANISMOS DAS DOENÇAS, *Guyton* e *Hall* – Guanabara Koogan, Rio de Janeiro, 1998.

LAS FUNCIONES DE LOS ORGASMOS, *Michel Odent*. Editorial Ob Stare, 2009.

PODE A HUMANIDADE SOBREVIVER À MEDICINA?, *Michel Odent* – Instituto Michel Odent, 2016

PRINCÍPIOS E PRÁTICA DE FISIOTERAPIA, *Willian Arnould-Taylor* – Artmed,1999.

O QUE É CORPO, *José Ângelo Gaiarsa* – Coleção Primeiros Passos, Brasilliense, 1995.

Aromaterapia

AROMATERAPIA: USO TERAPÊUTICO DAS ESSÊNCIAS VEGETAIS, *Eneida Duarte Gaspar* – Pallas, 1995.

AROMATERAPIA, *Beryl Tibbits* – Editora EKO, 1994.

TUDO SOBRE AROMATERAPIA, *Adão Roberto da Silva* – Editora Roka, 1998.

Massagem em geral & Miscelânea

O CORPO TEM SUAS RAZÕES, *Thérèze Bertherat* – Ed. Martins Fontes, 1987.

ELEMENTOS DE MASSOTERAPIA, *René Marcos Orsi* – Ed. Ágora, 1985.

MASSAGEM PSÍQUICA, *Roberta DeLong Miller* – Summus Editorial, 1979.

SHANTALA - UMA ARTE TRADICIONAL: MASSAGEM PARA BEBÊS, *Frédérick Leboyer* – Editora Ground, São Paulo, 1987.

TOCAR, *Ashley Montagu* – Summus Editorial, 1988.

Tao, Taoísmo, Confucionismo, Zen, filosofia oriental

A IMPORTÂNCIA DE COMPREENDER, *Lin Yutang* – Círculo do Livro, 1989.
A IMPORTÂNCIA DE VIVER, *Lin Yutang* – Companhia Editora Nacional, 1959.
MENTE ZEN, MENTE DE PRINCIPIANTE, *Shunryu Suzuki* – Ed. Palas Athenas, 2004.
TAO TE KING, *Lao-Tse* (Trad. Huberto Rhoden) – E. Alvorada, 1982.
O TAO DA FÍSICA, *Fritjof Capra* – Cultrix, 1993.
O ZEN E A TRADIÇÃO JAPONESA, *Paul Arnold* – Verbo Editorial, 1973.

Contribuições da Psicologia

AMOR, ESCOLA E LIBERDADE, *A. S. Neill* – Brasiliense, 1973.
ANÁLISE DO CARÁTER, *Wilhelm Reich* – Dom Quixote, 1979.
O CORPO EM TERAPIA, *Alexander Lowen* – Summus Editorial, 1977.
COURAÇA MUSCULAR DO CARÁTER (REICH 1980), *José Ângelo Gaiarsa* – Ed. Ágora.
O ESPELHO MÁGICO, *José Ângelo Gaiarsa* – Vozes, 1976.
A ESTÁTUA E A BAILARINA, J*osé Ângelo Gaiarsa* – Brasiliense, 1976.
A FUNÇÃO DO ORGASMO, *Wilhelm Reich* – Brasiliense, 1979.
O LABIRINTO HUMANO, *Elsworth Baker* – Summus Editorial, 1980.
LIBERDADE SEM MEDO, *A. S. Neill* – Brasiliense, 1976.
O MILAGRE DA ORGONOTERAPIA, *Orson Bean* – Artenova, 1973.
NOS CAMINHOS DE REICH, *David Boadella* – Summus Editorial, 1985.
PRAZER, *William C. Shutz* – Imago, 1974.

LOCAIS ESPIRITUAIS E FILOSÓFICOS PARA AUMENTAR O CONTATO COM A SABEDORIA ORIENTAL

Templos budistas:
    Gonpa Khadro Ling – Três Coroas, RS
    Mosteiro do Morro da Vargem – Ibiraçú, ES
    Templo Budista Foz do Iguaçu – Foz de Iguaçú, PR
    Templo Kadampa – Cabreuva, SP
    Templo Kinkaku-ji – Itapecerica da Serra, SP
    Templo Shin Budista – Brasília, DF
    Templo Zen Budista Taikozan Tenzuizenji – São Paulo, SP
    Templo Zu Lai – Cotia, SP

- Associação Cultural e Literária Nikkei Bungaku do Brasil – São Paulo, SP
- El Agua / Paragaté (Mercedes Avellaneda) – Taoísmo.filosófico
- Grupo de Estudo da Filosofia do Tao – Santa Maria, RS
- Sociedade Brasileira de Cultura Japonesa e de Assistência Social (BUNKYO) – São Paulo, SP
- Sociedade Taoísta do Brasil – Rio de Janeiro, RJ; São Paulo, SP
- Templo Xintoísta do Brasil – São Paulo, SP

Escolas de Shiatsu e de Medicina Tradicional Chinesa:
    Pedro Pablo Arias – São Paulo, SP
    Pro Salus (Ernesto Garcia) – Embú, SP
    Shiem Comunidade e Escola de Shiatsu (Shiatsu Emocional) – Polos em diversas cidades do Brasil
    Kangendô (Valério Lima) – Goiânia, GO
    Kenko (Tiago Azevedo) – Porto Alegre, RS
    Keiko's (Alice Keiko) – São Paulo, SP

ÍNDICE

O livro além do livro, 11
Uma palavra da editora, 13
Prefácio, 15
Apresentação da 2ª edição, 19
Apresentação da 1ª edição, 23
Introdução, 25

PARTE 1
Conceituação e histórico

O QUE É O SHIATSU?, 27
DA MTC AO SHIATSU, 28
A ORIGEM DO SHIATSU, 30
A ESSÊNCIA MÍSTICA DO SHIATSU, 30
   Taoismo, Tao e Zen, 30
   Dos "Shiatsus" ao Shiatsu Emocional, 33
   O Tao e o Ki, 38
O SISTEMA ENERGÉTICO DO SER HUMANO, 41
- Introdução aos Meridianos na medicina chinesa, 41
    - Caminhos do Ki – Meridianos, 43
    - A descoberta histórica do sistema energético, 43
    - A ciência engatinha, mas já mostra resultados, 44
    - Estudo energético-anatômico dos Meridianos, 45
    - Generalidades sobre os Meridianos, 45
    - Zang-Fu e sua relação com os Meridianos, 48
    - Pontos de Adensamento Energético, 49
    - Localização dos Pontos, 50
- Os Meridianos e seu papel nas emoções, 52
    - Propriedades dos Meridianos, 53
    - Meridianos YIN, 55
        - Meridiano do Pulmão, 57
        - Meridiano da Circulação-Sexualidade ou "Senhor do Coração", 63
        - Meridiano do Coração, 67
        - Meridiano do Baço-Pâncreas, 71
        - Meridiano dos Rins (ou do Rim), 75

Interpretação psicoenergética, 78
　　　Considerações úteis, 79
　– Meridiano do Fígado, 81
　– Vasos Maravilhosos (Meridianos Extraordinários), 85
　– Vaso da Concepção, 87
　– Vaso Governador, 89
　Meridianos YANG, 93
　– Meridiano do Intestino Grosso, 95
　– Meridiano do Triplo Aquecedor, 99
　– Meridiano do Intestino Delgado, 105
　– Meridiano da Bexiga, 109
　– Meridiano da Vesícula Biliar, 113
　– Meridiano do Estômago, 117
CONTRIBUIÇÕES DO SHIATSU EMOCIONAL AO CAMPO DAS TERAPIAS: UMA LEITURA ORIGINAL DOS CHAKRAS, OS SEGMENTOS SOMATOPSÍQUICOS E SUA RELAÇÃO COM OS MERIDIANOS, 120
　Do Jiao ao Chakra, 120
　Os Chakras, 121
　Chakras e Meridianos, 130
　Sistemas de Hiperligação entre chakras e sua conexão com os 5 elemetos da Medicina Tradicional Chinesa, 133
　Os Segmentos Somatopsíquicos, suas couraças musculares e o Shiatsu Emocional, 136
　Couraças musculares, 136
　Chakras e Couraças, 146
　Couraças e a Circulação do Ki, 152
VISÃO DE EQUILÍBRIO E DESEQUILÍBRIO DE DIVERSAS TEORIAS PSICOLÓGICAS, 153
　Sistemas de Compressão da Psicossoma, 153

PARTE 2
Shiatsu Emocional
PRINCÍPIOS, 157

FUNDAMENTOS, 164
　Relação terapeuta-cliente, 164
　O Poder do Abraço, 165
　A Água, 165
　Diagnóstico, 165

O DIAGNÓSTICO PELO TOQUE, 166
 Mapas reflexológicos de leitura corporal pelo toque, 166
 Tipos de toque, 169
ÓLEOS, VISUALIZAÇÕES E OUTRAS TÉCNICAS, 170
 Aplicação de óleos, 170
 A percepção do Meridiano pelo interagente Yin, 171
 Alongamentos, 171
 Utilização de imagens mentais, 171
O SHIATSU EMOCIONAL E A DOR, 172,
RESPIRAÇÕES HARMONIZANTES, 173
 Respiração FOGO (base), 174
 Respiração MADEIRA, 175
 Respiração ÁGUA, 176
 Respiração TERRA, 177
 Respiração METAL, 178
 A descentralização da energia mental, 180

PARTE 3
Prática
PRÁTICA BÁSICA, 183
ESTRUTURA BÁSICA DE UMA SESSÃO: AS ETAPAS DO ENCONTRO TERAPÊUTICO, 184
Antes de começar: a postura de quem pratica, 190
SEQUÊNCIA-MODELO DE MANOBRAS, 191
 1. Respiração sintonia, 195
  Ramma, 196
  Sei-Tai, 204
O Shiatsu, 210
 O toque especial do polegar no Shiatsu, 212
 Costas e Cabeça, 214
  1. Meridiano da Bexiga, 215
  2. Meridianos Yang dos Ombros, 215
   a) Makubo, o "X" da escápula, 215
   b) Movimentos dos arqueiros, 217
  3. Cabeça, 218
  4. Lateral do tronco (Meridiano da Vesícula Biliar), 220
 Região sacral, pernas e pés (posterior), 222
  1. Região sacral, 2232
  2. Região posterior das pernas, 224
  3. Alongamento, 226
  4. Sola dos pés, 228

Pés, tornozelos e pernas (posterior), 230
   1. Pés, 230
   2. Tornozelos, 232
   3. Meridiano do Estômago, 234
   4. Meridianos Yin das Pernas, 236
   5. Alongamento e rotação da articulação da coxa, 238
Abdômen, Tórax, 239
   1. Hara, 240
   2. Vaso da Concepção, 241
   3. Clavícula (área infra-clavicular), 242
Braços e Mãos, 243
   1. Porção Yin dos Braços, 244
   2. Mãos, 246
   3. Porção Yang dos Braços, 247
Pescoço e Cabeça, 248
   1. Pescoço, 249
   2. Lateral da Cabeça (região auricular), 250
   3. Face, 252
   4. Alto da Cabeça, 253
   5. Olhos, 254
Manobras de Encerramento, 255
   1. Encerramento em Transcendência, 255
   2. Encerramento com Emersão Gradual, 257
ALÉM DA SEQUÊNCIA DIDÁTICA, 261
SHIATSU EMOCIONAL APLICADO A PROBLEMAS EMOCIONAIS, 263
   Um Shiatsu para cada caso, 263
   Shiatsu para angustiados, 263
      • Sequência recomendada, 264
      • Sinergia de óleos recomendados, 264
      • Música, 264
   Shiatsu para quem tem pressa / ansiedade, 264
      • Proposições terapêuticas, 264
      • Sinergia de óleos recomendados, 264
      • Música, 265
   Shiatsu para quem não se sente vivo / desanimado, 265
      • Proposições terapêuticas, 265
      • Sinergia de óleos recomendados, 265
      • Músicas, 265
   Shiatsu para quem se sente perdido, 266
      • Sequência recomendada, 266

- Sinergia de óleos recomendados, 266
- Música, 266

Shiatsu para raivosos, 266
- Sequência recomendada, 266
- Sinergia de óleos recomendados, 267
- Música, 267

Shiatsu para quem tem medo, 267
- Proposições terapêuticas, 267
- Sinergia de óleos recomendados, 267
- Música, 267

Shiatsu para quem tem problemas (projetados dos pais ou não) em sua sexualidade, 268
- Proposições terapêuticas, 268
- Sinergia de óleos recomendados, 268
- Música, 268

Shiatsu para quem tem baixa autoestima / se sente derrotado, 268
- Proposições terapêuticas, 269
- Sinergia de óleos recomendados, 269
- Música, 269

Shiatsu para indecisos, 269
- Proposições terapêuticas, 270
- Sinergia de óleos recomendados, 270
- Música, 270

Shiatsu para apoiar o sentimento de liderança ou atacar a auto anulação, 270
- Sequência recomendada, 270
- Sinergia de óleos recomendados, 270
- Música, 271

Shiatsu para pessoas irrequietas (com pressa interna), 271
- Proposições terapêuticas, 271
- Sinergia de óleos recomendados, 271
- Música, 271

Palavras finais, 273

APÊNDICE A: A função terapêutica dos óleos essenciais, 275
APÊNDICE B: Resumo da sequência didática de manobras e shiatsu, 285
APÊNDICE C: Para seguir aprendendo, 287
APÊNDICE D: Lista ampliada de fenômenos e estruturas relativas "YIN/YANG", 289

Saiba mais, 291
Índice, 295
Créditos das fotos e ilustrações, 300

Créditos das fotos e ilustrações

Fotos:

p. 53	Prof. Juliano Antoniassi e seu cliente (Crédito: Juliano Antoniassi)
p. 57	Kim K. V. Carvalho (foto: Marcos V. Carvalho)
p. 63	Juliano Antoniassi (foto: Arnaldo V. Carvalho)
p. 67	Laura P. V. Carvalho (foto: Arnaldo V. Carvalho)
p. 71	Melissa P. V. Carvalho (foto: Arnaldo V. Carvalho)
p. 75	Kenneth Webb (foto: Crash Carvalho)
p. 81	Nelma Guerra (foto: Luiz Miranda)
p. 87, 89	Marcos V. Carvalho (foto: Kim K. Carvalho)
p. 95	Ethel Driesen (foto: Arnaldo V. Carvalho)
p. 99, 137	Adriana Benazzi (foto: Rui Piranda)
p. 105, 147, 168	Simonne Lima da Silva (foto: Simonne Lima da Silva)
p. 109	Crash Carvalho (foto: Kenneth Webb)
p. 113	Jaqueline Moura (foto: Hirã Salsa)
p. 117	Hirã Salsa (foto: Jaqueline Moura)
p. 121	Canva Pro
p. 124, 129	Carlos Henrique Viard Jr. (foto: Carlos Henrique Viard Jr.)
p. 180, 198, 200, 202, 205, 206, 207, 211, 213, 215, 216, 226, 231, 233, 235, 236, 237, 239-242, 244, 245, 246, 251, 252, 257-260	Arnaldo V. Carvalho e Beatriz Guarilha (foto: Luana Mello)
p. 185, 226, 238, 248, 256	Tatiany Yoshimi e Maihumy Yoshimi (foto: João Di Pietro)
p. 189	Tenzin Gyatso - 14th Dalai Lama 14 de outubro de 2012 Autor: Christopher Michel (1967–) https://www.flickr.com/photos/cmichel67/14394636669/ Licença: Creative Commons Attribution 2.0 Generic
p. 192	Beatriz Guarilha (foto: Luana Mello)
p. 195, 208, 209, 217, 245, 249, 254	Arnaldo V. Carvalho e Gloria Chan (foto: Luana Mello)
p. 196	Claudia Rocha e Bernardo Silva (foto: Bernardo Silva)
p. 199, 205, 214	Rosenil Brasil e Marcela Pianesso (foto: João Henrique Saragiotto)
p. 207, 212, 213, 220-222, 224, 226, 228, 229, 234, 235, 253	Hirã Salsa e Jaqueline Moura (foto: Leo Tave)
p. 212	Arnaldo V. Carvalho (foto: Luana Mello)
p. 215, 217, 243, 244, 247, 250	Arnaldo V. Carvalho e Nathalia Tumpinambá (foto: Luana Mello)
p. 218, 219, 223, 225, 227	Larissa Lamas e Arnaldo V. Carvalho (foto: Mariana Franco)

Iustrações:

p. 29 Imperador chinês FU HSI
https://commons.wikimedia.org/wiki/Category:Fuxi#/media/File:
Chinese_Emperor_Fu_Hsi,_wearing_traditional_costume,_Wellcome_
V0018487.jpg
(Imagem criada entre 1800 e 1899).

Xilogravura chinesa: "Figuras médicas famosas: retrato de Qibo [Chi PO]. Autor: Gan Bozong (Dinastia Tang, 618-907). Domínio Público.
https://wellcomecollection.org/works/jyqqb9sq/images?id=p5ee7m88.

p. 31 Confúcio entregando o jovem Gautama Buddha para Laozi (Wikimedia), Dinastia Qing.

p. 32 Ideograma ZEN
https://commons.wikimedia.org/wiki/File:Kanji_zen.jpg
Autor: Galagorn, contribuinte de fr.wikipedia.org
Data: 6 de janeiro de 2006

p. 33 Shizuto Masunaga
https://commons.wikimedia.org/wiki/File:Shizuto_Masunaga_.jpg
Licença: Creative Commons Attribution-Share Alike 4.0

Wataru Ohashi © 2021. OHASHI INTERNACIONAL, LTD.
Licença: Autorização expressa do mestre Ohashi e sua família.

p. 43 Adaptado da imagem black_dark_darkness_contrast.jpg, marcada como de domínio público ou CC0 no Pixabay, de onde a Free Images disponibilizou o arquivo. In: https://free-images.com/display/black_dark_darkness_contrast.html

p. 60 BKS Iyengar - Foto: Mutt Lunker, dezembro de 2014 (CCBY-SA 3.0)

p. 162 Relógio cósmico. Arte de Rodrigo Andrade para livro zero.

Leia da Editora Ground

SHANTALA
UMA ARTE TRADICIONAL: MASSAGEM PARA BEBÊS
Frédérick Leboyer

Este livro apresenta a antiga arte de massagem em bebês descrita por Frédérick Leboyer.

Além do aspecto científico, o autor conciliou poeticamente as explicações da técnica de massagem com a sabedoria milenar do seu uso, transformando o livro num instrumento de puro deleite para a mãe e o bebê. Por sua informação, poesia e beleza literária, este livro tornou-se um sucesso no mundo inteiro.

REFLEXOLOGIA PODAL
SUA SAÚDE ATRAVÉS DOS PÉS
Osni Tadeu Lourenço

Nos pés há uma representação fiel de todo organismo, havendo no mínimo um plexo nervoso relacionado a cada órgão ou víscera. Estimulados corretamente, os plexos nervosos enviam e recebem informações dos órgãos, restabelecendo o seu funcionamento ideal e a saúde global do organismo.

e mais...

DO-IN
A MILENAR ARTE CHINESA DE ACUPUNTURA COM OS DEDOS
Juracy Cançado

A notável combinação de simplicidade e eficácia permitiu que o Do-In, originalmente lançado em livro no Brasil como *Do-In: livro dos Primeiros Socorros*, se popularizasse entre nós, tornando-se uma rotina diária para a prevenção e tratamento de problemas de saúde acessível às pessoas comuns.

O presente livro é uma completa e atualizada edição que conduz a aplicação do Do-In à prática do autotratamento, ou estendida a outra pessoa, e mostra-se perceptivelmente útil para lidar com distúrbios e disfunções, particularmente nas crises e em outras condições agudas.

DO-IN PARA CRIANÇAS
MASSAGEM PEDIÁTRICA CHINESA
Juracy Cançado

Mais sensível e receptivo ao toque, o organismo da criança dispõe de pontos e áreas de tratamento de caráter exclusivamente pediátrico. Este livro, tecnicamente simplificado, torna-se uma efetiva ferramenta de fácil manuseio no tratamento complementar de enfermidades infantis, bem como nas crises e emergências, quando sua ação é particularmente mais efetiva e imediata.